GEHEIME WELTEN
DEUTSCHE TAGEBÜCHER
aus den Jahren 1939 bis 1947

Die Andere Bibliothek
Herausgegeben
von Hans Magnus Enzensberger

GEHEIME WELTEN
DEUTSCHE TAGEBÜCHER
aus den Jahren 1939 bis 1947

Gesammelt von Heinrich Breloer

Eichborn Verlag Frankfurt am Main 1999

ISBN 3-8218-4181-8

Inhalt

Geheime Welten

> **Es ist aber so, daß ein Mensch, der die Heftigkeit seiner Eindrücke kennt, der jede Einzelheit seines Tages so empfindet, als wäre es sein einziger Tag, […] daß ein solcher Mensch explodieren oder sonstwie in Stücke gehen müßte, wenn er sich nicht an einem Tagebuch beruhigte.**
>
> ELIAS CANETTI

Es ist irgendwo in einem Kölner Vorort, in Altona, in München oder in Burgdorf bei Hannover: Ich stehe vor einem Reihenhaus, in einem Hinterhof oder vor einem stattlichen Bungalow. Die Hausnummer stimmt mit dem Absender auf dem Kuvert überein, ich lese den Namen und drücke auf die Klingel. Der Mann, der sich für die Tagebücher interessiert, wird freundlich in die gute Stube gebeten – der erste Schritt in ein anderes Leben. Skepsis und Mißtrauen auf beiden Seiten, das schon bald großem Entgegenkommen, Vertrauen und Freundschaft weicht. Viele sind immer noch erstaunt, daß sich jemand für ihr »Geschreibsel« interessiert – aber auch unverhohlener Stolz, daß ihnen endlich jemand zuhört. Über Zeitungsartikel, Aufrufe in Rundfunk und Fernsehen, hilfreiche Vermittlungen von Freunden und Bekannten habe ich in fünf Jahren fast tausend Tagebuchschreiber ausfindig gemacht. Sicher nur die Spitze eines Eisbergs.

Der Schwerpunkt der Tagebücher lag deutlich in den dreißiger und vierziger Jahren. Eine Generation hat ihre Tagebücher geöffnet und ist bereit, über den

Alltag in der Hitlerdiktatur zu reden. Die Distanz ermöglicht Nähe: mir, dem fremden Besucher, konnte man Geschichten zu lesen geben, die vor den eigenen Kindern lange Zeit verborgen gehalten wurden. Ich konnte fremden Vätern und Müttern Fragen stellen, die mir zu Hause schwergefallen wären.

In jeder Familie gibt es so viele Geschichten, die nie erzählt werden. Jeden Tag schweigen wir mehr, als wir reden. Tagebücher erzählen auch die Geschichte von einem zweiten, geheimen Leben: Sätze, die man den Eltern nicht ins Gesicht sagen kann, Lebensentwürfe, die maßlos erscheinen, Hintergedanken, die für die Menschen, mit denen man zusammen leben will, zu verletzend sind, als daß man sie einfach aussprechen könnte.

Das Tagebuchschreiben entlastet zunächst vom Druck der ungesagten Worte. So gesehen kann die notwendige Auseinandersetzung mit den anderen aus dem Alltag verlagert werden. Der Schauplatz ist nicht mehr die reale Welt, sondern das Tagebuch. Dennoch: wer seine verborgenen Gedanken aufschreibt, der ist für die große Anpassung ungeeignet. Wer so zu sich selber spricht, hat einen Ort, an dem er herausfinden kann, was er für sich selber will. Seine Notizen machen ihn empfindlich dafür, was er sich selber antut und was ihm von den anderen angetan wird.

Ich habe auch Tagebücher gelesen, in denen sich die Autoren große Abenteuerromane geschrieben haben: Jedem Tag muß dann ein interessanter Auftritt – in möglichst günstiger Beleuchtung für den »Helden« – abgewonnen werden. Die Stilisierung, die das Leben scheinbar verlangt, wird im Buch fortgesetzt. Besonders gern gelesen habe ich Tagebücher, mit denen sich die Autoren nicht zugeschrieben haben, sondern die sie aufgemacht haben für neue

Erfahrungen; Bücher, die in Momenten großer Not entstanden sind.

Da ist jedes Schulheft, jeder Taschenkalender, jedes Stück Papier gerade recht. Jemand bohrt sich ein Loch durch die Seiten des Poesiealbums und zieht ein Schloß durch das Buch, um sich auf dieser Welt einen Platz zu reservieren, der nur ihm allein gehört. Ein Schüler erfindet eine Geheimschrift. Eine Sekretärin benutzt stenografische Abkürzungen. Auf manchen Seiten finde ich nur einzelne Worte. Die Geschichte, die sich dahinter verbirgt, kennt nur derjenige, der sie damals aufgeschrieben hat.

Auf meiner Suche nach fremden Tagebüchern habe ich darum gebeten, auf dem Speicher, in den Schränken und im Keller nachzusehen. Einige hatten vergessen, daß sie vor dreißig oder vierzig Jahren für eine Zeitlang einem Buch wichtige, sehr private Geheimnisse anvertraut hatten. Wir haben dann gemeinsam in diesen Büchern geblättert und Entdeckungen gemacht. Ein altes Foto, eine Eintragung aus dem Jahr 1940 ließen plötzlich ein junges Mädchen, einen jungen Mann lebendig werden, die stärker waren als mein Gegenüber im gepflegten Wohnzimmer.

Warum sollen diese Geschichten aufgedeckt werden?

Ich wollte mehr von der Generation meiner Eltern wissen. Mehr über die Momente ihres Lebens, wo sie ihrem eigenen Handeln im Tagebuch deutlich widersprochen haben. Mehr darüber, in welcher Verfassung sie waren, als man in Deutschland nicht mehr offen sagen konnte, was doch so viele gedacht haben. Mit welchen Versprechungen hat Hitler diese Generation für sich gewinnen können? An welchem Tag ist ein Soldat noch ganz im »Abenteuer« des Weltkrieges gefangen, und wann bricht diese Illusion zusammen?

In wieviel Stücke muß die Welt im Innern und die Welt draußen zerspringen, bevor sich ein Mensch grundsätzlich ändert? Hunderttausende wahrscheinlich sind es, die in diesem Land damals und heute auf diese Weise Geschichte schreiben.

Korrespondenten vom Ich, über das wir alle so wenig wissen. Es ist ein Blick von unten – dort, wo über die Kosten der Geschichte Buch geführt wird. In den ordentlichen Geschichtsbüchern ist davon nichts zu lesen. Es ist ein »Volksvermögen«, ein Schatz gemeinsamer Erinnerungen und Erfahrungen, der gehoben werden kann. Wir brauchen ihn.

Tagebuch schreiben kann jeder. Im Unterschied zu den hochstilisierten Formen des Dramas, des Romans, des Essays oder der Lyrik bietet das Tagebuch eine Form, die so offen ist, daß hier das Leben direkt Eingang finden kann. Ein leeres Buch, das von Tag zu Tag alles aufnimmt, was der Autor hineintun will: Fotografien, Einfälle, Zeichnungen, Träume, Zeitungsartikel und Briefe, Liebeserklärungen und Racheschwüre. Alles, was zwischen die Deckel einer Kladde paßt, wird festgehalten – so ungeordnet und vermengt, wie das Leben auf uns alle zukommt. Die säuberliche Trennung in historische, dokumentarische oder persönliche, intime Tagebücher wird im Alltagsgebrauch selten durchgehalten. Neben der Radiomeldung von Hitlers Tod beginnt eine Liebesgeschichte, und vom Hexenschuß bis zur Währungsreform braucht es nur eine Zeile weiter. Es ist ein Nebeneinander, jeweils eine eigene Rangfolge von wichtig und unwichtig, die so möglicherweise auch das Leben der Menschen bestimmt.

Die Tagebücher erzählen Geschichten vom Überleben – in einem doppelten Sinn. Menschen schreiben von ihrer Anstrengung, in einer mörderischen

Zeit am Leben zu bleiben: im Trommelfeuer an der Front, zu Hause im Bombenhagel, in der Zwangsgemeinschaft des Gefangenenlagers, auf der Flucht und im Chaos des Jahres 1945. Überleben heißt aber auch, daß die Tagebuchschreiber – wie jeder professionelle Autor – von der gleichen Kraft angetrieben werden: vom leidenschaftlichen Wunsch, sich schreibend zu retten. Schriftsteller können es gelegentlich genießen, mit ihren Helden am Schreibtisch Abenteuer zu erleben. Tagebuchschreiber erleben das Abenteuer, selber der Held einer Geschichte zu sein: der Geschichte ihres Lebens. Beiden gemeinsam ist der Wunsch, etwas aufzuschreiben, das von ihrer Anwesenheit auf dieser Welt erzählt. Irgend jemandem, der zufällig ihre Flaschenpost findet.

Als ich die hier abgedruckten Tagebücher zusammengetragen hatte, stand ich vor einem Steinbruch deutscher Gefühle. Mit der Auswahl und Zusammenstellung habe ich versucht, etwas von der Geschichte dieser Gefühle sichtbar zu machen.

HEINRICH BRELOER, 1984

MÄNNER AN DER FRONT

Deutsche Abenteuer Kriegstagebuch

Gerhard M., Flensburg

Meine Kindheit. In der Nacht vom 11.–12. Januar 1914, um 0.30 Uhr wurde ich in einem Hause in der Norderstraße Nr. 85 in der Stadt Flensburg geboren. Meine Eltern waren dort Inhaber eines Fahrradgeschäftes. Mein Vater war schon seit dem Jahre 1899 selbständig. Er war früher ein bekannter Radrennfahrer und hatte als solcher gut zu tun. Unglückliche Familienverhältnisse zerstörten aber nicht nur sein Heim, sondern ruinierten auch seine Existenz. Mein Vater wurde von seiner ersten Frau geschieden und heiratete meine Mutter im Jahre 1912.

Durch Fleiß und Ausdauer gelang es den beiden, das Geschäft wieder aufzubauen. Sie hatten alle Hände voll zu tun. Die Kinder meines Vaters aus erster Ehe, Arthur und Alma, sowie der Sohn meiner Mutter aus erster Ehe, Herbert, mußten tüchtig mit zugreifen. Diese drei waren ja meine Halbgeschwister. Das Aufblühen des Geschäftes war sowohl dem kaufmännischen Geschick und der reellen Geschäftsführung meiner Mutter wie auch dem handwerklichen Können meines Vaters zu verdanken.

Noch war Friede in Deutschland. Die Verhältnisse waren gut. Meine Schwester hatte die dankbare Aufgabe, mich zu beaufsichtigen und zu pflegen, und bald sah man ein 12jähriges Mädchen mit einem Kinderwagen durch die Straßen fahren. Die Wolken am politischen Himmel zogen sich immer dichter zusammen. Es wurde viel vom Krieg gesprochen. Auf allen Menschen lastete Spannung. Der deutsche Kaiser befand sich auf einer Nordlandreise, als im Juli 1914 der österreichische Thronfolger in Sarajewo ermordet wurde. Dieses Geschehnis war das Signal des Krieges. Im August 1914 brach der Weltbrand aus. Mein Vater wurde eingezogen. [...]

Mein neuer Spielkamerad hieß Herbert B. Er wohnte an der Schiffsbrücke und war etwas älter als ich. Er klärte mich in der Politik auf und sagte, der Krieg sei aus, die Deutschen hätten gewonnen. Ich war derselben Meinung und wurde böse, als mein Bruder Herbert sagte, daß die Deutschen verloren hätten.

Beim Umgang mit anderen Kindern merkte ich, daß ich stärker war als sie; ich wurde auf diesem Gebiet sehr ehrgeizig und ruhte nicht eher, bis ich wußte, daß es mir in der Nachbarschaft keiner an Kraft gleichtun konnte. Ich wurde dadurch zum Führer aller anderen und bin es immer geblieben. Unser Grundstück wurde unser Haupttummelplatz. Der Abhang zur Straße war unsere Festungsmauer, unser Zufluchtsort im Kampf mit den Jungen vom Hafermarkt.

Mein Kinderparadies war und blieb doch unser Garten. Die Erinnerung an diese herrliche Kinderzeit wird auch nie ganz verlöschen. Meine Eltern hatten Geld, wir galten nach den damaligen Verhältnissen als reich. [...]

Am Nachmittag begann ja auch eigentlich erst das »Leben«. Die Vormittagsstunden waren ja manchmal greulich. Das »Zur-Schule-Gehen« sah ich als notwendiges Übel an. Aber an Nachmittagen – dann kamen sie alle an: Bruno D., Kurt N., Jonny M., die Brüder B. usw. Dann hinauf auf den Baum »Burg Stolzenfels«. Hier war man an sich kaum einzusehen.

Gerhard M.,
Brandoberamtsrat i.R.

Breloer: So viele Tagebücher liegen hier auf unserem Tisch – ein ganzes Leben. Wie hat das angefangen?

Gerhard M.: Das ist lange her. Ich hatte als 18jähriger einen Sportlehrer in der Flensburger Marineschule, in der wir Jungens oft Sport trieben. Das war ein »Pfundskerl«, der mit uns Jungens umzugehen verstand. Eines Tages hat der uns einmal ein Buch zu lesen gegeben, das er selbst geschrieben hatte, so auf Maschine geschrieben, mit den Erlebnissen aus seiner Marinezeit. Wir haben festgestellt, als wir das gelesen hatten: »Das ist ja ungeheuer interessant, daß der das noch weiß und aufgeschrieben hat.« – »Ja«, sagte er dann auf Fragen hin, »das habe ich dann gleich geschrieben, nachdem ich es erlebt habe, damit es

Aber trotzdem hatten wir unsere Bänke dort mit Sackleinen umspannt. Die Bänke haben wir uns aus Holz gezimmert. Hier wurden auch blecherne Vorratskisten angebracht mit Eßwaren. Damit wir es im Falle einer Belagerung länger aushalten könnten. Dann mußte oft zur Ergänzung der Vorräte auf Raub ausgegangen werden. Speck, Zucker, Weißbrot, Kekse, Obst, Bonbons usw. waren dann die Beute. Waffen waren hier auch genug. Hier hingen Schilde, Dolche, Koppel, Degen, Pfeifen usw. Ganz oben war der Wachturm. Wenn wir genügend zusammen waren und irgendeine Schlägerei mit Nachbarstraßen in Aussicht stand, hielt einer Wache. [...]

1930

1931. Doch noch etwas anderes trat in mein Leben: Nämlich die NSDAP. Da Vater mit dieser Partei sympathisierte, wurde auch ich diesen Gedankengängen nahegebracht. Anläßlich einer Versammlung, in die Vater mich mitnahm, sah ich dann die recht schneidigen Männer der SA zum ersten Male. Und ich muß sagen, dieses schneidige Exakte zog mich sofort an. Als ich dann hörte, daß diese Männer öfter Saalschlachten

---

mir im Gedächtnis bleibt.« Da habe ich dann gedacht, daß man das auch machen müßte, denn wer weiß, was wir noch alles erleben werden. Na, kurz und gut, ich habe mich dann hingesetzt und angefangen, Schreibmaschine zu schreiben, und habe meine Erlebnisse, die ich in der Jugendzeit erlebt habe, dann aufgeschrieben. Wenn ich allerdings jetzt mein Geschwätz lese, dann bin ich entsetzt. Ich stelle mich nämlich selbst immer in den Vordergrund und bin selbst immer der Held. Und habe mich selbst immer beweihräuchert. Nachher ließ das dann langsam nach. Ich habe dann immer geschrieben, nicht jeden Tag so chronologisch, sondern so alle paar Wochen oder Monate mal. Ich habe dann zurückgedacht und nachgedacht: Was ist denn so passiert?, und das habe ich dann aufgeschrieben.

Und dann entstand so ein dicker Band von drei-, vier- oder fünfhundert Schreibmaschinenseiten. Und dann dachte ich, auch in einer so jugendlichen Anmaßung: Das mußt du fortführen; denn der gegen die Kommunisten schlugen, war ich gleich mit Begeisterung dabei, denn nichts haßte ich mehr als die Kommunisten, und zwar, weil ich mir unter diesen immer diese banditenhaft aussehenden Erwerbslosen vorstellte, bekleidet mit Schlägermütze, die Hände in den Taschen, [die] faul und pöbelnd an den Ecken standen.

Und diese SA-Männer standen nun in meinen Augen in wohltuendem Gegensatz zu diesem Gesindel, das ich immer aus tiefstem Herzen haßte. Außerdem lernte ich noch die Männer des Reichsbanners kennen, die der Sozialdemokratischen Partei nahestanden, auch diese waren mir sympathisch, denn auch hier herrschte anscheinend ein etwas disziplinierterer Dienst und besserer Ton. Da ich jedoch glaubte, als zukünftiger Geschäftsmann kein »Sozi« sein zu können, neigte ich eben mehr zu den Nazis. Die Hauptsache: gegen die Kommunisten.

Vater hatte mich Ende 1931 einmal mit nach »Bellevue« genommen, wo eine NS-Versammlung stattfand. Es sollte ein Pg. Kaufmann sprechen (der spätere Gauleiter Hamburgs). Der Saal war voll, und kurz vor Beginn marschierte eine Gruppe sogenannter SA-Männer geschlossen in den Saal und formierte sich vorn vor der Bühne. Diese Männer trugen alle Stiefelhosen und lange Stiefel, Koppel und Schulterriemen

---

Nachwuchs, meine Kinder, die ich später kriegen würde, die würden so was natürlich mit Begeisterung lesen. Nachher bin ich dann von diesem Irrtum geheilt worden. Na, kurz und gut, damals habe ich es noch geglaubt, und dann kam ja der Umbruch, der politische Umbruch. 1933, da war ich 19 Jahre alt, kurz darauf die Militärzeit und dann mein eigentlicher Beruf, die Feuerwehr.

Breloer: Am Anfang haben Sie sich in den Mittelpunkt gestellt, das gilt auch, soweit ich es gelesen habe, noch für die Kriegszeit. War nicht das gerade das Wunderbare, daß man selbst im Mittelpunkt einer Handlung stand?

Gerhard M.: Wenn man seinen eigenen Schrieb selbst liest, dann erscheint es einem doch als Selbstüberschätzung. Man stellt sich selbst dann immer hin, man verschweigt die negativen Dinge, und man stellt sich selbst immer als positiv hin. Wenn man eine Diskussion gehabt hat, ist man natürlich selbst immer der Sieger;

über ein weißes Hemd. Es waren alles gutgewachsene, große Kerle und hielten strenge Disziplin. Sie standen vorn, mit ernsten Gesichtern, entschlossen, jeden Ruhestörer sofort aus dem Saal zu werfen. Ich schaute wie gebannt auf diese Männer: Nun wußte ich, was mein Ideal eines jungen Menschen war: soldatische Haltung, soldatisches schneidiges Aussehen, Ernst und Entschlossenheit. Nun wußte ich auch, was ich haßte: Albernheit, Lässigkeit, überlanges Haar, zu saloppe Kleidung, kurz: den sogenannten »Tanzbodentyp«. Weichliches Wesen, Albernheiten, zu vieles Lachen und Flachsen habe ich von jeher gehaßt, nur kannte ich den Gegenpol noch nicht. Aber was ich hier sah, entsprach meinem Wunschbild.

Im selben Augenblick war mein Entschluß gefaßt: Ich wollte SA-Mann werden. Ich haßte die an den Straßenecken herumstehenden jungen Menschen, die für mich eben »Strolche« waren. Sie hatten beide Hände bis an die Ellenbogen in den Taschen, die Mütze recht schief auf dem überlangen Haar, so standen sie zigarettenrauchend in Gruppen an den Straßenecken und pöbelten gelegentlich Vorübergehende an. Diese Menschen habe ich von jeher mit starker Abneigung bedacht. Und hier: Hier stand der Gegenpol. Ernst, diszipliniert, einheitlich, aber nett gekleidet.

Stellen, wo man dann die Niederlagen erlitten hat, die schreibt man nicht auf. Jedenfalls habe ich den Eindruck, wenn ich meine Tagebücher aus dieser Zeit lese, daß man sich selbst doch immer ein bißchen zu wichtig genommen hat.

Ich bin – muß ich ehrlich zugeben – eher früh oder relativ früh, nämlich schon vor 1933, zu dieser Bewegung gestoßen. Ich bin ihr auch an sich nur zwei Jahre treu geblieben und habe dann nicht mehr viel davon gehört, weil ich dann zur Feuerwehr kam. Dann kam der Krieg, der uns so ein bißchen bitter weh tat. Aber ich war immer noch – das will ich gar nicht ableugnen –, immer noch ein überzeugter Nationalsozialist. Man hört heute immer von so vielen: Ich war immer dagegen, und ich war immer dagegen. Ich weiß nicht, wo die Leute immer hergekommen sind. Damals waren die meisten sehr begeistert, von meiner Generation, auch von den älteren. Und ich bin auch der Sache treu geblieben, bis die Sache

Am selben Abend habe ich mich dann gemeldet und mußte gleichzeitig Mitglied der NSDAP werden. Im Februar 1932 wurde ich dann offizielles Mitglied. Die Aufgabe der SA-Stürme war der Schutz der Versammlungen, bei denen es meistens zu Schlägereien mit den Kommunisten kam.

Ansonsten ging ich täglich meiner Arbeit nach. Willy F., Heinrich K. und ich fanden uns täglich in der Werkstatt ein und reparierten Fahrräder und Nähmaschinen. Vater befand sich meistens vorn im Kontor, und Frl. B. verkaufte im Laden und hielt unsere Wohnung instand.

Zu Weihnachten hatte ich ein blaues »Meteor«-Rennrad bekommen, das nun mein ganzer Stolz war. Zweimal die Woche hatte ich abends »Dienst« bei der SA. Meistens fanden diese »Appelle« in Bellevue statt. Die SA war aufgegliedert in Schar, Trupp, Sturm, Sturmbann, Standarte usw.

Schar: ca. 8 bis 12 Mann; Trupp: 3 Scharen; Sturm: 2 bis 3 Trupps; Sturmbann: 3 bis 4 Stürme usw. Die Führer der Einheiten trugen als Dienstgradabzeichen Sterne auf den Kragenspiegeln. Scharführer: 1 Stern; Truppführer: 2 Sterne; Sturmführer: 3 Sterne usw. Mein geheimer Ehrgeiz, einmal Scharführer zu werden, konnte sich wohl nicht erfüllen, da ich noch kein Soldat gewesen war.

[…]

---

mit Stalingrad kam, oder noch vorher, bis zum Rußlandangriff. Da kamen die ersten Zweifel, ob er alles richtig macht, ob er überhaupt noch alle Sinne beisammen hat. So dachte man, sagte es aber nicht. Und wir waren dann langsam skeptisch, und dann kam der Zeitpunkt, wo man sich sagte: »Das ist ja doch ein Verbrecher.« Aber gleichzeitig regte sich in uns – und das ist nun mal vielleicht eine Charakterart gewesen – diese Nibelungentreue. Als es nun schiefzugehen drohte, da sagte ich, vielleicht auch 'ne ganze Menge anderer: »Also, wir können jetzt nicht die Sache hinschmeißen. Wir haben alle Erfolge bejubelt, nun kommt mal ein Mißerfolg. Wir wären ja Lumpen, wenn wir jetzt in den Untergrund gehen würden oder wenn wir jetzt plötzlich dagegen sein würden oder Sabotage treiben oder so was.« Das wäre mir wie ein Verbrechen vorgekommen. Wenn ich mich schon einer Sache verschreibe und die guten Jahre, und ich möchte betonen, die Jahre 1933 bis '39/'40 waren

Im Sommer 1932 erlebte Flensburg eine Sensation. Der Führer der NSDAP, Adolf Hitler, kurz »Der Führer« genannt, sollte in Flensburg auf einer Massenkundgebung sprechen. Die Gegner der Nazis tobten und machten Gegenpropaganda. Das »Stadion« in Mürwik wurde hergerichtet und auch in polizeilicher Hinsicht alles vorbereitet. Ich selbst stand innerhalb einer Gruppe SA auf dem Flugplatz Spalier, an der der »Führer« vorbeischritt. Ich sah ihn hier zum ersten Male und stand und erwies ihm den »Deutschen Gruß«, den er freundlich lächelnd erwiderte. Sodann bestieg er einen Wagen und fuhr in rasender Geschwindigkeit nach dem Stadion. Sein Wagen wurde von Wilhelm O. gefahren, den ich später noch näher kennen[lernte].

Ich verstand von der Rede nicht viel. Ich war von der sagenhaften Persönlichkeit aber so beeindruckt, daß das auch gar nicht notwendig war. Wir jungen SA-Männer hatten uns dem Führer eben mit Leib und Seele verschrieben. Er hätte den größten Quatsch reden können, das hätte uns nicht angefochten. Er war eben »unser Führer«. Aber die Masse der Zuhörer stand doch stark im Banne dieses Mannes, der es doch fertiggebracht hatte, innerhalb eines Jahrzehnts aus 7 Mann die größte Partei Deutschlands aufzubauen. Hitler reiste so per Flugzeug durch ganz Deutschland und sprach in

gute Jahre. Da kann man sagen, was man will. Später wurden es ja Verbrechen. Aber vorher waren sie gut. Die guten Jahre, die haben wir als junge Leute erlebt und haben sie bejubelt. Und aus dem Grunde sagten wir uns: »Nun bleiben wir aber treu bis zuletzt. Und wenn sie uns erschießen.«

Was macht man mit dem Tagebuch? Verbrennen? Wäre schade. Da bin ich auf folgenden Gedanken gekommen: Die lötest du in einen Zinkbehälter ein, die ganzen Bücher. Und dann vergräbst du sie an irgendeiner Stelle sehr tief im Wald – wo voraussichtlich die nächsten 50 Jahre nicht gebaut wird. Und nun Ihre Frage: Ja, was dann? Dann sage ich mir: vielleicht wird man sie in 200 Jahren finden. Soviel Blödes auch drin stehen mag: In 200 bis 300 Jahren – sofern die Menschheit noch das heutige Niveau hat –, dann würde man mit Interesse solche Gedankengänge der Vorvorderen vor 300 Jahren nachvollziehen.

allen größeren und mittelgroßen Städten. Flensburg stand an diesem Tage im Zeichen des Hakenkreuzes. Fast jede Straße war ein Meer von Hakenkreuzfahnen, und die Menge war begeistert.

Die Kolonnen der SA und der SS in ihren sportlichen Uniformen boten ein überwältigendes Bild. Hitlers Programm jedenfalls versprach die Arbeitslosigkeit zu beseitigen und die deutsche Ehre wiederherzustellen. Und das genügte uns. Was aber jedem ehrlich urteilenden Außenstehenden immer angenehm auffallen mußte, war die hervorragende Disziplin und Selbstzucht, die die Formationen der SA und SS hielten. Sie unterschieden sich hierin recht augenfällig von anderen politischen Organisationen, besonders der Kommunisten. Allerdings herrschte und herrscht auch innerhalb der kommunistischen Partei eine sehr scharfe Parteidisziplin, die aber nach außen wohl absichtlich völlig geleugnet wird. Ich jedenfalls und wohl auch die meisten jüngeren Deutschen der Zeit jedenfalls finden großen Gefallen am zackigen, soldatischen Auftreten der SA. [...]

Während des Januars 1933 wurde ich in der Norderstraße kurz vor unserem Hause auf dem Heimweg überfallen. Ich befand mich in Gesellschaft mehrerer SA-Leute. Wir gingen grundsätzlich in Gruppen, um die Kommunisten abzuschrekken. Aber hier waren wir doch in der Minderzahl. Einer meiner Kameraden wurde furchtbar zugerichtet und mußte sofort ins Krankenhaus geschafft werden. Ich selbst hatte mehr Glück, als ich von dreien hart bedrängt wurde, trat plötzlich ein Zivilist mit gezogener Pistole dazwischen und schrie: »Hände hoch! Zurück!« Ich habe noch selten solche guten Läufer gesehen und mußte trotz meiner kleinen Verletzungen lachen. Mein verletzter Kamerad wurde ins Krankenhaus gebracht. Ich mußte viel über die überraschende Wirkung des bewaffneten Zivilisten nachdenken. Es handelte sich um einen Beamten der Wach- und Schließgesellschaft. Ich entsann mich dabei einer Pistole, die Vater im Lager liegen hatte. Diese steckte ich eines Tages zu mir und glaubte, nun evtl. Überfällen damit ein schnelles Ende bereiten

1933

zu können, und stellte mir schon lachend vor, wie die Kerle wohl laufen würden.

Etwa Mitte Januar wurde die Politik dann ganz kritisch. Reichskanzler v. Papen trat zurück, und an seine Stelle trat der General Schleicher. Er bildete sofort ein Kabinett, stieß aber wiederum auf die Opposition der Nat.-Soz. Starker Presse- und Nervenkrieg entstand – und eines Tages, es war am 30. Januar 1933, ich stand kurz vor 12 Uhr in der Werkstatt am Schraubstock, kam Vater mit der Nachricht: »Hitler ist Reichskanzler geworden«.

Man kann sich nun vorstellen, wie unsere Augen leuchteten. Ich setzte mich sofort auf ein Rad und fuhr nach dem Nordermarkt, wo ich die Nachricht an den Anschlägen bestätigt fand. An allen Straßenecken standen diskutierende Gruppen. Mit der Arbeit wurde es nicht mehr recht etwas. Nachmittags traf dann auch der erste SA-Befehl ein: abends um 20 Uhr Treffen in Bellevue zum Massenaufmarsch mit Fackelzug. Es war kalt und regnete etwas. Unter Vorantritt der Kapellen zog eine nicht zu übersehende Menschenmasse, voran die Stürme der SA, durch Flensburgs Straßen. Leider entstand starkes Glatteis, so daß der Zug oft einer Horde Besoffenen glich und viele auf die Nase fielen.

[…]

1939

26.8.1939: Mittags um 11.30 Uhr stand ich mit meinem Koffer in der Straßenbahn und fuhr zur Junkerhohlwegkaserne. Dort ging alles genauso zu wie im Jahre vorher. Wieder standen wir in der Schreibstube Schlange. Oberfeldwebel H. war immer noch »Spieß« der 12. Kompanie. Er hatte auch gleich einen Posten für mich. Ich wurde zum »Geräte-Unteroffizier« ernannt. Ich wäre vor Freude fast gegen die Decke gesprungen. Nicht allein, weil ich dadurch guten Dienst und keinen direkten

Vorgesetzten hatte, sondern insbesondere weil ich ein Fahrrad bekam und nicht zu laufen brauchte.

Sonntag, 27.8.1939: Die Fahrzeuge standen marschbereit auf dem Kasernenhof. Mein zugeteiltes Fahrrad war inzwischen wieder geklaut worden. Dazu die viele Lauferei.

Um 9 Uhr hielt unser General v. Briesen noch eine Ansprache, und um 11 Uhr nachts ging es durch die Straßen Flensburgs, die von einer dichten Menschenmenge umsäumt waren. Wohin wir fahren sollten, wußten wir nicht. Wie immer wurden wir in Flensburg-Weiche verladen. Um 3.15 Uhr nachts rollte der Zug ab. Wir waren untergebracht in Güterwagen. Ich lag unter einer Bank und schlief den Schlaf des Gerechten.

Morgens in aller Frühe erwachte ich. Der Zug hielt auf der Strecke kurz vor Hamburg. Wir rechneten damit, nach Polen zu kommen. Mittags wußten wir ungefähr, wohin es ging.

– nach Osten –

Der Zug fuhr den ganzen Tag. Wir waren etwa 20 Mann im Wagen. Einige hatten Humor, andere schwiegen. Ich schaute mir die Gegend an. Die zweite Nacht brach herein.

Wieder schlief ich unter der Bank. Die Hüften schmerzten mir schon, aber trotzdem schlief ich ganz leidlich. Am anderen Morgen erkannten wir die Stadt »Breslau«.

[…]

Am Vormittag hielt der Zug in der Station »Altengraben«, hier wurde alles wieder ausgeladen. Ich empfing mein Fahrrad wieder und war erst mal wieder freier Herr.

Mittagessen wurde von der Feldküche ausgegeben. Nachmittags wurde das Bataillon in Marsch gesetzt in Richtung Treplitz.

[…]

Die politische Lage hatte sich inzwischen immer mehr verschärft. Der Führer hat Polen ein letztes Angebot gemacht und 48 Stunden auf Antwort gewartet. Aber vergebens. Die größenwahnsinnige polnische Regierung hielt es nicht einmal für nötig zu antworten. England und Frankreich sandten eine Note an das Deutsche Reich, daß sie Polen unter allen Umständen helfen würden.

Am 31.8.1939: Abends, nachdem wir einen Dorfspaziergang gemacht hatten, hörten wir den Nachrichtendienst bis 22.30 Uhr. Dann kam der Alarm durch. Sachen packen, Pferde vorspannen, sammeln und abrücken war das Werk einer Stunde. Ein anstrengender Nachtmarsch begann. Richtung Deutsch-Hammer.

1.9.1939: Marsch in großer Hitze und vielem Staub über Deutsch-Hammer - Festenberg - Frauenwaldau - Goschütz. Übernachtung im Walde bei Goschütz. Der deutsch-polnische Krieg war am 1. Sept. 39 ausgebrochen. Zwei Tage lagen wir im Walde bei Goschütz.

3.9.1939: Alarm! Weitermarsch nach Lindenhorst, Neumittelwalde. Um 5.00 Uhr morgens überschritten wir die

deutsch-polnische Grenze!

Um 8 Uhr erreichten wir das Dorf »Schwarzwald«. Der Bevölkerung nach hatte es seinen Namen verdient. Wir waren jetzt in Polen. Um 14 Uhr Weitermarsch über Antonin. Danach fanden wir die ersten verlassenen Dörfer. Auch viele von den Polen gesprengte Brücken sahen wir. In einem abgelassenen See zappelten Tausende von Fischen. Danach hatten wir eine 15 km lange Strecke zu bewältigen, die aus gelbem, losem Sand bestand. Diese Strecke war, glaube ich, für die Pferde die anstrengendste Strecke, die sie je zu bewältigen hatten. Viele Pferde fielen vor Erschöpfung um. Viele Lastwagen hatten sich in dem Sand festgefahren. Durch starke Schlepper wurden sie einzeln ganze Wegstrecken gezogen. Ich habe mein Fahrrad streckenweise auf den Nacken nehmen müssen.

Als es dunkel wurde, durchfuhren wir die von der Bevölkerung völlig verlassene Stadt »Mixstadt«. In einem einige Kilometer davor liegenden Gute übernachteten wir. Dort hatten unsere Vorposten auch die erste Feindberührung. Allerdings nur mit Franktireurbanden.

4.9.1939: Heute morgen um 4 Uhr wieder fertig gemacht und abgerückt. In der Stadt Mixstadt blieben wir aber den ganzen Vormittag liegen. In den verlassenen Häusern ergatterten wir viel. Für mich war besonders das Eingemachte von Wert. Ich habe im Straßengraben gesessen und eingemachte Kirschen gläserweise verzehrt. Nachmittags ging's dann weiter.

5.9.1939: Wir näherten uns jetzt der alten deutsch-russischen Grenze von 1914. Auf der Straße auf Gegenkurs begegneten wir jetzt einer Unzahl von Flüchtlingswagen der Bevölkerung, die die Städte verlassen hatte. Viel Elend bringt der Krieg mit sich. Auf alten, wackeligen Wagen mit einem halbverhungerten Pferd davor. Auf dem Wagen die ganze gerettete Habe. Bettzeug, Kleidungsstücke, ein Fahrrad, kleine Kinder, kleine alte Möbelstücke und verelendete Menschen. Einer Unzahl solcher »Panjewagen« begegneten wir. Wir befanden uns jetzt im ehem. russischen Gebiet. Diese Gegend war also nie deutsch gewesen. Unsere Marschkolonne hielt. Vorne schien »dicke Luft« zu sein. Wir befanden uns vor der Stadt »Kalisch«. Die ersten gefangenen Zivilisten sahen wir. Dann kam Befehl durch: »Marschsicherung«. Das Gewehr wurde schußbereit gemacht. Ich schob mein Fahrrad auf dem Bürgersteig. Das Gewehr schußbereit, den Stahlhelm aufgesetzt. Die ersten Häuser ... Achtung! ... Schüsse ... Die Marschkolonne hielt. Unsere MG-Schützen hatten im Nu die Maschinengewehre im Rinnstein in Stellung gebracht.

Ich geriet ganz aus dem Häuschen. Wir lagen auf dem Bauch im Rinnstein. Da ... nun hatten wir die Richtung, aus der die Schüsse kamen ..., etwa 1 km von links, aus einer Fabrik. Ich nahm ein Fenster der Fabrik aufs Korn und schoß ... meinen ersten Schuß in diesem Kriege, da ..., jetzt auch von rechts ..., verdammt ... Deckung!! Neben mir schlugen einige Geschosse ein. Mir wurde es nun doch zu brenzlig. Aus den Häusern wurde geschossen. Unsere MGs nahmen die Fassaden unter Feuer. Wieder ein polnisches MG. Einige unserer Pferde werden erschossen. Ein deutsches Artilleriegeschütz nimmt die Fabrik unter Feuer. Im Nu ist diese in Brand geschossen. Weit schlagen die Flammen gen Himmel. Da ..., aus einem Hause hat ein Trupp Soldaten ungefähr ein Dutzend polnische Zivilisten herausgeholt. Verdammte Heckenschützen.

Einige hundert Meter noch bewegte sich die Marschkolonne. Dann standen wir still. Die Schießerei hat aufgehört. Die Straßen sind verstopft. Wir stehen auf dem Bürgersteig und warten, haben Langeweile. Ein findiger Kopf hat einen mit Brettern vernagelten Schokoladen-Laden entdeckt. Der Verkäufer war leider nicht zugegen. Wir räumten daher den Laden auf Kredit. Die Fahrzeuge wurden mit Schokolade beladen, bis kein Platz mehr war. Jeder Soldat lief mit vollen Backen einher und kaute. Wir freuten uns mächtig über den billigen Kauf. Ich hatte ein Lager mit wunderschönen Äpfeln entdeckt. Alles ruff uffs Fahrzeug. Eine Dose Zitronen und Schokoladenplätzchen hinten aufs Rad, und dann ging's weiter. Es war jetzt stockdunkel. Der Himmel hinter uns war rot von der noch immer brennenden Fabrik. Weiter marschierten wir durch die Nacht.

7.9.1939: Zerschossene Häuser am Wege. Die ersten toten Zivilisten. Am Nachmittag wieder Dorfgefechte mit Zivilisten. Wir haben das Dorf in Brand geschossen. Kein Haus blieb verschont. Ich bekam den Auftrag, zwei flüchtige Zivilisten zu verfolgen. Ich sauste per Rad in der angegebenen Richtung hinterher. Die Flüchtigen entpuppten sich als zwei uralte zitternde Greise. Ich trieb sie zurück zur Truppe. Dort betrachtete ein Offizier sich mißtrauisch die beiden und gab mir einen Wink. Ich führte die beiden in einen Seitenweg, durchsuchte sie nach Waffen – natürlich ohne Erfolg – und ließ sie laufen. Inzwischen hatte man aber etwa 20 junge polnische Männer gefangengenommen. Das werden wohl die feigen Heckenschützen gewesen sein. Alle 20 wurden abgeführt, wohin, weiß ich nicht. Brennende Häuser, weinende Frauen, schreiende Kinder. Ein Bild des Jammers. Aber das polnische Volk wollte es ja nicht besser.

In einem der primitiven Bauernhäuser überraschten wir sogar eine Frau, welche ein polnisches Maschinengewehr bediente. Das Haus wurde umstellt und in Brand gesteckt. Nach kurzer Zeit versuchte die von den Flammen eingeschlossene Frau zu flüchten. Wir haben sie aber daran gehindert, so hart es war. Aber Flintenweiber dürfen nicht anders behandelt werden. Ihr Schreien gellte mir noch lange in den Ohren. Das ganze Dorf brannte. Wir mußten genau auf der Straßenmitte gehen, an den Seiten war die Hitze von den brennenden Häusern zu groß. Kurz hinter dem Dorfe wurden die Fahrzeuge aufrangiert, und wir bekamen Befehl, uns unser

Nachtlager auf der Wiese zu bereiten. Als es langsam dunkel wurde, bemerkten wir, daß der Himmel in östlicher Richtung rot war von brennenden Dörfern.

9.9.1939: Früh morgens hieß es »Fertig machen«. Die Lage schien ernster zu werden. Es wurde von Verlusten gesprochen. Die polnischen Truppen hatten sich hier in der Nähe scheinbar festgesetzt. Zu essen bekamen wir nichts. Aber wir hatten ja noch »Vorrat« von Kalisch und aßen Schokolade zum Frühstück. Hauptfeldw. H. wollte mein Fahrrad leihen, ich durfte dafür auf einem Pferdefuhrwerk sitzen. Mir war das ganz recht. Ich konnte meinen stark beanspruchten »Allerwertesten« auf diese Art und Weise etwas ausruhen. So wurde ich ganz gemütlich durch eine Stadt geschaukelt, die vollkommen ausgebrannt war. Heruntergebrannte Häuser auf beiden Straßenseiten. Alles war eingestürzt. Hier hatte die Artillerie mächtig gehaust. Die Bevölkerung stand an den Straßenseiten und betrachtete uns mit haßerfüllten Blicken. Ich habe kein einziges Haus erblicken können, das noch heil war oder wenigstens ein Dach hatte. Diese Stadt hieß: **Piatek.**

Sonntag, 10.9.1939: Plötzlich wildes Kommando: »Alles zurück!« »Pferde klar! Polnische Kavallerie von vorn!« Ein Oberleutnant war es, der das rief, er kam zu Pferde angerast. – Alles sauste in Deckung. Ich schmiß mein Rad in den Graben und nahm Deckung hinter einem Mauervorsprung und entsicherte das Gewehr. Sie sollten nur kommen, die Polen – aber es kam niemand –, nach 5 Minuten kam immer noch niemand –, dann stellte sich heraus, daß unser braver Oberleutnant sich geirrt hatte, er hatte einige deutsche Reiter für polnische Kavalleristen angesehen. Waren unsere Leute denn schon so nervös?

Es war aber wirklich zum Nervöswerden. Die Schießerei hatte sich nun tatsächlich um uns herumgezogen. Wir waren eingekreist. Nur noch nach Süden war die Straße nach Lodz frei. Mittagessen nahmen wir auf der Straße ein.

Dann ging's weiter. Alles war aufgeregt. Plötzlich alles wieder halt. Weit vor uns soll eine Brücke gesprengt sein. Wir mußten von der Straße herunter und gerieten auf eine sumpfige Wiese. Einige Wagen fuhren sich sofort fest. Nun war der Salat scheinbar fertig. Rund um uns der Pole, und wir saßen im Sumpf. Ich dachte nicht, daß wir hier heil herauskämen und nannte die Situation in Gedanken: »Klein-Tannenberg«. Nur, daß wir jetzt die Eingekreisten waren. Aber beim Kommiß wird das Unmögliche möglich. Wir spannten die Pferde aus und zogen immer mit je sechs Pferden einen Wagen nach dem anderen heraus. Eine Heidenarbeit, die über drei Stunden in Anspruch nahm. Nach einiger Zeit standen wir wieder auf der Straße. Jetzt ging's aber im Galopp. Unser Marsch glich einer Flucht. Wo mochte nur die Kompanie stecken? Seit gestern abend haben sie nichts zu essen gehabt. Plötzlich setzte von rechts her eine wilde Schießerei auf uns ein. Pferde fielen um – einige brannten durch, waren verwundet. Wir nahmen sofort Deckung hinter den Fahrzeugen und nahmen die Bauernhäuser, aus denen die Schüsse kamen, unter Feuer. Dann wurde eine Gruppe gebildet, zu der auch ich gehörte. Wir hatten nun die Aufgabe, die Häuser zu stürmen. Noch immer Schießerei – hin und her. Wir arbeiteten uns auf dem Bauche so weit an die Häuser heran wie möglich. Dann hieß es »Sprung auf, marsch, marsch!« Wir rannten trotz des Feuers auf die Häuser zu. Das Feuer verstummte. Einige braune polnische Soldaten versuchten zu flüchten. Wir hinterher – unser Leutnant schrie: »Halt! Haaalt!« Aber die Polen standen erst, als er schoß. Sie standen und hoben die Hände hoch. Wir untersuchten sie nach Munition und nahmen ihnen die Gewehre ab. Ich selbst nahm einem Soldaten das Seitengewehr und die Gasmaske ab. Dann untersuchten wir das Bauernhaus, fanden niemanden und rückten wieder ab zur Straße zurück. Das polnische Seitengewehr und die Gasmaske wollte ich mit aller Gewalt behalten und nahm mir vor, beides mit nach Deutschland zu nehmen, aber wer weiß, was uns noch bevorstand. Ich verpackte jedenfalls beides auf einem Wagen. Dazu hatte ich noch einen polnischen Spaten und einen Stahlhelm.

[…] Eine andere Gruppe hatte inzwischen ein anderes Haus gesäubert. Allmählich setzte sich der Zug wieder in Bewegung. Aber kaum trabten wir wieder an, als aus denselben Häusern wieder geschossen wurde – nanu? Wir bekamen nun

Befehl, die Häuser ganz genau zu durchsuchen, was wir dann auch taten.

Aber ohne Erfolg. Als trotzdem noch geschossen wurde, haben wir die Häuser auf Befehl angesteckt. Bald säumten brennende Häuser unseren Weg, und aus den Flammen schallte das Schreien der Versteckten, die sich nicht mehr retten konnten. Das Vieh brüllte in Todesangst, ein Hund schrie, bis er verbrannt war, aber am schlimmsten schrien doch die Menschen. Es war grauenhaft. Mir gellt es heute noch in den Ohren. Aber sie haben geschossen und damit den Tod verdient. Trotzdem aber waren wir noch im Rückzug. Was lag alles auf der Straße, was in der Eile nicht aufgesammelt werden konnte – ein Gewehr, ein gegen einen Baum gefahrener Munitionswagen, Ketten, Wolldecken, ein Stahlhelm, Riemen usw. Niemand hatte Zeit, etwas aufzusammeln, der nachfolgende Wagen hätte jeden überfahren, der stillgehalten hätte. Wieder wurden wir beschossen. Wieder nahmen wir Deckung, wieder schossen wir. Es wurde wieder Abend – wo blieb unsere Kompanie? Rings um uns herum in der Ferne Maschinengewehrgeknatter – dann kamen wir an eine Chaussee-Kreuzung, an der sich sehr viele Truppenverbände versammelt hatten. Alles waren die Reste der im Gefecht stehenden Kompanien.

Wir bekamen einen Platz auf einer Wiese zugewiesen, wo unsere Fahrzeuge auffuhren. Ein starkes Tankgeschwader fuhr nach Norden. Wir freuten uns, als wir die schweren Wagen sahen, das ist doch etwas anderes als solch [ein] alter Droschkengaul.

11.9.1939: Der Pole kam. Befehl schärfster Aufmerksamkeit kam durch. Im Falle eines scharfen Angriffs hatten wir Befehl, uns in unsere hintere Stellung zurückzuziehen. Wir waren nur eine dünne Linie, alle paar Meter ein Mann, alle ohne Maschinengewehr. Nur ein paar Handgranaten und Gewehre hatten wir. Aber etwa 500 m hinter uns hatte die Artillerie Stellung bezogen. Bald fingen die Kerls auch an zu ballern, daß unsere Ohren schmerzten. [...]

Das Letzte waren die Einschläge beim Feinde. Hoffentlich saßen sie gut. Doch nun wurde die Geschichte brenzlig..., dort – weit hinten im Gelände – die ersten stürmenden Polen.

Ein Unteroffizier erkannte die ersten. Wie kleine braune Punkte sahen sie im Gelände aus. Sie gingen langsam in Schützenrudeln. Noch waren sie unbehelligt. Das ganze Gelände wimmelte. Man konnte sie von hier aus gut einsehen. Noch durften wir das Feuer nicht eröffnen. Wir waren aufgeregt – nun sollte es losgehen. Ich hatte alle Taschen voll Munition, schnell füllte ich noch ein paar lose Ladestreifen. Ich lag auf dem Bauch in meiner Kuhle. Niemand sagte etwas. Alles starrte nach vorn auf die näherkommenden Punkte – sie hatten uns noch nicht gesehen. Ganz sorglos gingen sie – immer näher –, jetzt waren sie vielleicht noch 500 m entfernt –, 400 m, immer noch kein Feuerbefehl –, verflucht, wenn wir nur MGs hätten –, 300 m, da! Der erste Schuß – und nun begann das Höllenkonzert. Jetzt erst bemerkten wir, daß auch MGs unter uns waren, das Geräusch klang mir wie Musik in den Ohren. Maschinengewehre – herrlich –, die polnischen Trupps hatten sich blitzschnell zur Erde geworfen und suchten Deckung. Da pfiffen auch schon die ersten Kugeln an uns vorbei – ssiihh sihhh sihhh. Verflucht, jetzt aber schießen. Ich lud mein Gewehr mechanisch wie auf dem Kasernenhof, das Visier hatte ich schon gestellt. Ich schoß, was das Zeug halten wollte. Unsere ersten Verwundeten sah ich. Der Pole hatte auch allerhand MGs, verfluchte Dinger. Die ersten polnischen Soldaten machten kehrt, suchten sich bessere Deckung – wir zielten auf die Aufspringenden. Doch vertreiben ließen sie sich nicht, auch sie schossen. Ab und zu spritzte der Sand in unserer Nähe. Ich sehe noch den jungen, langen M. etwa 10 m neben mir – auch er schießt –, kreidebleich ist er; ich weiß nicht, wie lange der Tanz dauerte, langsam ebbte die Schießerei ab. Der Pole sammelte sicher neue Kraft. Langsam sank die Sonne am Horizont. Wir lagen auf der Lauer. Auf jeden braunen Fleck, der sich zeigte, wurde geschossen. Unsere Artillerie ballerte wieder. Von polnischer Artillerie merkten wir noch nichts. Gott sei Dank. Der Pole ging langsam zurück. Wir verfolgten ihn nicht. Wir sollten liegenbleiben. Was wohl unsere Kameraden machten?

Gegen 6 Uhr kam Befehl, die Stellung zu räumen und 200 m weiter zurück in unsere alte Stellung zu gehen. Jetzt freute ich mich, mein Fahrrad so gesichert zu haben, denn es lag als einziges dort, alle anderen waren weg, geklaut. Ab und zu schoß unsere Artillerie. Manchmal bellte ein MG irgendwo auf. Langsam senkte sich die Dunkelheit hernieder. Wir hatten unsere Löcher größer gegraben und mit Stroh ausgefüllt. Einer von zweien durfte immer schlafen, der andere mußte wachen. Ich behielt den Stahlhelm auf, damit ich wenigstens etwas geschützt war.

Nachdem meine Wache abgelaufen war, legte ich mich wieder schlafen. Doch bald wurde ich wieder aufgescheucht, denn unsere Artillerie schoß wieder… unsere? Nein, die polnische Artillerie schoß. Dieses Mal kam das Pfeifen von der anderen Seite. Die Einschläge waren grade dort, wo unsere Artillerie stehen mußte – die armen Kerle. Doch jetzt kamen die Einschläge verdammt nahe. Wenn so ein Biest kam, steckten wir die Köpfe in den Sand, obgleich es doch nichts genützt hätte. Wenn die Burschen bloß aufhalten wollten zu schießen, es war eine starke Nervenprobe. Immer wieder pfiff es über unsere Köpfe hinweg. Eine Stunde lang – oder waren es zwei? Dann wurde es wieder ruhig. Im Morgengrauen kam ein Unteroffizier und sammelte uns wieder und ging mit uns nach vorn. Von Polen war noch nichts zu sehen. Langsam arbeiteten wir uns vor, bis in unsere vordere Stellung.

An den Fußspuren erkannten wir, daß die Polen über Nacht hiergewesen sein mußten. Geschossen wurde noch nicht. Essenträger kamen nach vorn und brachten uns Fleischsuppe, die uns vortrefflich mundete. Doch lange hatten wir keine Ruhe. Gegen 9 Uhr morgens griff der Pole wieder an. Dieses Mal mit verstärkten Kräften. Doch auch wir hatten Verstärkung bekommen. Viele deutsche Tanks sahen wir im Gelände. Auch deutsche Flugzeuge flogen über uns hinweg nach Norden. Aber der Pole griff weiter an. Wir gingen wieder zurück und bauten uns unsere Stellung aus. Etwa 500 m hinter uns an einem Waldrand steht ein großer Fabrikschornstein einer Ziegelei. Die Polen schienen auf diesem Schornstein einen deutschen Artilleriebeobachtungsposten zu wähnen; jedenfalls nahmen sie mit der Artillerie diesen Schornstein unter Feuer. Wir beobachteten dieses Schauspiel interessiert. Der erste Schuß ging fehl – der zweite auch –, doch beim dritten entzog sich der Schornstein unseren Blicken, er war eingehüllt in eine Wolke roten Staubes. Als der Staub sich verzog, sahen wir, daß durch den Schornstein hindurch ein riesiges Loch geschossen worden war. Aber er fiel nicht um. [...] Der Pole begann wieder lebhafter zu feuern. Wir erwiderten das Feuer. Jetzt tauchten wieder die braunen, näherkommenden Punkte im Gelände auf. – Sie kamen wieder.

Unsere MGs, deren Zahl sich inzwischen beträchtlich vermehrt hatte, schossen wie Gift. Aber auch die Polen hatten MGs. Ab und zu pfiff so eine Garbe dicht an mir vorbei, so daß ich rasch die Nase in den Dreck steckte. Nun waren die Polen auf Schußweite herangekommen. Wir begannen zu feuern. Bei den ersten Schüssen war ich noch etwas nervös, dieser Zustand machte bald einer grimmigen Ruhe Platz, besonders als wir merkten, daß die polnischen Kugeln nicht alle trafen. Wir schossen, was das Gewehr hergeben wollte.

Ob wir etwas trafen, konnten wir noch nicht beobachten. Doch der Pole kam näher. Er wollte dieses Mal nicht vergeblich gegen unsere primitive Stellung anrennen. Unser Abschnitt war die einzige schwache Stelle in dem eisernen Ring, der die polnische Kutno-Armee umschloß. [...] Deutsche Flugzeuge fliegen über uns hinweg nach Norden. Links, weit hinten im Gelände, kriechen deutsche Tanks nach vorn. Jetzt hören wir, wie die Sache steht. Rechts und links sind je eine Division eingesetzt worden. Starke Kräfte. Diese schieben sich nach vorn und nehmen vor uns die Verbindung miteinander auf. Dann können wir kümmerliche Reste hier herausgenommen werden. Wir haben unsere Aufgabe erfüllt. Gegen Abend werden wir entlassen. M. und ich sind übriggeblieben von der 12. Komp. Ich habe mein Fahrrad noch. M. muß zu Fuß nebenher laufen. Doch bald findet er ein Fahrrad auf einer Wiese liegen, wie für ihn dahingelegt. Er kam dieser Einladung nach, und bald strampelten wir gen Süden in Richtung Zgierz. Wo mag unsere Kompanie sein? Jeden Soldaten fragten wir: »Wo liegt der Troß der 26er?« »Weiß nicht!« lautete meist die Antwort. Als wir ca. 10 km gefahren sind, treffen wir einen, der uns Bescheid sagen kann. Noch 2 km weiter, rechts, in einem Walde. Nach ½ Stunde finden wir unseren Troß wieder. Mit uns zu gleicher Zeit trifft der traurige Rest unserer Gefechtskompanie von Piatek ein. Von ihnen erfahren wir dann das traurige Schicksal unserer Kameraden. Zurückgekommen war Feldwebel T., mein ehem. Rekrutenkorporal, und 6 Mann. 7 Mann von 140. Die anderen sind verschollen. Wir können es kaum fassen.

Wir übernachten hier im Walde. Viele polnische Zivilisten treiben sich hier in den Wäldern herum und schießen aus dem Hinterhalt auf Soldaten. Unser Restbataillon hat am Tage vorher über 80 Mann erschossen, die man aufgegriffen hatte und die Waffen bei sich hatten.

13.9.1939: Gegen Morgen erwachen wir. Es ist herrliches Wetter. K. und M. haben sich auch wieder eingefunden. K. und ich werden beauftragt, zwei gefangene Zivilisten nach der 2 km südlich liegenden Stadt Lodz zu bringen. Zu den beiden gesellt sich noch ein dritter, der angibt, Volksdeutscher zu sein. Uns kommt der Auftrag ganz gelegen. Wir kommen doch mal wieder in eine Stadt.

Längere Zeit wurde unsere Geduld auf die Probe gestellt. Dann erfüllte sich unsere Hoffnung. Die Wagenkolonne des Führers sauste vorbei. Wir sahen unseren Führer. Er fuhr dorthin, wo wir hergekommen waren, zur Front. Gegen Abend flogen mehrere Geschwader deutscher Flugzeuge über uns hinweg. Auch sie flogen gen Norden. Wir konnten alle noch nicht fassen, daß unsere Kameraden der Gefechtskompanie nicht wiederkommen sollten.

Nun aber ging der Marsch weiter, und zwar auf der Straße wieder nach Norden, auf der wir damals nach Süden gezogen waren. Wir näherten uns der Stadt Piatek und näherten uns der Stelle, an der sich die grauenvolle Nacht abgespielt hatte. Und dann – unsere Augen wollten es nicht fassen. Zerschmetterte Fahrzeuge, massenhaft tote Pferde und dann – beide Straßengräben etwa 300 m lang ..., gehäuft mit toten deutschen Soldaten gefüllt, so manchen Bekannten sahen wir. Die Toten lagen schon über eine Woche. Die Gesichter waren schwarz und z.T. schon verwest. Es war furchtbar. Einige hatten noch das Gewehr in der Hand. Andere waren verwundet und hatten sich verbunden, als sie doch noch ein Geschoß des polnischen Mörders, der den Graben nach Verwundeten absuchte, traf. Mit Grauen durchschritten wir die fürchterliche Stätte. Dicht bei Piatek auf einem Bauernhofe wurde Quartier gemacht. Dort blieben wir einige Tage in Ruhe liegen. Eines Morgens wurden aus jeder Kompanie

6 Mann herausgesucht, darunter auch ich. Wir wurden auf Lastwagen verladen und fuhren an die grausige Stätte des Todes zurück. Dort mußten wir dann unsere Kameraden begraben. Aus einem Gartenzaun brachen wir Latten, aus denen die einfachen Soldatenkreuze gezimmert wurden. Anhand der Erkennungsmarke wurde der Name und der Truppenteil festgestellt. Ein Teil unserer Gruppe mußte die Gräber schaufeln, ein anderer Teil die Toten tragen und andere wieder das Gerät zusammensuchen, was ich anfangs mußte. Was haben wir nicht alles gefunden? Gewehre, verrostete Maschinengewehre, Spaten, Seitengewehre, Richtaufsätze, Zeltbahnen. Überall konnte man erkennen, wo sich unsere Kameraden noch im letzten Augenblick zur Wehr gesetzt haben. Es war einem merkwürdig still zumute auf diesem Totenfeld. Dann mußte auch ich mittragen.

Wir schaufelten große Massengräber zu je 6 Mann. Die Toten wurden nun herangetragen und in die Gräber nebeneinander gelegt, mit voller Ausrüstung. Nichts wurde ihnen abgenommen, sogar den Stahlhelm behielten sie auf dem Kopfe. Dann schrieben wir ihre Namen auf den Holzkreuzen, dazu der Truppenteil. Andere schaufelten die Gräber inzwischen wieder zu. Wieder andere holten etwas grünes Gezweig herbei. Die Holzkreuze wurden nun auf den Hügel draufgesteckt, auf das mittlere Kreuz setzten wir dann einen durchlöcherten Stahlhelm. Dann wurde das nächste Grab in Angriff genommen. Die zusammengesuchten Waffen und Geräte wurden auf Lastwagen verladen und abtransportiert. Gegen 17 Uhr waren wir endlich fertig. Gegessen hatte noch niemand etwas. Bei einer solchen Tätigkeit vergeht einem der Hunger. Wir waren sehr still, auch abends noch. Ich glaube, dieser Tag hat mich am meisten beeindruckt.

Noch mehrere Tage blieben wir vor Piatek liegen. Unsere Unterkunft war ein größerer Hof, jedenfalls nach polnischen Maßstäben ein größerer Hof. Vorne, im Gebäude an der Straße, welches scheinbar ein Neubau war, befand sich ein umfangreiches Stofflager, d. h. es war umfangreich, bevor wir kamen. Allmählich schwanden die Stoffe dahin wie Schnee in der Sonne. Vorne war auch die Schreibstube und der »Stab« des Bataillons. Die Hintergebäude setzten sich aus Scheunen und einem kleinen Wohnhaus, einer Art Abnahme, zusammen. Die Wohnung lag verlassen. Die Inhaber teils geflüchtet, teils zusammengedrängt in die Wohnung eines alten Knechtes. In den Scheunen lagen die Fahrer mit ihren Pferden. Der Bauer selbst war erschossen worden, sein Grab befand sich im Garten. Seine Frau mit dem kleinen Kinde hauste mit in der Wohnung des Knechtes. Die leere Abnahme sah wüst aus. In den Zimmern lag Stroh unserer Quartiersvorgänger, die Möbel waren größtenteils umgestürzt. In der Küche haben wir das Fleisch irgendeines Kalbes gebraten. Aber wir hatten hier doch etwas Ruhe. Hier kam ich auch eigentlich das erste Mal richtig zum Schreiben. Zu Hause ging es noch ganz gut.

Das erwartete Ereignis war noch nicht eingetroffen.

Nach einigen Tagen Ruhe ging's weiter gen Osten. Daß es der Pole nicht mehr lange machen würde, ahnten wir. Unsere Flugzeuge sollen ihnen ja mächtig zugesetzt haben. Aber unsere Männer kamen nicht wieder. Es fehlten noch etwa 120 Mann. 60 Tote sind gefunden worden, die übrigen 60 galten als vermißt. Einige der Vermißten waren wieder bei uns eingetroffen. Sie hatten sich tagelang in den von Polen besetzten Gebieten durchgeschlagen. Einige hat es dabei noch erwischt. Fast jeden Tag aber kamen 2–3 Mann zurück. Einige waren auch in Gefangenschaft gewesen. Die polnische Kutno-Armee stand kurz vor ihrer Vernichtung.

[…] Unsere Truppen haben die Hauptstadt Warschau erreicht und belagern sie. Wir marschieren bis Lowicz, biegen dann nach Norden ab. Nach einem Tagemarsch wird in einem kleinen Dorfe, dessen Name wie alle polnischen Namen unaussprechlich war, Rast gemacht. Es hieß etwa »Przceskiczr«. Man mußte zweimal niesen und einmal husten, dann war es richtig. Unsere Aufgabe war, ein Gefangenenlager zu bauen und zu bewachen. Bäume wurden gefällt und deren Stämme als Pfähle in die Erde geschlagen. Ein Feld von etwa 300 m im Quadrat wurde mit Stacheldraht eingezäunt. […]

Abends werden wir vom Gefechtstroß zur Wache bei den Gefangenen eingeteilt. Schon bei Tage haben wir an der Straße gestanden, als der lange Zug der gefangenen polnischen Soldaten ins Lager einzog. Wenn der Zug mal stockte, benützten wir die Gelegenheit, mit den polnischen Soldaten zu sprechen. Einige gaben an, Deutsche zu sein und nur in polnische Dienste gezwungen worden zu sein. Andere machten aus ihrer polnischen Gesinnung keinen Hehl. Einer besaß sogar die Dreistigkeit zu sagen: »Ihr sollt noch euer blaues Wunder erleben, wenn ihr nach Deutschland zurückkommt. Ihr wißt ja gar nichts. Eure Führung verschweigt euch ja alles. Ihr wißt ja gar nicht, daß der Engländer bereits Danzig besetzt hat. Ihr wißt ja gar nicht, daß der Franzose inzwischen den Westwall durchbrochen hat, daß Berlin bereits halb zertrümmert ist, daß München ... Ja, ihr braucht gar nicht so laut zu lachen, was ich sage, das stimmt!« – »Na, jetzt halt mal deine Schnauze ein bißchen! Wir wollen dir nur sagen, daß noch keines Feindes Fuß deutsches Land betreten hat, du wirst noch Gelegenheit bekommen, das zu bestätigen.« Aber er glaubte uns nicht, solchen Leuten ist nicht zu helfen. Er meinte auch noch zu unserem Ergötzen, daß die Halbinsel Schleswig-Holstein inzwischen englisch geworden sei. Ich wunderte mich darüber. Anita hat gewiß ganz vergessen, mir das zu schreiben, ich hatte gestern doch erst einen Brief erhalten. Es war aber interessant, sich den Gefangenenzug anzusehen. Wie viele Mienenspiele kann man dort studieren. Polnische Offiziere und Mannschaften, alles durcheinander. Sogar einige Frauen aus den polnischen Frauenregimentern sahen wir. Im Gefecht haben wir sie nie gesehen. Sie stellten mehr eine Theatertruppe dar. Nachts mußten sie unter freiem Himmel übernachten. Einige wollten sich sogar drüber aufregen. Aber wir machten ihnen klar, daß wir bereits wochenlang kein Dach über dem Kopf gehabt hätten, sie sollten froh sein, daß wir noch für Stroh sorgten. Einer markierte den Schwerkranken. Andere schliefen wie die Murmeltiere. Die meisten wollten es aber nicht glauben, daß Polen verloren sei. Nachts um 3 Uhr war Alarm. Wir sollten unter Mitnahme der Gefangenen abrücken. Wir formierten die Polen, packten unsere eigenen Sachen und zogen los. Ich zockelte mit meinem Fahrrad und schußbereitem Gewehr mit einigen Kameraden hinter dem Zug her. Es war stockdunkel. Wenn einer entweichen wollte, hatte er jetzt die beste Gelegenheit dazu. Aber die meisten waren viel zu stumpfsinnig. Im Morgengrauen kommen wir zur Stadt Lowicz. Dort liefern wir die Polacken ab und warten auf unseren Troß, der einige Stunden später eintraf. Wir diskutierten in dieser Zeit viel über den Krieg. Wir meinten, daß er jetzt bald ein Ende nehmen würde. Polen war so gut wie niedergeworfen. Wir traten jetzt den Rückmarsch an. [...]

Anderntags gegen 17 Uhr heißt es »Fertig machen«. Der Stab der Quartiermacher, darunter auch ich, fahren voraus. Es geht 10 km weiter nach der Stadt »Ostrowo«. Dort fahren wir durch die verdunkelte Stadt zum Bahnhof. An der Laderampe übernehmen wir den Güterzug, der uns nun nach Deutschland zurückbringen sollte. Nach Hause? Niemand wußte es. Nach einigen Stunden kommt die Kompanie. Die Arbeit des Verladens beginnt. Gegen 4 Uhr morgens sind wir fertig. Um 4.30 Uhr setzt sich der Zug in Bewegung. Adé! Du polnisches Land! Polnisch? Nein. Polnisch war es, als wir kamen, und deutsch ist es, als wir gehen. Als wir kamen, waren aber noch alle Kameraden bei uns. Und alle glaubten, bald wieder in Deutschland zu sein. Viele werden das Land nie wieder verlassen. Es war ihre letzte Reise. Im staubigen Sand der Gräber liegen sie für ewig. Wir liegen mit 20 Mann in einem Güterwagen. Ich bin Quartiersältester und sorge erst mal für Ruhe, verteile die Sitz- und Schlafplätze. Dann essen wir erst mal. Hängen unsere Klamotten an die Wände und legen uns auf und unter den Bänken schlafen. Das Geräusch der Räder singt uns in Schlaf. Es geht wieder nach Deutschland. Welch herrliches Gefühl. Aber ob es zur Heimat geht, bezweifeln wir. Viele munkeln, daß wir nach Westen sollen, zum Westwall!

Als wir erwachen, ist es heller Tag. Der Zug hält auf freier Strecke. Die Bauernbevölkerung winkt uns zu. Deutsche sind es, wir sind in Deutschland. Endlich hören wir einmal wieder einen Zivilisten deutsch sprechen, das ist man gar nicht gewohnt. Der Zug fährt weiter. Wir durchfahren die Stadt »Breslau«. Am Kompaß sehen wir, daß der Zug in nordwestlicher Richtung weiterfährt. Den ganzen Tag fahren wir. Ich kenne die Strecke. Es ist dieselbe, die wir im vorigen Jahre fuhren, als wir von der Tschechei kamen. Aber dann biegt der Zug ab, wo es nun hingeht, entzieht sich unserer Kenntnis. Als es wieder über Stendal geht, glaube ich bestimmt, daß wir nach Norden fahren werden, und schlafe beruhigt ein. Nachts werde ich wach. Der Zug steht wieder. Dieses Mal in Magdeburg. Eine Krankenschwester steht am Bahnsteig und erzählt uns, was sie mit den polnischen Gefangenen erlebt hätten. Die wären, so meinte sie, fest davon überzeugt, daß die Engländer Norddeutschland längst besetzt hätten und wären nicht davon abzubringen. Einer hätte sogar einen englischen oder französischen Offizier zu sprechen verlangt. Oh, diese verblendeten Idioten!

Der Zug bewegt sich wieder. Ich schlafe weiter. Im Morgengrauen überzeuge ich mich wieder, wo wir sind. Dieses Mal steht der Zug in »Holzminden«. So, nun wußten wir, daß es doch nach Westen geht. Also nicht nach Hause. An den Gedanken mußte man sich erst gewöhnen. Die Gegend wird aber schöner und vor allem zivilisierter. Die Häuser sind wieder so, wie wir es von zu Hause gewöhnt sind. Die Menschen sind sauber, die Vorgärten gepflegt. Die Mädchen hübscher und voller. Aber wir wundern uns über die vielen Zivilisten, die noch herumlaufen, wir hatten gemeint, alles wäre jetzt Soldat. Wir nähern uns dem Ruhrgebiet. Die Gegend ist hier dicht besiedelt und gar nicht langweilig. Heute ist Sonntag. Überall auf den Bahnhöfen jubeln uns die Menschen zu. Wir fahren ja gen Westen.

Der Krieg war hier schon sehr populär geworden.

[...]

Dienstag, d. 27.7.43: Heute kam die Nachricht durch, daß der italienische Ministerpräsident, der Freund und Verbündete unseres Führers Adolf Hitler – Mussolini –, zurückgetreten ist. Die Kriegslage ist ernst. Im Osten anhaltende Abwehrschlacht. Unsere letzten Truppen sind vor einigen Monaten in Afrika vernichtet worden. Nun haben vor 14 Tagen die Amerikaner einen erfolgreichen Landungsversuch auf Sizilien unternommen. Dort toben jetzt die Kämpfe. Der Italiener, unser Verbündeter, wird anscheinend wankelmütig. Der Italiener hat ja auch in diesem Krieg alles verloren. Er hat Abessinien, Libyen verloren, und jetzt steht der Kampf vor seiner Tür. Die moralische Belastung des italienischen Volkes ist daher auch sehr groß. Was nun wird, weiß niemand. Alles sieht jedoch voll Vertrauen auf unseren Führer.

Jeden Tag haben wir Fliegeralarm. Norddeutschland wird ununterbrochen von englisch-amerikanischen Flugzeugen angegriffen. Das Volk fiebert nach der Vergeltung – wann kommt die???? Alles hofft auf einen großen Gegenschlag – im Osten Abwehr, auf Sizilien Abwehr –, die Stimmung ist gedrückt. Wir versuchen mit aller Gewalt, Wankelmütige zu festigen. Wir glauben bestimmt, daß etwas Großes im Anmarsch ist. Wir wissen, daß die Rüstung Deutschlands z. Zt. auf hohen Touren läuft – aber wann sie zum Einsatz kommt, weiß niemand. Der Führer wird wohl wissen, wann er losschlägt. Er allein besitzt den weiten Blick. Stunde für Stunde laufen bei unserer Truppe hier Telegramme ein, an einige meiner Unterführer, immer steht nur drauf: »Komme sofort, habe alles verloren!« Hauptmann G. ist mit einem kleinen Lastwagen nach Hamburg gefahren. Ich beurlaube die Bombengeschädigten sofort. Wir können ja doch nicht weiter ausbilden, da die Fahrzeuge alle in Hamburg sind.

Nachmittags halte ich vor den Ukrainern weltanschauliche Schulung. Ich spreche über die Gründe des Krieges, über den Unterschied zwischen Bolschewismus und Nationalsozialismus. Die Männer hören interessiert zu. Am Schluß äußern sie den Wunsch, ich möge einmal über die gegenwärtige Kriegslage sprechen. Ich vertröste sie auf den nächsten weltanschaulichen Unterricht. Mir ist z. Zt. absolut nicht danach zumute, über die Kriegslage zu sprechen. Aber ich werde es in den nächsten Tagen wohl doch tun. Ich glaube, z. Zt. ist es nötig, die Männer etwas aufzurichten, insbesondere auch unsere Unterführer.

28.7.43, 13.45 Uhr: Gerade eben wieder Nachricht aus Hamburg durch Rundfunk. Hamburg in letzter Nacht wieder von mehreren hundert Flugzeugen angegriffen. Alles, was östlich der Alster liegt, brennt in hellen Flammen. Alle verfügbaren FE-Kräfte rund um Hamburg und aus allen Städten in Hamburg zusammengezogen zum Abtransport der Bevölkerung. Unser Hauptmann noch nicht wieder da. Wenn er heute abend noch nicht da ist, lasse ich einen Teil der Ukrainer auf Lastwagen verladen und nach Hamburg zum Arbeitseinsatz bringen. Wieder sind Telegramme eingetroffen von Familienangehörigen unserer Ausbilder, die in andere Städte geflüchtet sind. Immer wieder liest man: »Alles verloren!« Man kann hier verrückt werden. Dieses Warten, dieses Nichtstun.

Freitag, d. 30.7.43: Hamburg in seiner alten Form ist nicht mehr. Ein ungeheurer Flüchtlingsstrom wälzt sich über alle Ausfallstraßen nach draußen. Die Menschen tragen das letzte ihrer Habe mit sich. Sie haben keine Heimat mehr. Sie müssen sich nun eine neue suchen.

Ich habe mein Fahrrad mitgebracht, will durch die Stadt fahren. Ich finde kein heiles Haus mehr, keine heile Straße. Ich fahre durch das schöne Stadtzentrum. Es steht noch. Es ist so ziemlich verschont. Es steht noch die schöne Mönckebergstraße, es steht noch der Adolf-Hitler-Platz. Es steht noch der Jungfernstieg, es steht noch der Gänsemarkt, es steht die Dammtorstraße. Aber auch hier, überall ist jedes dritte, vierte Haus abgebrannt.

Anders jedoch in Altona. Wo vor drei Tagen noch reges Leben floß, liegt jetzt ein Trümmerfeld. Weinende Menschen suchen ihre Habe aus den Trümmern, wenn nicht gar ihre vermißten Angehörigen.

Ich kenne Altona nicht wieder. Der Hauptbahnhof zerschlagen, die Gr. Bergstraße ist nicht mehr. Ich erkenne fast nichts wieder. Der Lichteinfall ist durch die fehlenden Häuser anders geworden. Wo sind nun all die Menschen?

So finde ich Hamburg nun überall. Ich betrete in den Abendstunden des 31.7. die ehemalige Hammerbrockstraße.

Totenstille. Hier sind keine Menschen, die ihre Habe suchen, denn hier liegen auch die Menschen unter den Trümmern. Hier ist auch die Straße nicht mehr gangbar. Ich muß mein Fahrrad auf die Schulter nehmen und klettere nun über Trümmer. Die Häuser sind niedergelegt. Wohin das Auge blickt: totenstilles Ruinenfeld. Hier ist niemand mehr herausgekommen. Hier haben Brandbomben, Luftminen und Zeitzünderminen zur gleichen Zeit gehaust. Noch sieht man die Toten auf der Straße liegen, wie viele mögen unter den Trümmern auf dem ehemaligen Straßenpflaster liegen? Die Trümmer liegen hier ca. 1 m hoch. Kilometerweit gehe ich schon. Keinem Menschen bin ich begegnet. Nur dem Grausen. Die Abendsonne glüht. Wo hier einst brausendes Leben herrschte, wo um diese Tageszeit rege Betriebsamkeit war, herrscht jetzt Totenstile. Ich klettere an toten Pferden vorbei.

Kein lebendes Wesen. Alles Leben ist hier ausgelöscht. Wo einst Häuser standen, stehen jetzt Ruinen, wo einst Menschen und lachende Kinder waren, liegen jetzt die Toten. Und in den leeren Fensterhöhlen wohnt das Grauen. Ich sehe links und rechts in die Seitenstraßen hinein. Überall das gleiche Bild. Ein toter Stadtteil.

Nach stundenlangem Klettern finde ich wieder Boden unter den Füßen. Ich erreiche den Heidenkampsweg. Auch hier die gleiche Zerstörung. Aber hier sieht man doch noch Menschen. Hier marschieren schon Arbeitskompanien vorbei.

Ich komme mit mir selbst nicht zurecht. Ich sehe von der Brücke Berliner Tor noch einmal über das tote Trümmerfeld. – Wann wird hier wieder Leben herrschen, wann wird das wieder aufgebaut sein?

[…]

In weiter, weiter Ferne scheinen diese Zeiten – Wann??

Dann, wenn wir den Krieg gewonnen haben. Dann, wenn wir wieder ungestört in Deutschland unserer Aufbauarbeit nachgehen können – dann, wenn Neidern im Ausland das Handwerk gelegt ist.

Dann werden wir wieder leben können, wie es uns gefällt.
1943 Dann wird auch wieder Frohsinn in unseren Straßen einziehen, dann werden wieder Kinder in den Parks spielen, dann wird auch die Jugend wieder tanzen können. Dann werden wir wieder Schönheit und Frohsinn um uns haben.

Aber sind wir die einzigen, die diese schweren Zeiten erleben? Geht nicht alle Zeiten einmal die Geißel des Krieges über jedes Land? Hatten wir nicht vor einigen Hundert Jahren den Dreißigjährigen Krieg, der kaum ein Haus heil ließ? Hat nicht auch die einstige Vergnügungsstadt Paris das gleiche oder ein ähnliches Schicksal? Wie sieht es jetzt in Leningrad aus, wo vor vielen Jahrzehnten auch Pracht und Frohsinn herrschte?

Hatte nicht Hamburg vor 101 Jahren dasselbe Schicksal? Wir wollen daher den Mut nicht sinken lassen. Wir werden wieder aufbauen, was uns dieser Krieg mit seinen unfairen Gegnern zerstörte.

Wer weiß, was noch der Bevölkerung Londons bevorsteht? Noch jubelt man dort in Unkenntnis der deutschen Stärke – noch herrscht dort reges Leben, noch sind die Menschen übermütig und sorglos –, aber eines Tages, wenn wir uns schon wieder etwas von diesem moralischen Schlage erholt haben werden – eines Tages wird auch das übermütige London den Krieg verspüren, und zwar weit, weit fürchterlicher, als es jetzt in Hamburg der Fall war.

Unser Hamburg. Deutschlands Tor zur Welt – Zerstören kann man es, aber töten? Nie!

Die toten Ruinen ragen in den nächtlichen Himmel. Leere Fensterhöhlen schauen auf mich herab. Hinter dem toten Gemäuer geistern die Schatten des Mondes. Von Zeit zu Zeit kracht es in irgendeiner Ruine, Poltern durchbricht die Stille, Steine fallen herab. Dann ist es wieder still. Die Menschen sind fort, sind in alle Richtungen verstreut. Dunkelheit herrscht überall. Kein Licht scheint durch die Stille. Tot und still wie in Urzeiten, als hier noch keine Stadt stand.

Aber eines Tages wird hier Menschenhand wieder eine Stadt erbauen, ein schönes, neues Hamburg, das unseren Kindern und Kindeskindern wieder eine schöne Heimat sein soll. […]

Donnerstag, d. 5.8.43: Von einem der Ukrainer wird gemeldet, daß er ein Gespräch zweier Kameraden belauscht hat. Die beiden planten zu flüchten. Sie wollten mit einem Güterwagen als blinde Passagiere in die Ukraine zurückfahren. Diese Herrschaften glauben, wir hätten den Krieg schon verloren. Sie sollen sich aber getäuscht haben. Vorläufig unternehme ich noch nichts. Will die beiden erst einmal beobachten. Den Ukrainern soll angeblich die deutsche Ordnung nicht passen. Na, wenn es ihnen so nicht gefällt, dann können auch wir andere Seiten aufziehen. Wie die behandelt werden von uns, bin ich als Rekrut nicht behandelt

1944

worden. Aber ich glaube, wir Deutschen sind noch viel zu human. Fremdvölkische Menschen kann man im eigenen Land in Kriegszeiten nur mit Gewalt bei der Stange halten. Man sieht es ja auch in Holland. Nur die Gewalt schreckt die Nichtdeutschen zurück, gegen uns zu gehen. Wenn wir jedoch den Krieg erst gewonnen haben, wird man sich schon mit den Tatsachen abfinden. Man hält es gerne mit dem jeweils Stärksten. [...]

5.5.45: Unser Führer Adolf Hitler ist nicht mehr. Diese Tatsache hat uns eigentlich nicht so erschüttert, wie man es hätte annehmen sollen. Eines Morgens kam, es war am 30.4., der Befehl. Die Abteilung um 9 Uhr vorm Bahnhof antreten. Stahlhelm und Waffen. Unser Abteilungskommandeur gab uns bekannt, daß der Führer tot sei. Das Kommando hat der Großadmiral Dönitz übernommen. Der dem Führer geleistete Eid geht ohne weiteres auf ihn über. Lange Stunden haben wir alle unseren Gedanken nachgehangen, und manche Stunden der letzten 20 Jahre sind an uns vorübergezogen. Dann aber ging der Alltag auch darüber hinweg, und wir fanden uns damit ab. Das Leben geht weiter, auch wenn der letzte Führer des Großdeutschen Reiches nicht mehr ist.

Das ist nun schon wieder einige Tage her. Heute haben wir den 5. Mai. Immer noch warten wir auf die Amerikaner.

[...]

Juli 1945: Zu Hause angekommen, setzte ich meine Uniform wieder instand und freute mich, wieder meine geliebte Uniform anziehen zu können. Ich habe von jeher gerne Uniform getragen, und zwar nicht nur wegen der vielen silbernen Dienstgradabzeichen, denn ich habe auch als schlichter Feuerwehrmann-Anwärter immer meine triste Uniform getragen – sondern hauptsächlich des forscheren Aussehens der Breeches-Hosen und des besseren Sitzes der ganzen Kleidung wegen. Nun zog ich sie wieder an und fühlte mich wieder als »Feuerwehrmann«. Am Sbd., d. 14.7., bekam ich von der Feuerwache Bergedorf eine Meldung, mich am kommenden Montag sofort bei Oberst Sch. zu melden. Ich sah dem mit Beruhigung entgegen und glaubte, ich bekäme nun meine neue Dienststelle zugeteilt.

Am Montag, d. 16.7. um 9 Uhr, meldete ich mich dann beim Personalchef, dem alten Hauptmann M., welcher mich gleich darauf vorbereitete, daß ich heute meine Entlassung bekäme. – Ich war wie vor den Kopf geschlagen. […]

Ich war fassungslos. Im Augenblick war es bei mir so, daß die an sich für mich sehr schwere Tatsache der Entlassung in diesem Augenblick zurückwich und einer noch viel größeren Fassungslosigkeit, und zwar über den Ton, mit der dieser Sch. mir meine Entlassung hohnlächelnd an den Kopf warf, Platz machte. U. a. hörte ich ihn sprechen: »Tscha, ihr Nazis habt ja bisher einen sehr großen Ton riskiert, nun aber ist es aus und vorbei damit, aber Sie haben ja auch bisher viel mit Ihrem Ehrenwinkel geprahlt.«

»Entschuldigen Sie, Herr Oberst, ich habe niemals den von Ihnen benannten Ehrenwinkel getragen!« Ich konnte mich absolut nicht sammeln. Ich konnte noch immer nicht fassen, daß ich nicht mehr zu dem mir so vertrauten Verein der Berufsfeuerwehr gehören sollte, daß ich nicht mehr Kamerad der Männer der Berufsfeuerwehr, deren Kamerad ich früher und deren Führer ich seit Jahren war, sein sollte. In abgerissenen Bildern schoß mir meine ganze Dienstzeit an meinem inneren Auge vorbei.

Mein erstes, schüchternes Erscheinen in Zivil in der Feuerwache Flensburg, meinen ersten Dienst in blauer Uniform ohne jegliche Dienstgradabzeichen, mein erstes Hakenleiterexerzieren unter dem alten Oberbrandmeister K., mein erstes Feuer, viele spätere Situationen bei Großbränden, meine Tätigkeit als Krankenwagenfahrer, unsere schönen kameradschaftlichen Stunden auf der Feuerwache, dann mein Aufstieg. 1938 schon Oberfeuerwehrmann, 1939 Brandmeister, dann kam der Krieg, der fürchterliche Krieg, den unsere Führer, die Deutschland so vorbildlich aufgebaut hatten, in Unkenntnis der Stärke der Welt anzettelten und damit nicht nur das, was sie selbst geschaffen, sondern alles, was Generationen vorher geschaffen hatten, wieder zerstören ließen, nur, weil sie hofften, als große Feldherren in die Geschichte eingehen zu können. – Aber ich hatte das Glück, auch im Kriege in meinem Beruf bleiben zu können. Mein Beruf erlebte, leider mit negativen Vorzeichen, einen ungeheuren Aufschwung. Ich bildete Männer zu Feuerwehrmännern aus, immer mehr, erst 10, 100, dann 1000, immer mehr. Dann kam meine Abordnung zur Offiziersschule – dort mußte ich lernen, lernen und wieder lernen, und dann erfüllte sich mein Traum, ich wurde Offizier. Welcher junge Mensch würde nicht stolz sein, Offizier werden zu können – aber so schön mein Aufstieg auch war, die schönste Zeit war und blieben in meiner Erinnerung doch die Jahre in der Kameradschaft der Flensburger Berufsfeuerwehr. Was hat denn mein Beruf mit der Partei zu tun? Ich hatte oft Zerwürfnisse mit der NSDAP, weil ich mich nie an irgend etwas beteiligte und immer meinen Dienst vorschützte, ich habe mit der Organisation der NSDAP nie etwas zu tun haben wollen, ich habe oft Zusammenstöße mit den braungekleideten, geschniegelten Amtswaltern gehabt, weil diese Affen uns Feuerwehrführern auf der Brandstelle Verhaltensmaßregeln geben zu müssen glaubten. Wie so viele habe auch ich diese geschniegelten Affen gehaßt. Und nun? Nun mußte ich meinen geliebten Beruf aufgeben, weil ich angeblich einer dieser Braunen war? Das wollte mir nicht in den Kopf. Zu plötzlich kam das alles und zu unerwartet. Ich weiß kaum, welche Straßenzüge ich, in Gedanken versunken, gefahren bin. Jedenfalls befand ich mich bald darauf bei Tante Gisela und setzte mich dort auf einen Stuhl. Ich war einfach unfähig, irgendeinen vernünftigen Gedanken zu fassen. Nach ca. 10 Minuten glaubte ich soweit zu sein, Kathi anrufen zu können. Ich teilte ihr jedoch nur mit, wo ich sei, und daß alles in Ordnung wäre. Noch immer konnte ich einfach nicht begreifen, daß mit der Feuerwehr nun Schluß sei und ich nun arbeitsloser Zivilist sei. Noch trug ich die Uniform eines Polizeioffiziers – zum letzten Male.

1950

Letzte Kämpfe

Erich W., Hamburg

15.10.1929: Bis jetzt ging mich die **Politik** gar nichts an. Auch jetzt halte ich mich zurück. Ich fühle, das ist nicht mein Gebiet. Wer aber kein Verräter am Deutschen Volke sein will, der muß sich um die politischen Ereignisse der heutigen Zeit unbedingt kümmern. Von den Nationalsozialisten wird die heutige Politik unserer »Staatsmänner« als ein Verbrechen am deutschen Volke bezeichnet. Nach meiner Ansicht wird der Nationalsozialismus von guten Ideen geleitet und von hervorragenden Männern, die alle Ideale wahr machen, geführt. Möge uns in Adolf Hitler der Mann gekommen sein, den das zerrissene, ausgebeutete deutsche Volk braucht. Wer sich mit so großer Verachtung des Lebens für eine **selbstlose** Idee, der heiligsten, die es überhaupt gibt, mit aller Kraft einsetzt, der kann nicht das Schlechte wollen. Nur durch heilige Begeisterung wird wieder etwas erreicht werden. Die 2½ Millionen deutscher Gefallenen sollen nicht für einen Bluff ihr Leben gelassen haben. Wenn der Mensch nur nicht so schnell vergäße! Wenn jeder gefallene Soldat wieder aufstehen könnte und seine Leiden erzählen könnte, vielleicht ginge manchem ein Licht auf, daß nämlich die Toten ihr Bestes **für andere** geben! Sich opfern für den Nächsten: Das müssen wir wieder lernen. In den Reihen der Nationalsozialisten kann man diese Opferfreudigkeit beobachten. Möge der Mann gekommen sein, der uns aus dem Chaos wieder herausreißt. **Eine**

Erich W.

Sehr geehrter Herr Breloer!

Ich kann nur immer wiederholen, ich wünschte früher viel mehr im Tagebuch festgehalten zu haben. Die Monde, die Jahre vergehen. Wie hat man gelebt? Was getan? Wie ist man geworden? Wo ist die Zeit geblieben? Auch ich bin von dem Glauben durchdrungen, daß mein Leben nicht gleichgültig ist und ich es daher so gut wie möglich festhalten muß, kehren doch die durchlebten Jahre nie wieder. Das Schönste ist, im Urlaub in alten Tagebüchern zu lesen und den früheren Stufen und Äußerungen meines Lebens wiederbegegnen, gleichsam in meinem vergangenen Leben blättern. Das Tagebuch hat viel mehr mit Briefen als mit Memoiren zu tun, weil es sich von Augenblick zu Augenblick, von Tag zu Tag tastet.

Ich möchte nicht, daß einmal von mir nichts weiter übrigbleibt als Geburts-Taufschein, Zeugnisse, Rechnungen. Auf das Persönliche kommt es an. Meine Kinder sollen von meinem Leben, meiner schöne, aber schwere Arbeit wartet seiner, die ihn unsterblich machen wird, falls er sie löst. Ich vertraue auf Adolf Hitler.

Heil Hitler! […]

Mittwoch, 28.3.45: Um 15.00 Uhr aus Prag gefahren über Pilsen-Fürth. Regnerischer, dunstiger Tag. Uffz. Z. erzählte mir von einem Elsässer. Im Anfang hat er auf franz. Seite gekämpft, jetzt steht er auf dtsch. Sein Vater kämpfte auf deutscher Seite, der Großvater auf franz. 1940 hat der Elsässer gegen uns gekämpft, war dann 1 Jahr Zivilist und muß nun auf deutscher Seite weiterkämpfen. In seinen Papieren steht aber »Français de naissance«. Er sagt, er wisse schon selber nicht mehr, ob er Deutscher oder Franzose sei. – Ich glaube, ähnlich wird es überall in den Marken sein.

Wir haben auf Stube 42 schon weiter gedacht und uns gesagt, daß der Krieg nicht beendet ist, wenn die Amerikaner und Engländer durch Deutschland durchgebrochen sind, denn dann wird der Kampf gegen die Russen weitergehen. Fragt sich aber, ob den Amerikanern nicht ganz gleichgültig

Entwicklung wissen. Meine Frau kann sich vielleicht nach meinem Tode, wenn sie die Tagebücher liest, ablenken und Trost finden.

Tagebuchschreiben ist ein Beweis gegen das dumme Gerede von unserem vergänglichen und unwichtigen Leben. Man braucht nur einmal die Jahreszahlen untereinander zu schreiben, die man durchlebt hat, und sie mit 365 malzunehmen, um inne zu werden, was für eine lange Zeit das Leben ist! Bei 70 Jahren zum Beispiel 25550 Tage!

Was hat man getrieben, erlebt, gedacht, gewünscht, geschaffen, geträumt!

Der Tagebuchschreiber stellt sich tapfer dem Leben, versucht es zu verstehen und zu bestehen, und gibt von seinem Ringkampf Kunde.

Die Jahre 1940 bis 1950 umfassen bei mir 822 maschinengeschriebene Seiten. Ich weiß nicht, wie es bei anderen Tagebuchschreibern aussieht. Vorstellen kann ich mir vorläufig nicht, wie Sie die Zuschriften und Aufzeichnungen alle lesen wollen und wie Sie daraus Filme fürs Fernsehen herstellen!

ist, was die Russen mit Deutschland machen. Die Russen müssen allerdings versprechen, weder Frankreich noch Italien oder England zu bedrohen. Wer weiß aber, wie sich das noch alles entwickelt? –

Ich freue mich, daß ich aus der Großstadt heraus-, der Natur wieder näherkomme. Berge, Flüsse, Äcker, Felsen, Blumen, Bäume, Wolken.

Im Rundfunk soll durchgekommen sein, wir sollten noch 8 Tage durchhalten, dann käme eine Wendung.

Sa., 31.3.45: Nürnberg – Bamberg – Coburg – Eisenach gestern. Die Nacht nach Erfurt, wo wir jetzt noch stehen, 8.30. Unser Wagen ist abgehängt. Es ist unsicher, ob und wie wir weiterfahren. Es sind keine klaren Nachrichten über den Verlauf der Front zu bekommen. Mehrere Keile sind in unser Gebiet getrieben worden. Nord- und Süddeutschland sollen offensichtl. voneinander getrennt werden. Frage, wo sich die Führung dann hinzieht? Auf allen Bahnhöfen lungern die Leute herum. Wir wundern uns und fragen uns, wohin die bloß noch wollen. Ein Wagen voll RAD-Maiden war bis Nürnberg immer mit uns gefahren, zuletzt fuhren Ursula und Marianne sogar in unserem Wagen mit. Die andern Maiden haben sich wohl in Nürnberg neu verpflichtet. Diese beiden hatten keine Heimat, keine Verpflegung mehr, verpflichteten sich auch nicht, sondern irren nun wie viele andere, die Heimat, Eltern, Haus verloren haben, in Zügen, auf Bhf. umher und wissen selbst nicht, wohin sie sich begeben sollen. Sie sind merkwürdig matschig, traurig, gleichgültig, willenlos und unentschieden.

12 Uhr. Um 10.00 Angriff auf Erfurt. Vom Bhf. hinaus aus der Stadt. Hundert Meter von mir ging eine Bombe nieder. Die andern weiter in die Stadt. Weiße Rauchzeichen zum Abwurf, dahinter prasselten die Bomben nieder. Nachher fand ich hinter dem Sandberg einen Tiefbunker der DR. Weimar soll ziemlich mitgenommen worden sein. Wir bleiben heute hier liegen in unserem Wohnwagen, die Strecken sind zerstört. Als wir zurückkamen, war unser Wagen herausgezogen worden. Etliche Fensterscheiben zerbrochen. Ein Güterwagen mit Paketen brannte. Das war unser Glück. Sonst hätten wir nichts zu essen gehabt, Marschverpflegung war nicht zu

erhalten. Kuchen, Zigarren, Stoffe, Bücher, Marmeladegläser, Knöpfe, Kreissägen, Brot, Decken, Wäsche, Drogen – halb angekohlt, vom Gasgeruch des Rauches durchzogen. Post und heile Pakete wurden geborgen. Die andern durchsucht und verteilt. Die Rangierer und Schmierer der DR, die DR-Helferinnen, dazwischen unsere Landser, mit eisernen Stangen rissen sie die rauchenden heißen Pakete aus dem Feuer. Die andern wühlten, Hände topfschwarz und speckig glänzend, in dem wüsten Haufen.

Um 20.00 kam wieder Alarm. Wir schnappten sämtliche Sachen und stolperten in der Dunkelheit in den Bunker der Reichsbahn, wo wir bis 5.00 auf der Erde süß schliefen.

Ostermond [April] 1945

So., 1.4.45: Morgens wünschten wir uns ein frohes Osterfest und gingen dann nach unserem Wagen. Bomben sind anscheinend nicht gefallen. Im Flusse wuschen wir uns. Jetzt ist es 8.00, wir stehen noch immer auf dem Bhf. Erfurt.

Das Elend der Flüchtlinge ist hoffnungslos. In Erfurt drängen sie in die Züge. Es wäre alles noch gut, wenn es ihnen am Ziel wohler erginge als hier; dort aber treffen sie vielleicht noch größeres Elend an! Zumindest dasselbe. Auch dort liefen sie wieder auf dem Bhf. umher, suchen sich vor Terrorangriffen zu schützen und kaufen ihr bißchen Verpflegung ein. Die Mädchen geben sich den Landsern und Zivilisten hin, weil ihnen alles gleich ist und der nahe Genuß ihnen sicherer erscheint als das rosige Leben der Zukunft.

Di., 3.4.45: Als unser Zug in Gotha einlief, war Panzeralarm. Große Aufregung in der Stadt. Fahrzeuge und marschierende Kolonnen in Richtung Erfurt. Wir liefen umher, keiner wollte uns, dann auf den Höhenrücken über Seeleben, Wandersleben (immer Thunderbolt). Im Hintergrund grummelte die Artillerie, spielte sich der Kampf um die »Festung« Gotha ab. Wir kamen bis kurz vor Erfurt, alles zu Fuß mit unserem Gepäck. Dort übernachtet, neben dem Schanktisch.

[...]

Fr., 6.4.45: Wir glaubten bestimmt, daß es an die Front geht. Wir fuhren zuerst nach Tiefurt. Eine Gruppe mußte absitzen, dafür stieg Polizei auf. Alte Herren. Die wußten was davon, daß wir in Kranichfeld bei Bad Berka Sperrstreife stehen sollen. In Kranichfeld saßen wir ab, bei Pfarrhaus (der Pol. Lt. ist dort Pfarrer) erhielten wir Verpflegung und mußten nach Dienstedt tippeln. Im Straßengraben lagen erschossene Häftlinge. In D. bezogen wir die Klasse der Schule, Strohlager. Von 13–15.00 stand ich vor der Molkerei Streifenposten. In diesen 2 Stunden erlebte ich mehrere Tragödien. Verwundete aus Ilmenau tippelten schon Tage ohne Verpflegung und Hilfe auf der Landstraße, Kriegsgefangene tippelten [?]wärts, Häftlinge, Deutsche, elend, krank, hungernd, elender dran als die fremden Völker. In Barchfeld warteten die Leute auf die Öffnung eines Bekl.Lagers. In Arnstadt soll vor einigen Tagen ein Verpfl.Lager freigegeben worden sein. Die Landser kämpfen um Bekleidung und Verpflegung. In Weimar standen die Zivilisten vor Bäckereien und warteten, bis sie öffneten. Es ist klar, Wasser, Licht, Mehl fehlen. Es wird nicht mehr lange dauern, dann hungern wir. Die Post geht nicht mehr. Die Amerikaner sollen in Hameln und im Maindreieck stehen. Die Feinde werfen rücksichtslos Bomben, die Jabos schießen auf alles Bewegliche, die Zivilisten überlegen sich, ob sie Tod oder Ergebung wählen sollen, die Landser ziehen Zivilklamotten an und »türmen«. Der größte Teil der Landser und der Flüchtlinge irrt auf Landstraßen umher und elendet auf Bhf. und in Bunkern. [Kurzschrift, Transkription d. Verf.]: Flugzeuge und schwere Waffen fehlen uns. Gegen Jabos, Panzer und Artillerie kann der Mann mit Panzerfaust und MP allein nichts ausrichten. Ich glaube nicht, daß Deutschland, das schon jetzt am Boden liegt, dem Untergang entgeht. Selbst wenn wir wider Erwarten noch gewönnen, was hätten wir? Wirtschaftlich wird auf alle Fälle der Amerikaner gewinnen. Die Menschen sehnen sich nach Frieden, aber kein Staat will nachgeben. Wir wollen uns nicht ergeben, weil unser Schicksal nur Tod wäre, die Feinde geben nicht nach, weil sie ihren Sieg ganz nah glauben. Ich glaube daher nicht, daß ganz viele dem Tode entgehen werden. Jeden Tag erfaßt es so und so viele. Gott helfe uns allen, Amen.

Sa., 7.4.45: Wieder dasselbe Elend. Die Lazarette, die sich auflösten, schickten die Verwundeten »nach Hause« oder »in

April 1945. »Hitlers Hutladen«. Neben der militärischen Kopfbedeckung das »besondere Fluchtmodell« des Frühjahrs 45: ein deutsches Jägerhütchen.

ein rückwärtiges Lazarett«. Züge von Russen und einzelne Häftlinge tippeln von einem Dorf zum andern. Wer verpflegt sie? Häftlinge sind ausgerückt und treiben ihr Unwesen in den Wäldern, sind aber erwischt und erschossen worden. Heute ließ ein Uffz., der eine Kolonne Russen zurückschaffte, 2 Häftlinge bei uns zurück. Frau G. aus Barchfeld gab mir Schnitten mit Quark und 2 Becher Kaffee. Der eine war so entkräftet, daß er fast nicht mehr kauen konnte und nicht imstande war, allein auf den niedrigen Bauernwagen zu klettern. Bilder des Grauens. Diese elenden Menschen verenden doch irgendwo. Wenn man die Landser, OT, RAD, Flüchtlinge, Schwestern, ausländ. Arbeiter fragt, wohin sie wollen, so antworten sie: »Das wissen wir nicht.«

Eisenach und Langensalza verloren. [...]

Mi., 11.4.45: Um 2.00 aus Dienstedt abgerückt. Kranichfeld, Bad Berka, Belvedere mit Wagen. Dann mit Gepäck und MG 42 zu Fuß nach Tiefenfurt. Felsenkeller. Von dort weiter nach Taubach/Weimar. Als wir bei Bahnposten 4, Oberweimar, ankamen, sagte der Melder: Neues Marschziel Umvorstedt. Da war aber der Kessel schon geschlossen. Ohne Kp.-, Zug- und Gruppenführer. Von der 2. Gruppe nur Hptwm. der Polizei, U., Erfurt, und ich. Keine Führung, kein Zusammenhang mehr. Die Panzer treiben alles vor sich her. Da die weder mit Lkw noch mit Panzern oder schw. Waffen bekämpft werden können, ist der Widerstandswille gleich Null. Die Landser irren wie Hasen im Gelände umher. Es hat keinen Zweck, das Gepäck und die Waffen im Lande umherzutragen. Die Panzer sollen schon Do., 12., über Apolda bis Jena vorgedrungen sein. Wir wissen nicht, wohin wir gehen und was wir tun sollen. Die Lage ist hoffnungslos. Wir können uns nur unserem Schicksal überlassen. I. und II. Zug der Kampfgruppe S., die überwiegend aus Polizei bestand, ist in alle Winde zersprengt. Wir stehen hier auf weiter Flur, auch Flak mit Kriegsauszeichnungen, die wir heute morgen in der Scheune antrafen, und können in dem Durcheinander keinen Entschluß fassen. Bauern, Polen, Ukrainer. Wir haben schließlich beschlossen, uns bei der Polizei in Oberweimar zu melden, nachdem wir nochmals in der Scheune geschlafen hatten. Artilleriebeschuß an der Scheune.

Fr., 13.4.45: Oberweimar Polizei gemeldet. Nach Weimar gefahren worden. Im Stadion auf dem Rasen unter freiem Himmel übernachtet. Nur Wasser erhalten.

Sa., 14.4.45: Noch immer im Stadion. Es kommen immer neue Gefangene. 200 g Rindfleisch bekommen. Die Rotekreuz-Schwestern teilen Wasser aus. Bald war es aber aus, weil die Leitungen zerstört sind. Kaltes, leicht regnerisches

Wetter. Wir können uns weder waschen noch rasieren. Offz. auch bei uns. Keiner hat eine Ahnung, was die Amerikaner mit uns anstellen werden. Die Landser schimpfen auf die Regierung, die Gauleiter, die milit. Führer, die die Haufen einfach im Stich gelassen und ihrem eigenen Schicksal überlassen haben. –

Nachdem die Panzer auf der Hauptstr. nach Jena und der Autostr. Weimar–Jena durchgerasselt waren, warteten wir auf die zurückflutende dtsch. Infanterie und folgende amerikan. Es kam aber nichts. Auf der Straße links fuhren amerikan. Wagen, Weimar wurde besetzt, aber weder kam ein Feind die Feldwege herunter, noch wurde das Land durchgekämmt. In Weimar und Oberweimar war angeschlagen, daß sich alle Wehrmachtsangehörigen beim Präsidium Weimar melden müssen; wer sich verbirgt oder als Partisane kämpft, wird erschossen. Durchschlagen hielten wir bei der Lage der Dinge für unmöglich, auch für zwecklos, verborgen konnten wir auf die Dauer auch nicht leben, also blieb kein anderer Weg, als freiwillig melden.

Ich habe zu U. immer wieder gesagt: »Mir kommt das Ganze vor wie ein Wirbelsturm. War das wirklich der ganze Krieg? Ich kann es nicht fassen.« Praktisch wurde also kaum mehr Widerstand geleistet. Wenn wir auch gewollt hätten, wir hätten gar keine **Gelegenheit** gehabt, dem Feinde Widerstand zu leisten, und mit dem Gepäck und MG den Panzern und mot. Wagen nachzulaufen, war aussichtslos. Wir haben den Feind gar nicht zu Gesicht bekommen. Was sollen überbepackte Landser gegen Panzer, Ari-Beschuß, Tiefflieger machen? Die Amis haben übergenug Sprit, jökeln nach Herzenslust in Weimar umher und fahren um jedes Drecks willen.

So., 15.4.45: Wieder unter Gottes freiem Himmel übernachtet. Ziemlich kalt. Aber ich habe die beiden Nächte besser überstanden, als ich dachte. Nachts deutscher Flieger, welcher schoß. Wir sind jetzt wohl 10000 Offz. und Zivilisten, kommen heute weg. Wasser nur zum Trinken, und darum großer Kampf. Das Sch– ist ein Problem. Es ist nicht organisiert worden. Die Landser haben einfach in die Gegend gesch–. Dann sind rechteckige Gruben ausgehoben worden. Aber die Ränder waren auch bald bekleckert, und so wird

immer weiter nach außen gesch– und schließlich am Stacheldraht entlang. Sie sollten Stangen zum Sitzen bauen oder runde Löcher graben, über die man sich setzen kann. Heute rasiert. Die Sonne scheint warm. Roosevelt ist am 12. gestorben. Die dtsch. Regierung soll zurückgetreten sein. Ob Hitler sich erschossen hat, ist nicht bekannt. Die Abneigung der Landser gegen den preuß. Kommiß ist offensichtlich. Die Amerikaner sind viel lascher, jedenfalls nicht preußisch, aber ihre Sache führt zum Erfolg. Das Land wird besetzt bleiben. Der amerikan. Posten glaubte nicht, daß es zum Krieg zwischen Amerika und Rußland kommen wird. Heute morgen etwas Schokolade, 100 g Schweinefleisch und 2 Zwiebäcke bekommen.

Mo., 16.4.45: Wieder deutsches Rindfleisch in Dosen bekommen. Kein Brot. Wir liegen noch im Stadion. Nachmittags dann verladen nach Laucha. Die Sonne stach. 60 Mann auf einem kl. offenen Lkw. 3 Mann wurde schlecht. Schwarze fuhren. Wir waren gepfercht wie Vieh. Neben dem Dorfe Laucha große Krale, in denen wir wie Schafe zusammengetrieben worden sind.

Di., 17.4.45: Hier sind wohl an die 30000 Landser auf einem Haufen. Die Behandlung ist gut. Wir erhalten sogar die äußerst praktische amerikan. Field Ration, eine willkommene Abwechslung gegenüber den sturen Fleischkonserven aus dtsch. Beständen. Ein Rätselraten geht nur darum, was man mit uns machen wird. Mit den Westmächten soll Friede geschlossen worden sein. Mit den Russen geht es weiter. Die einen wollen wissen, daß wir in Frankreich Aufbauarbeit leisten sollen, die andern orakeln, daß wir gegen Rußland in den Kampf geworfen werden. Die Männer sind zum Aufbau des Teiles Deutschlands, welchen Amerika besetzt halten wird, auch dringend nötig, z.B. die Bauern. So nutzen wir ja Amerika nichts. Sie halten uns in riesigen Lagern gefangen und verpflegen uns, wir brauchen aber nichts dafür zu tun.

Die Landser benehmen sich fürchterlich. Die Amerikaner müssen von dem »gesittetsten und diszipliniertesten Volk der Welt« einen netten Begriff bekommen.

Heidesheim/Ostermond 1945

So., 29.4.45: Gestern habe ich im kleinen gesehen, wie es vor 33 in Deutschland ausgesehen hat. Große Menschenmassen, Ernährung, Verpflegung, Wohnung, Handel, geistiges Leben organisieren: Das ist Aufgabe des polit. Führers. Wenn ein Führer die Befehle nicht von vornherein so gibt, daß sie ausgeführt werden können und zum gewünschten Erfolg führen, gibt es keine Ordnung. Die Führer bringen dann nur ihr Schäfchen ins Trockene und geben es dann auf und schimpfen auf die Sturheit, Trägheit, Dummheit der Masse. Dann steigt ein neuer auf, der wieder eine neue Idee hat; kommt aber auch nicht viel weiter. Inzwischen ist die Masse so mißmutig, hungrig, angriffslustig, verärgert geworden, daß sie zur Revolution, zum Sturm, zum Tumult und damit zum vollkommenen Durcheinander übergeht; denn Hunger, Frieren, Dürsten, Neid tun weh. Die ns. Revolution hat in den Herzen und Charakteren nicht groß gewirkt, sonst könnte man solche Bilder von deutschen Menschen, die noch dazu durch die »Hohe Schule« des Deutschen gegangen sind, nicht sehen und solche Szenen nicht erleben. Mir ist klargeworden, daß der Deutsche zur Führung unfähig ist. Es helfen nur Knute und Befehl. Es ist schade, daß ich nicht alles festhalten kann, was Jochen von der »Zingster Schleifmühle« erzählt hat. Es spräche für sich selber. Damit wären der Kommiß und seine Menschenerziehung ein für allemal als Blödsinn und widerliche Menschenschinderei entlarvt.

Wetter kalt und unfreundlich, obwohl es nicht regnet.

Die Nacht trocken, aber windig. Das linke Knie tat wieder weh und die rechte Schulter, die im Zug lag. Auch wir haben uns unter den Obstbäumen und zwischen den Stachelbeersträuchern ein Erdloch gegraben. Grab liegt so neben Grab. Es sieht hier im Garten aus wie auf einem Friedhof, mit dem Unterschied, daß unsere »Gräber« offen sind. Dieses Lager ist noch größer als Laucha. Es werden sogar Closetts gebaut. Es waren aber wieder harte Tage, Regen, kalter Wind, ganz dürftige Verpflegung. Gestern den ganzen Tag 3 Kekse, Sunshine, Löffelspitze Zitronenpulver, 2 Löffel Bohnen, Fleisch mit Tomatenpüree, ½ Kartoffel, ½ Löffel Tomaten, ½ L Sauerkraut, 1 L voll kondensierte Milch, 1 L Bohnenkaffee, Schnittchen Käse, 2 L Zucker, den ganzen Tag auf Verpflegung gewartet und gefroren. In Kp. eingeteilt. Die deutsche Verwaltung umständlich, Stärkemeldung, Zählung der Kp. kp.-weise empfangen. Die Kp. besteht aus 200 Mann zu je 20 Mann = 1 Gruppe. Um 17.00 haben wir die Verpflegung erhalten. [...]

Wonnemond [Mai] 45

Mi., 2.5.45: Großes Umquartieren. Typisch dtsch. Kommiß. Sinnloses Durcheinanderwirbeln der Massen, nur um seine Macht als Führer zu zeigen. Die Kp. sollen zusammenliegen. Die Leute gehen aber aus ihren mühsam gebuddelten Löchern nicht heraus. Also bleibt praktisch alles beim alten. Das sind typ. deutsche Anordnungen, die von vornherein auf Widerstand stoßen, weil sie unpraktisch und überflüssig sind. Wir verlieren viel zuviel Arbeit, Zeit, Kräfte mit Einteilungen, Erhebungen, Aufstellungen, Einschreibungen, Appellen, Zählungen, die praktisch gar keinen Sinn haben. Bei uns wird das Leben künstlich umständlich gemacht. Dinge sind Selbstzweck, welche an sich Mittel zum Zweck sind. Darum haben wir den Krieg wieder verloren. Bei den Amerikanern fällt auf, wie einfach, praktisch, zielstrebig alles gemacht wird. Während wir noch dabei sind, Kampfgruppen zusammenzustellen und auszurüsten, rollen die amerik. Panzer und Lkw schon durch den Ort. Nach preuß. Begriffen sind die Amerikaner so wenig Soldaten, daß sie den Krieg gar nicht gewinnen können. Die Militärs werden sich wieder zu Tode wundern, daß wir auch diesen Krieg **nicht** gewonnen haben. Aber sie lernen nicht daraus. Es wird immer wieder nach altem preuß. Schema verfahren. Anders können wir es nicht. »Das war schon beim Alten Fritz so, das hat sich bewährt, und das ist auch heute noch gut.« Der preuß. Stil (Möller van den Bruck) ist die einzige allgem. Form, zu der es das deutsche Volk bis jetzt gebracht hat. Sie ist aber lebensfremd, geht von einer Idee aus und nimmt zu wenig Rücksicht auf Bedürfnis und Notwendigkeit des Lebens. Ich bin noch nie – das weisen meine Tgb. aus und schließlich auch die Tatsache, daß ich es in der Wehrmacht nicht einmal bis zum Korporal gebracht habe – ein Freund des Preußismus gewesen. Jahrelang habe ich diese Lebensform am eigenen Leibe erfahren und erlebt, darüber hinaus habe ich mich ehrlich bemüht, sie ihrem Wesen, ihrem Geiste nach zu verstehen, doch meine Haltung ist nach wie vor ablehnend. Wir werden ja sehen, was davon und von der ns. Erziehung übrigbleibt. Nichts! Es war ein Kartenhaus, das über dem Leben aufgebaut wurde und das zusammenfällt, sowie das Leben sich erst wieder regen kann.

Do., 3.5.45: Sonne kommt zwar durch, es weht aber eisige Luft.

Heute morgen mein einziges Taschentuch gewaschen. Wenn ich nur genug Papier hätte, könnte ich mein Leben aufschreiben, mußte natürlich die Blätter alle wieder schleppen. Ich denke oft an zu Hause. Was meine Bücher, Wäsche, Anzüge, unsere Möbel wohl machen?? Um meine Tagebücher bange ich sehr. Jetzt ist ja nun Ruhe, es wird nichts mehr zerstört oder verbrannt werden.

Die Landser nennen heute unsere Führer Betrüger und Verbrecher. Ein Volk ist wohl noch nie in ein solches Elend gestürzt worden wie in diesem Kriege. Das deutsche Volk ist am Ende. Ich weiß nicht, was die Feinde da noch herausholen wollen. Betrogen sind wir, geknechtet und gegängelt. Heute frage ich mich wie immer: Wie konnte Hitler in diesen Krieg eintreten? Er mußte sich doch als weitschauender Politiker sagen, daß das kleine Deutschland verlieren muß. Jeder kleine Mann von der Straße konnte ihm das sagen. Meine düsteren Ahnungen 1939 in Wyk auf Föhr!! Nun hat er sich anscheinend das Leben genommen. Für ihn ist die Sache erledigt, sein Volk aber, das ihm angeblich das Höchste auf dieser Welt war, läßt er in Not, Verzweiflung und Hilflosigkeit zurück, Feinden wehrlos ausgeliefert. Was haben die NS für Verbrechen an Juden, Polen usw. begangen! Wer verantwortet das heute? Wer soll dafür büßen? Vielleicht der kleine Mann, der Soldat, der gegen den Befehl der Machthaber nichts machen konnte, sondern einfach hingehen und seine Pflicht tun mußte??!

Hier spricht der Feind
Ein Schüler gegen Hitler

Ulli S., Hamburg

»Hier spricht ein erbitterter Feind
der nationalsozialistischen Weltbrandstifter!«
Kriegstagebuch Nr. 1

Ulli S., 15 Jahre.

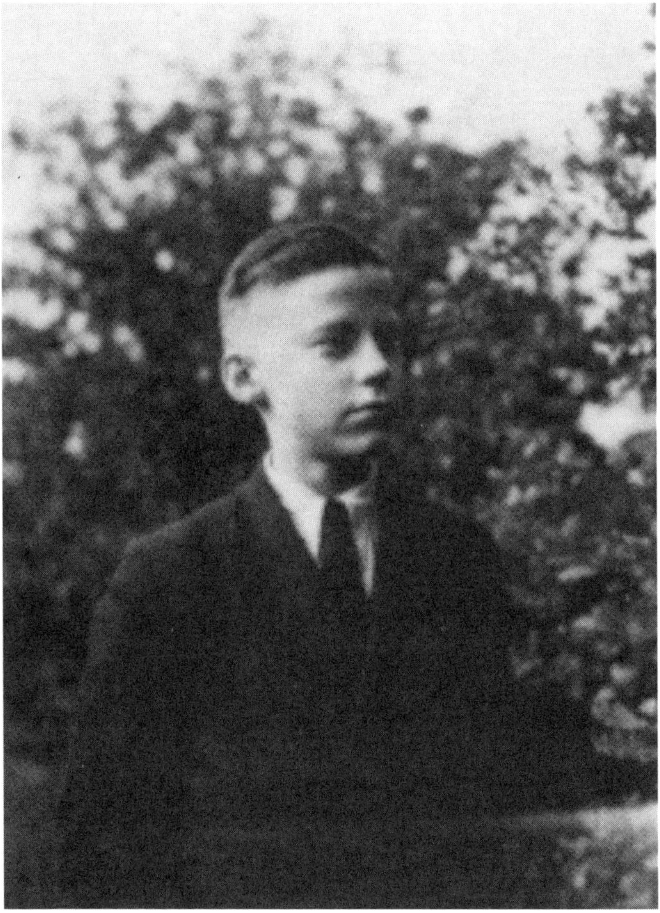

1. Febr. 1943: Der Wendepunkt: Generalfeldmarschall Paulus, der Befehlshaber der deutschen Truppen in Stalingrad, hat sich mit noch 24 anderen Generälen den Russen ergeben.

Die Schlacht um Stalingrad, welche 162 Tage dauerte, ist beendet. Die 330 000 Soldaten der Achse sind entweder gefallen oder in Gefangenschaft geraten.

1943
Zusammenfassung der letzten Nachrichten. – Wie jetzt bekannt wird, wurde Mussolini doch verhaftet. Er wurde in einem Berghotel nordöstlich von Rom gefangengehalten. Deutsche Fallschirmjäger landeten auf dem Bergplateau und befreiten den Duce. Der größte Teil der Fallschirmjäger stürzte tödlich in die Schriffen. Ein teurer Spaß.

Sondermeldung:
Kiew. Der wichtige Verkehrsknotenpunkt, wurde nach harten Straßenkämpfen von russischen Truppen erobert.

Eroberung von Korosten, Shitomir und Tscherkassy durch die Russen. Weiterer Vorstoß nach Südosten, Süden, Westen und Nordwesten.

Sondermeldung: Nach fünftägigen Kämpfen wurde Kirowograd erobert. Weiter wurden erobert: Berditschew, Bjelaja

Hamburg im Juli 1943. Nach tagelangen Bombenabwürfen brennt die Stadt. 40 000 Menschen sterben in diesen Tagen. Unter den Trümmern der zerstörten Häuser hat der Schüler Ullrich S. die Angriffe überlebt. Er ist gerade 15 Jahre alt geworden. Nach einigen Tagen wird er von den Suchtrupps ausgegraben. Mit dem Strom der Flüchtlinge verläßt er die Stadt und versteckt sich in einem Waldhaus bei seinem Onkel Max. Für die Behörden, die ihn zur HJ und später zur Flak einziehen wollen, ist er verschollen.

In seinem Notquartier auf dem Dachboden gibt es ein Radio, und manchmal bringt Onkel Max ein paar Zeitungen.

Lerkow, Nowograd-Woljinsk, Sarny, Mosyr, Kalinkowitschi und Scepan.

Mit der Eroberung von Sarny sind die Russen bereits 60 km in das ehemalige Polen hinein.

In Italien Vormarsch bis zur Linie Pescara–Cassino. Neapel in alliierter Hand!

[...]

3. April 1944: Seit längerer Zeit versuchen die Nazis, in Deutschland Eindruck zu schinden mit angeblichen Massenluftangriffen deutscher Bomber gegen englische Städte. In allen Berichten der Nazi-Presse kann man phantastische Zahlen und Angriffsergebnisse feststellen. Es wimmelt dann von »1000 Bombern«, von »Flächenbränden«, von »zusammenklappenden Häuserblocks« und so weiter und so fort. Es ist einfach »förchterlich«.

Nur, die ganze Sache hat einen Haken; und zwar, daß die Bevölkerung der betroffenen englischen Städte von diesen Angriffen nur das wenigste merkt. Das ist darauf zurückzuführen, daß die Nazi-Regierung, um die Stimmung des Volkes aufzupulvern und um uns glauben zu machen, daß das nun endlich die seit über einem Jahr versprochene sogenannte »Vergeltung« sei, die wahren Zahlen einfach mit sich selbst

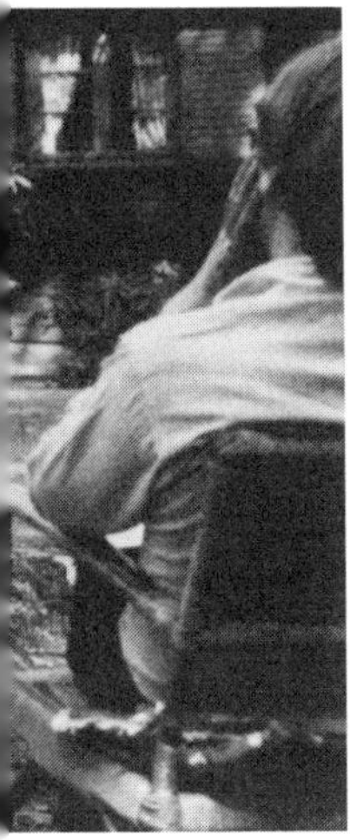

Breloer: Ich hab' hier ein Foto von Ihnen. Wie alt waren Sie da?

Ullrich S.: Da war ich 15 Jahre alt. Das war kurz nach der Ausbombung. In diesem Alter sind wir oben in den Dachboden eingezogen und haben angefangen, diese Tagebücher zu schreiben. Die Tagebücher hab' ich eigentlich schon 1941 angefangen, und zwar an dem Tag, als ich Geburtstag hatte, 22. Juni, und da wurde Rußland überfallen.

Dieses Datum ist mir unauslöschlich im Gedächtnis geblieben. An meinem 13. Geburtstag, 1941, habe ich angefangen. Die ersten Sachen hab' ich weggeschmissen. Die Hefte angefangen hab' ich Mai 1942.

multipliziert hat. In der Tat hat die Zahl der angreifenden Bomber selten das volle Hundert erreicht.

Dieses wurde auch von neutralen Berichterstattern häufig bestätigt. –

Mit solchen Meldungen überschüttet die Nazi-Presse das Volk. Doch es ist kaum anzunehmen, daß den Millionen deutscher Ausgebombter mit diesen Phrasen genützt ist. Daß die Nazis mit ihrer »Vergeltung« keineswegs Bombenangriffe meinten, sondern eine ganz besondere »Wunderwaffe« versprachen, ist klar ersichtlich aus dem folgenden Artikel, der am 7. Dezember in der »Stormarnschen Zeitung« erschien.

[...]

10. April 1944: Unter schwersten Verlusten ist es deutschen Einsatzkräften gelungen, die Festung Kowel, die von den Russen eingeschlossen war, zu entsetzen. Auch die Überreste der 15 eingeschlossenen Divisionen im Raum von Skala konnten befreit werden.

Russischer Vormarsch im Raum von Odessa dauert an. Schnelle Truppen rückten bis auf 16 km an die Stadt heran. Die Stadt Beresowka wurde erobert.

Weiter nördlich in Rumänien wurden Dorohoi und Botosani erobert.

Breloer: Da sind ja wüste Beschimpfungen in diesem Tagebuch gegen die Nazis. Sie identifizieren sich mit dem Feind. Was für einen Grund hat dieses Schreiben gehabt?

Ullrich S.: Es hat mir damals im Grunde gar nichts genutzt. Man möchte etwas anvertrauen, niemandem, sondern nur sich selbst, was man nicht aussprechen kann oder nicht aussprechen darf. Und diese Aussprache, die ich damals gern gehabt hätte mit Mitmenschen oder sonst jemandem, konnte ich nur mit meinen Eltern führen. Aber auch nur soweit, daß ich meine Eltern betrogen habe, auf deutsch gesagt. Jedenfalls, was ich meinen Tagebüchern anvertraut habe, sollten sie eigentlich gar nicht lesen, weil sie sonst möglicherweise Angst um mich bekommen hätten. Die hab' ich also auch zu Hause weitgehend versteckt. Nun kam ein großes Anderes hinzu: Wir waren damals ausgeschlossen von sämtlichen Kommunikationen, wie man heutzutage sagt, man hörte nur den Reichs-

Achtung! Achtung!

Soeben trifft die Meldung ein, daß russische Truppen nach 24stündigen Kämpfen die wichtige Hafenstadt Odessa erobert haben.

11. April 1944: Im Herbst 1941 konnten deutsch-rumänische Truppen die Stadt nach mehr als 60tägiger Belagerung erobern. Die Hafenstadt Odessa ist der beste russische Schwarzmeerhafen. Der Eroberung dieser Hafenstadt muß größte Bedeutung beigemessen werden, da die russische Flotte von diesem neuen Stützpunkt aus die Einschiffung der deutsch-rumänischen Krim-Armee unterbinden kann.

Weiter nördlich kämpfen russische Truppen in den Außenbezirken von Tiraspol.

15. April 1944: Nördlich von Odessa eroberten die Russen die Stadt Tiraspol. Wie überraschend die russische Krim-Offensive für die Nazis gekommen ist, läßt sich im nebenstehenden Artikel besonders an dem Satz erkennen: »Es läßt sich noch nicht erkennen, welche Ursachen das schnelle Vordringen der Sowjets auf der Krim gehabt hat.«

Jetzt zerbrechen sich die deutschen »Rundfunk-Generale« und »Maulstrategen« vergeblich darüber den Kopf, wieso der

---

rundfunk, die Reichssender Hamburg bis Breslau hinaus, und da haben wir uns, kurz nach dem Krieg, 1940, angewöhnt, das ist natürlich auch unter Todesstrafe verboten gewesen, den Feindfunk zu hören. Und jetzt komm ich auf dieses »Hier spricht der Feind«. Ich hatte das Buch eigentlich nennen wollen – aber der Text, der Titel, wäre zu lang gewesen – »Hier spricht ein Feind des nationalsozialistischen Deutschland«. Das wollte ich eigentlich draufschreiben. Aber so ein kleines Etikett, das ist zu klein. Und da hab' ich das abgekürzt: »Hier spricht der Feind.« Das war eine Goebbels-Notiz, das sind die bösen Ausländer, Bolschewisten und was weiß ich alles. Und da hab' ich das abgekürzt.

Breloer: Es gibt Eilmeldungen, Sie schreiben Blitzmeldungen. Ist das Ihr eigenes Radioprogramm, Sondermeldungen? Wer war das, der diese Sondermeldungen empfing da in der Nacht, die Sie verfaßt haben?

russische Vormarsch so schnell vor sich gehen konnte. Einem klar Denkenden sind die Ursachen ohne weiteres klar. Erstens: Die russischen See- und Luftstreitkräfte unterbinden jeden Nachschub. Zweitens: Die Überlegenheit der russischen Streitkräfte sowohl an Zahl und Ausrüstung als auch an Kampfgeist. Drittens: Die deutschen Truppen haben keine Flugzeuge zur Aufklärung. Hätten sie diese zur Verfügung gehabt, wären ihnen die russischen Truppenzusammenziehungen niemals verborgen geblieben. […]

16. April 1944: Was haben die Nazis auf einmal für ein Interesse daran, daß sich das deutsche Volk im Schießen übt. Erst mal sieht die Sache so aus, als ob sie freiwillig ist, doch das ändert sich bald. Sport? Nein! Daran nimmt nicht jedermann teil.

Der Krieg nähert sich Deutschlands Grenzen: Die Nazi-Verbrecher wollen uns langsam aber sicher zu Heckenschützen ausbilden. Doch das wird den Schweinehunden nicht gelingen; sie mögen sich nur vorsehen und dem Volk nicht zu viele Waffen in die Hand geben, sonst kann leicht das Gegenteil von dem passieren, was sie sich erhoffen. […]

18. April 1944: Amerikanische Luftparade über Schleswig-Holstein. Um 13.30 wird Fliegeralarm gegeben. Bald darauf

---

Ullrich S.: Diese Sondermeldungen kamen vom BBC London, Radio Moskau, hab' ich hier oben auch empfangen können, dann der Soldatensender Calais, der von der BBC gesteuert war. Ich hatte damals schon gemerkt, daß da eine Propaganda dahintersteckt. Aber es hat mir gefallen, und die waren äußerst schnell informiert, und gerade, als der Krieg zu Ende ging oder sich dem bösen Ende neigte, wie schnell die Informationen geben, die ich eigentlich haben wollte.

Breloer: War das auch ein gutes Gefühl, klüger zu sein als Junge?

Ullrich S.: All die Erwachsenen, die waren ja dumm, die »doofen Alten«. Das kommt hinzu. Ich muß auch zugeben, es ist 'ne gewisse Eitelkeit in meinem damaligen Alter gewesen, daß ich sage, Mensch, die wissen ja gar nischt. Du weißt viel mehr, nicht? Doch, 'ne gewisse Eitelkeit war schon dabei.

verkündet Motorenbrummen das Nahen der Amerikaner. Werden sie heute Hamburg angreifen? Wir wissen es nicht. Das Donnern der Motoren schwillt an. Vergebens suche ich sie zu erspähn. Die Bomber scheinen in den tiefliegenden Wolken zu fliegen. Plötzlich, ich traue meinen Augen kaum, kommen mindestens 30 Maschinen aus den Wolken. Sonst sah ich sie immer nur als vereinzelte, silberglänzende Pünktchen am Himmel. Heute fliegen sie so tief, daß ich die Motoren sehen kann. Es sind viermotorige »Fliegende Festungen« oder »Liberators«. Zwischen den Bombern fliegen zahlreiche Jäger als Geleitschutz. In der Aufregung, mit der ich den Verband betrachte, bemerke ich gar nicht, daß dem Schwarm von Flugzeugen weitere Verbände folgen. Ich beginne die Flugzeuge zu zählen. 50, 60, 80; immer mehr Flugzeuge kommen aus den Wolken. Da die Amerikaner alle in geschlossenen Formationen fliegen, ist es mir ein leichtes, sie zu zählen. Die Jäger sind wahrscheinlich Mustang-Maschinen. Inzwischen zähle ich 120, 140, 150, 170; die Flugzeuge scheinen kein Ende nehmen zu wollen. An ihrem Kurs erkenne ich, daß sie nicht nach Hamburg fliegen; ihr Ziel ist eine andere Stadt. Teilweise fliegen die Verbände direkt über uns hinweg. Der Erdboden zittert vom Donnern der Motoren. Ein Glück, daß sie nichts fallenlassen und daß die Jäger keine Tiefangriffe machen. In unserer Umgebung liegen keine lohnenden Ziele.

Breloer: Es ist düster, dieses Vergrößerungsglas, mit dem Sie Marken fälschen, Sie hören über Kopfhörer, wie ein Spion, könnte man denken, wie ein mit dem Fallschirm abgesprungener Spion, der hier seine Meldungen verfaßt.

Ullrich S.: Ja, das ist schon richtig, aber alles nur für mich.

Breloer: Es war wohl ein Abenteuer, diese Rolle zu spielen?

Ullrich S.: Das war's. Es war viel zu groß. Wenn ich mir das damals überlegt hätte, wenn ich dieses Flugblatt, z. B. von der »Weißen Rose«, das mir in die Hände kam, was, wie ich später erfahren habe, über Schweden nach London gelangt ist und von den englischen Bombern abgeworfen wurde, das Manifest der Münchner Studenten, wenn das bei mir gefunden worden wäre, dann wär' ich genauso geköpft worden.

Ja, das waren damals meine Gedanken.

Keine der Flakstellungen in unserem weiteren Umkreis geben auch nur einen Schuß ab. Der Strom der Flugzeuge reißt nicht ab. Erst als ich das 350. Flugzeug gezählt habe, wird das Brummen schwächer. Diese gewaltige Luftparade findet nun über dem Land statt, von dem die Nazihäuptlinge einst behaupteten, daß kein feindliches Flugzeug seine Grenzen überfliegen würde. [...]

5. Juni 1944: Rom in alliierter Hand.

Heute morgen kam die Meldung, daß gestern die 5. Amerikanische Armee gegen Abend in Rom eingerückt ist. Noch vor 12.00 Uhr war die Stadt völlig besetzt. Einige deutsche

---

Breloer: Hat Ihnen das Schreiben in dieser großen Einsamkeit hier oben im Dachboden zum Überleben geholfen?

Ullrich S.: Absolut, das war die einzige Möglichkeit, da zu überleben.

Breloer: Kann ein Satz einen Menschen beruhigen, ein Satz, den er selber schreibt?

Ullrich S.: Man spricht mit sich selber. Wenn man hier z. B. anderthalb Jahre abgeschlossen ist, dann spricht man mit sich selber. Ich kann Ihnen sagen, nach einer Woche, wenn mit Ihnen kein Mensch spricht, dann spricht man nach aller Erfahrung mit sich selber, und nach drei Wochen, dann könnte man mit sich alleine durchdrehen. Ich kann mich nicht in die Situation von Menschen versetzen, die damals in Zuchthäusern gesessen haben, mit Rübe und Rettich, auf deutsch gesagt, wie die überlebt haben. Nun war

Widerstandsnester im Stadtgebiet wurden vernichtet. Nur wenige Häuser waren zerstört. Die ewige Stadt mit ihren unersetzlichen Kulturdenkmälern blieb von der Kriegsfurie verschont.

Die Bevölkerung von Rom bejubelte die einziehenden Truppen stürmisch. Alle Soldaten hatten Rosen, die ihnen von der Bevölkerung zugeworfen worden waren, an den Achselklappen. Auf den Balkon von Mussolinis Prunkpalast, den Palazzo Venezia, stellte sich ein amerikanischer Soldat und hielt eine Rede über Mussolini. Er sagte bestimmt keine Schmeicheleien. Die Bevölkerung brach in Beifall aus und schwenkte englische, amerikanische und italienische Fahnen. Das Ganze glich einem Volksfest.

6. Juni 1944: Der Sturm im Westen hat begonnen.

In der letzten Nacht gegen 24.00 Uhr begannen alliierte Bomberverbände mit der Bombardierung des Atlantikwalls zwischen Rouen und Cherbourg. Auf 10 deutsche Küstenbatterien wurden 5000 kg Bomben geworfen.

Kurz nach Mitternacht überquerten Schwärme von großen »Dakota«-Transportflugzeugen den Ärmelkanal. Die Transportflugzeuge hatten Lastensegler im Schlepp, die mit Luftlandetruppen vollgeladen waren. Über dem Ziel wurden die Segler ausgeklinkt und glitten dann langsam zu Boden. Aus

---

ich damals ein Knabe. Vielleicht hätten gestandene Männer es besser durchstehen können, aber ich hätte es nicht anders gewußt. Es war grauenhaft da oben. Bei schönem Wetter ist es gut in diesem Hause. Aber da oben…

Es war nicht schön. Ich habe mich identifizieren wollen, so jung ich noch war, mit den Leuten, die rausgeschmissen wurden aus Deutschland…

»Du mußt es doch auch irgendwie hier schaffen.« Die sogenannte innere Emigration.

Ich war ein absoluter Feind durch die Erziehung der Eltern, das ist völlig klar. Aber wer damals Ohren hatte zu hören und Augen zu sehen, da hab' ich mir auch gesagt, nein, das geht nicht. Wenn man die Juden hier aus der Straße wegschleppt, und alle haben die Augen weggedreht. Das war mir schon so widerlich, 1937 und 1938, den Hunderten von »Dakota«-Maschinen sprangen Tausende von Fallschirmjägern. Die Luftlande- und Fallschirmtruppen wurden hinter dem Atlantikwall abgesetzt. Die deutsche Abwehr war überrascht worden. Später jedoch entwickelten sich schwere Kämpfe. Zu gleicher Zeit beschossen Hunderte alliierter Kriegsschiffe die deutschen Küstenbefestigungen. Im Schutz dieses Feuerriegels begannen etwa 200 Räumboote mit der Räumung der vor der Küste angelegten Minenfelder.

Nach stundenlangem Trommelfeuer aus 640 Rohren britischer Kriegsschiffe begannen gegen 7.00 Uhr früh viele Hunderte von Sturm- und Landungsbooten mit der Landung. Die Landung ging besser, als von alliierter Seite erwartet wurde. Es gelang, einige Landeköpfe zu bilden. Erbitterte Kämpfe dauern an.

Die deutsche Luftwaffe trat bisher nicht in Erscheinung. 11000 alliierte Flugzeuge unterstützen die Operationen. Auch die deutsche U-Boot-Waffe griff bisher nicht in den Kampf ein. Das OKW entschuldigt das Fehlen der Luftwaffe mit »schlechtem Wetter«.

Die Invasion, von Millionen Europäern, die in der Hitlerfestung schmachten, sehnlichst erwartet, hat begonnen. Wenn die Kämpfe auch schwer sein werden, der von den Nazis als unüberwindlich dargestellte Atlantikwall wird fallen, daran

---

1940 war das noch schlimmer. Das kann nicht gut sein, das ist nicht menschenwürdig. Da hab' ich mich also, ich muß es zugeben, echt verbissen gegen die Führer dieses Staates stark gemacht.

Breloer: Haben Sie nach den Rundfunknachrichten, die Sie gehört haben, oben in Ihrem Zimmer geschrieben? Was hätte jemand, der diese Tagebücher, diese Kommentare zum Zeitgeschehen findet, denken können? »Wer ist das, der da schreibt«, wenn er Sie nicht gekannt hätte?

Ullrich S.: Er hätte mich wahrscheinlich für bedeutend älter gehalten. Aber ich bin durch diese Erlebnisse vielleicht zu jung alt geworden für mein damaliges Alter. Ich habe mich, wie gesagt bei meinen Eltern, die auch nicht mehr ganz jung waren, hab' mich an sie angepaßt, auch im Denken.

Breloer: Sie haben die Rolle eigentlich eines Chronisten in diesen Tagebüchern angenommen. Remarque ist aus dem Land ver-

besteht kein Zweifel. Unter den gemeinsamen alliierten Angriffen von Westen, Süden und Osten wird die Nazifestung Europa in nicht zu ferner Zeit zusammenbrechen. Hoffentlich haben wir dann endlich Ruhe vor den Zwangsmaßnahmen der verfluchten Nazis.

12. Juni 1944: Der Traum ist aus.

4 Jahre lang haben die Männer des OT an dem Atlantikwall geschuftet wie die Sklaven. Seit 2 Jahren prahlen die Nazis schon mit ihrem »Atlantikwall«. Es hat alles nichts genützt. Die Alliierten haben bewiesen, daß es keine unüberwindlichen Festungsmauern gibt. Wenn ein Wall von der Länge des Nazi-Walles an einer Stelle durchbrochen ist, ist der ganze übrige Teil so gut wie wertlos. Hitlers letzte Hoffnung ist untergegangen in einer Wolke von Feuer, Schutt und Pulverdampf. [...]

16. Juni 1944: Deutsche Raketenbomben gegen Südengland! Die von den Nazis seit 1½ Jahren angekündigte sogenannte Vergeltung ist da. Der Beginn der »Vergeltung« wird von den Nazis mit großem Aufwand gefeiert. In den Berichten hagelt es von »zerstör-

trieben worden, Thomas Mann war außerhalb, aber Ullrich S. war noch hier. Einer, der noch die Festung hielt. Haben Sie sich mit so 'nem Panzer umgeben – diese Rolle spiele ich?

Ullrich S.: Sicherlich, da ist schon irgendwas dran. Ich wollte, weil ich alle die anderen kannte, Ludwig Renn und Remarque, Arnold Zweig, den ich damals noch nicht verstanden habe. Aber ich kannte die Namen, und die hab' ich schon begriffen. Diese Rolle, die wollte ich eigentten Häuserblocks«, von »Flächenbrand«, von »ungeheuren Sprengwirkungen«, von der »Machtlosigkeit der Abwehr« usw. Was aber steckt dahinter?? Zunächst einmal: Woraus besteht die Vergeltungswaffe? Es handelt sich um unbemannte Flugzeuge von einer Länge von 7 Metern und einer Breite von einem Meter. Sie fliegen durch Raketenantrieb, der sich am Heck befindet. Im Bug des Flugzeuges befindet sich eine Sprengladung. Sie starten von Abschußrampen, die sich an der französischen Küste zwischen Dünkirchen und Dieppe befinden. Der Kurs der Flugzeuge wird vor dem Start eingestellt. Sie fliegen also schnurgerade und sind manövrierunfähig. Ein genaues Zielen ist mit diesen Flugzeugen unmöglich. [...]

In keinem Falle aber kehrt es zurück, denn es wird bei der Aufschlagsexplosion völlig zerfetzt. Man bedenke also, wie viele dieser wertvollen Flugzeuge, die Deutschland zur Jagdabwehr so bitter nötig hat, wirkungslos verpuffen. Die Geschwindigkeit der Flugzeuge beträgt 500 km pro Stunde. Die Sprengwirkung entspricht der einer 1000-Kilo-Bombe. Eine höhere Sprengkraft zu tragen ist das Flugzeug nicht imstande. Die Nazis behaupten, die »Vergeltung« würde auf die Kämpfe in Nordfrankreich eine große Wirkung ausüben. Die zukünftigen Ereignisse an der Invasionsfront werden das Gegenteil beweisen.

lich spielen. Aber ich habe dann, kann man ruhig sagen, Fracksausen bekommen, denn ich ahnte ja nicht, daß damals 1943/44 in Hamburg Hinrichtungen stattgefunden haben von jungen Leuten. Es gab im Dritten Reich keine Strafmündigkeit, es gab Volksverhetzung, Defätismus, Wehrkraftzersetzung usw. Es konnten sogar kleine Kinder oder mittlere Kinder, zehn oder zwölf Jahre alt, die konnten festgehalten werden auf der Straße, wenn sie z.B. ein Flugblatt hatten, wie ich sie allerdings heimlich gesammelt habe, von den Alliierten abgeworfen; zuerst waren's die Engländer, tagsüber waren's nachher die Amerikaner, die warfen dann weitere ab. Das wurde also von mir fleißig gesammelt. Ich hatte erst viel später erfahren, daß man also tatsächlich mit 13/14 Jahren sofort zum Tode befördert werden konnte. Es gab einen Hamburger, Helmut H. hieß er, der war ungefähr mein Jahrgang, der ist also gleich umgebracht worden.

Auf wen soll diese Waffe wirken? Auf die Engländer? Nein! Von den Engländern wird die »Vergeltung« höchstens als störend empfunden.

Wirken soll die »Wuwa« einzig und allein auf das deutsche Volk. Es ist nicht verwunderlich, daß infolge der katastrophalen Niederlagen der Nazis an allen Fronten die Stimmung im Volke auf den Nullpunkt gesunken ist. Jetzt wollen die Nazis die Stimmung ein wenig aufpulvern. Also wird endlich das Feuerwerk abgebrannt. Zugleich jagt Goebbels ein Heer von Radio-Generalen, Frontberichtern und Kommentatoren an das Mikrophon, und diese schwingen lange Reden über die »Vergeltungs«-Waffe.

Mit vereinter Kraft und viel Geschrei machen die Goebbels-Söldner aus der Mücke einen Elefanten.

Herr Goebbels hat dann wohl doch noch Bedenken gekriegt und gefürchtet, das Stimmungsbarometer des Volkes würde platzen, wenn die Wirkung der neuen Waffe ausbliebe. Er hat die »Wuwa« dann jedenfalls »V 1« (Vergeltungswaffe Nr. 1) getauft und gleich eine Reihe weiterer »Vergeltungswaffen« angekündigt. Goebbels & Co. gibt sich redliche Mühe, die Stimmung um einige Grade hochzudrücken. Der Erfolg wird gleich Null sein. – Der Stern der Nazis ist unaufhaltsam im Sinken, und kein noch so groß aufgemachtes Goebbels-Feuerwerk kann daran etwas ändern.

Wenn ich das gewußt hätte, wär' ich vielleicht ein bißchen vorsichtiger gewesen.

Ja, das waren so Gedanken, die mir da natürlich kamen. Weil ich nicht wußte, kommt der Feind rechtzeitig oder nicht.

Breloer: Also mir ist aufgefallen, in diesen Tagebüchern konfrontieren Sie immer die Meldungen, die Sie im Hörfunk hören, mit dem, was die Nationalsozialisten in den Zeitungen schreiben. Und Sie weisen ihnen auf jeder Seite nach, daß sie lügen. Für wen war diese Beweisführung gedacht?

Ullrich S.: Diese Beweisführung war im Grunde für mich gedacht. Um mir selbst zu beweisen, daß ich schneller war als die meisten Deutschen.

Breloer: Sie haben ja sehr ausführlich in Ihrem Kriegstagebuch als Schüler die Greuel im Konzentrationslager dokumentiert.

18. Juni 1944: Sehr schwerer amerikanischer Luftangriff auf Hamburg. Schwere Schäden in Ölraffinerien und im Hafen. Deutsche Jäger traten nicht in Erscheinung.

22. Juni 1944: 3 Jahre Krieg mit Rußland.

Heute vor 3 Jahren, am 22. Juni 1941, überfiel Hitler die Sowjet-Union. Als dann die siegreichen Kesselschlachten von Kiew und Smolensk stattfanden und Hitlers Truppen bis Moskau und Rostow vorstießen, schien es, als würde Rußland das Schicksal der übrigen Länder teilen. Bereits am 3. Oktober 1941 teilte Hitler mit, daß der Gegner im Osten gebrochen sei und sich nie mehr erheben werde. Doch im Winter 41–42 zwangen die »vernichteten« russischen Truppen die Nazis, sich von Rostow zurückzuziehen. Zwar gelang es Hitler, im kommenden Frühjahr bis Stalingrad und [an den] Kaukasus vorzudringen, doch dann war es mit den Siegen vorbei. Alle Welt war starr vor Staunen, als im Herbst 1942 die Russen zum Gegenschlag ausholten und die sieggewohnte Wehrmacht über die Steppen jagten. Im schnellen Vormarsch vom Kaukasus warfen die Russen die deutschen Truppen bis hinter Rostow zurück. Im Frühjahr 1943 kam dann die **Katastrophe von Stalingrad**, und dann ging es Schlag auf Schlag. Rückzug von Kalatsch, von Woronesch, von Orel, von Kursk, von

---

Ullrich S.: Ja, die habe ich allerdings aus den Sendern erfahren damals. Was ich vor 1939 wußte, wurde uns von Bekannten und Verwandten erzählt, auf ganz schlimme Weise. Und wer es nicht wissen wollte, mußte es nicht wissen. Aber die meisten wußten es doch. Die haben das alle weggedrängt, so ungefähr, als ob sie auf den Lokus gegangen wären.

Breloer: Die Verwandtschaft Ihrer Frau ist im Konzentrationslager ermordet worden, die jüdische Verwandtschaft Ihrer Frau?

Ullrich S.: Ja. Ich habe meine Frau 1950 kennengelernt. Es war ein reiner Zufall. Wir haben uns damals irgendwie gefunden und zusammen gesprochen. Und das war eine Bestätigung meiner Dinge, die ich damals aufgeschrieben hatte, und was meine Frau, meine spätere Frau, auch als Kind erlebt hatte, war im Grunde für mich der Abschluß meiner Gedanken und Erlebnisse aus diesen Kriegs- und kurzen Nachkriegszeiten.

Wjasma und Brjansk. Charkow und Kiew gingen verloren, Dnjepropedrowsk und Kriwicj Rog, Nikolajew und Odessa. Der Rückzug von Leningrad, die Räumung von Luzk und Rowno, von Tarnopol und Cernowik, der Einmarsch der Russen in Rumänien. Das alles brachte die einst so stolze deutsche Wehrmacht an den Rand der völligen Vernichtung. Heute, 3 Jahre nach Kriegsbeginn, sind die Deutschen zum größten Teil über die russischen Landesgrenzen zurückgeworfen. Seit 6 Wochen herrscht im Osten Kampfruhe. Doch es ist die Ruhe vor dem Sturm. Hitler sitzt heute in dumpfer Angst vor der Offensive, von der er ahnt, daß sie sein Verderben ist. Vor der Offensive des Gegners, den Hitler vor fast 3 Jahren als vernichtet bezeichnete. Vor der Offensive der siegesgewissen Truppen des Marschalls Stalin. […]

8. Juli 1944: Baranowitschi von den russischen Truppen im Sturm genommen. Damit sind sie bis auf 240 Kilometer an die deutsche Grenze herangekommen. Die Deutschen treffen in Ostpreußen bereits Evakuierungsmaßnahmen. Soldatensender Calais meldet hierüber Einzelheiten. Die Nazis haben angeordnet, daß die Frauen und Jugendlichen zum Arbeitseinsatz nach dem Westen gebracht werden

Und nun noch eine kleine Rechnerei

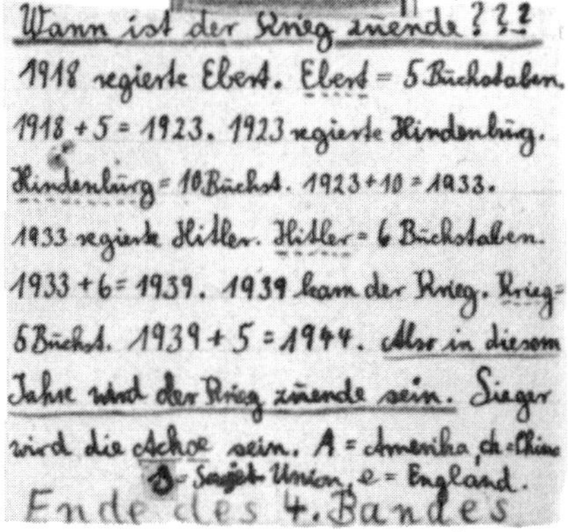
Wann ist der Krieg zuende ???
1918 regierte Ebert. Ebert = 5 Buchstaben.
1918 + 5 = 1923. 1923 regierte Hindenburg.
Hindenburg = 10 Buchst. 1923 + 10 = 1933.
1933 regierte Hitler. Hitler = 6 Buchstaben.
1933 + 6 = 1939. 1939 kam der Krieg. Krieg = 5 Buchst. 1939 + 5 = 1944. Also in diesem Jahre wird der Krieg zuende sein. Sieger wird die Achse sein. A = Amerika, ch = China, S = Sowjet Union, e = England.
Ende des 4. Bandes

Breloer: Haben Sie Ihrer Frau damals sehr bald Ihre Tagebücher gezeigt?

Ullrich S.: Ja, ungefähr 3 Wochen, nachdem wir uns kennengelernt haben.

Breloer: Wie war ihre Reaktion darauf?

Ullrich S.: Erstaunt. Sie war erstaunt. Sie hatte auch vieles andere kennengelernt und war erstaunt, daß es eben auch solche Leute gab, die nun nicht nur Nazis oder Mitläufer gewesen sind, die sich Gedanken gemacht hatten um die Zeit. Und dadurch sind wir eigentlich erst zusammengekommen.

sollen. Die Männer sollen Befestigungen anlegen, Panzer- und Schützengräben graben und dann als Partisanen ausgebildet werden! Sämtliche Häuser sollen dem Erdboden gleichgemacht werden, »... damit dem Feind nichts Brauchbares in die Hände fällt«. Die Ernte soll vollständig vernichtet werden. Die Nazis werden jedoch niemals zur planmäßigen Ausführung dieser wahrhaft teuflischen Maßnahmen kommen. Wenn sich das Volk auch viel gefallen läßt, so weit geht die Geduld dann doch nicht. Schon an der Evakuierung der Frauen und Kinder wird der Naziplan scheitern. Und außerdem werden die Russen schneller marschieren, als die Nazis zerstören können.

Goebbels hat in der Stadt Königsberg (300 Kilometer hinter der Front) eine »Durchhalterede« gehalten!

12. Juli 1944: Als Beruhigungspille haben die Nazis für das deutsche Volk immer noch nichts anderes als die V1. – Hier einige Überschriften aus dem »Mittagsblatt«. [...]

15. Juli 1944: Der Kampf um Wilna ist beendet. Die deutsche Besatzung wurde vernichtet oder gefangengenommen. Die Nazis behaupten wieder einmal frech, die Besatzung hätte den Ring durchbrochen.

[...]

21. Juli 1944: Attentat auf Hitler!

Auf Hitler wurde gestern in seinem Arbeitszimmer ein Sprengstoffanschlag verübt. Leider blieb der Schweinehund wie durch ein Wunder unverletzt.

Schwer verletzt wurden: Generalleutnant Schmundt, Oberst Brandt, Mitarbeiter Berger. Leicht verletzt: Generaloberst Jodl, die Generale Korten, Buhle, Bodenschatz, Heusinger, Scherff, die Admirale Voß, von Puttkamer, Kapitän Aßmann und Oberstleutnant Borgmann.

Heute nacht um 1.00 Uhr hat Hitler über den Rundfunk eine Rede gehalten. Es ist auffällig, daß Hitler 6mal wiederholte, daß es sich nur um »eine ganz kleine Clique« handelte. Seine großangelegten Maßnahmen aber strafen diese Behauptungen Lügen. Um einen »ganz kleinen Klüngel« auszulöschen, braucht man nicht ein ganzes Heer einzusetzen.

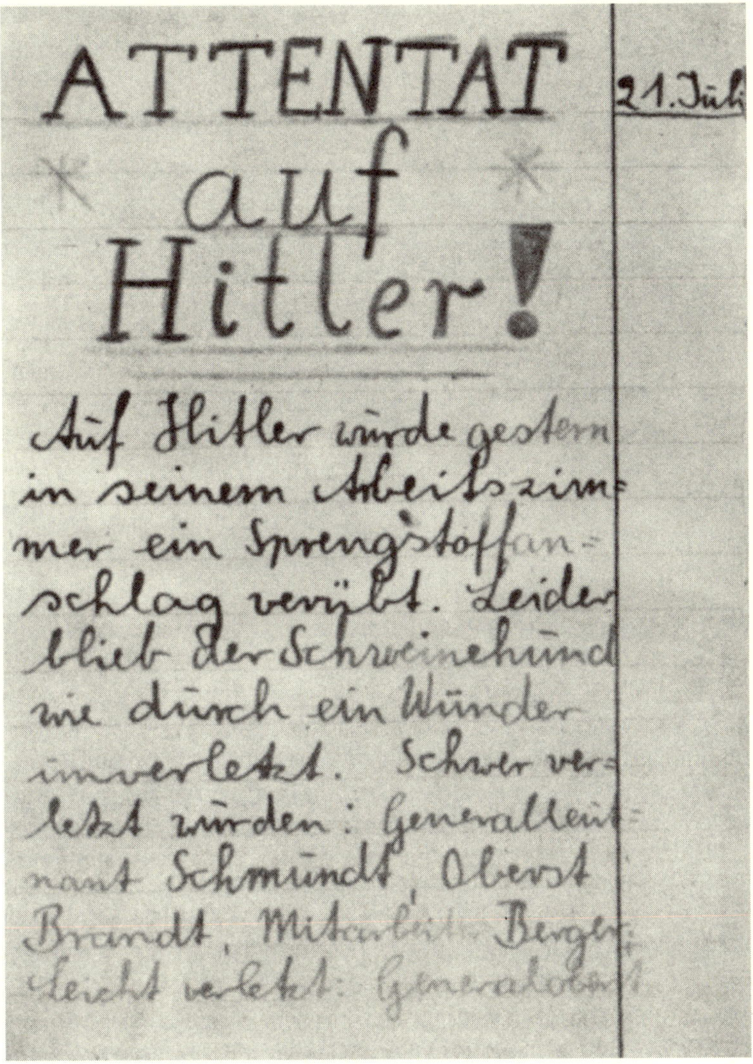
ATTENTAT
auf
Hitler!
21. Juli
Auf Hitler wurde gestern
in seinem Arbeitszim-
mer ein Sprengstoffan-
schlag verübt. Leider
blieb der Schweinehund
wie durch ein Wunder
unverletzt. Schwer ver-
letzt wurden: Generalleut-
nant Schmundt, Oberst
Brandt, Mitarbeiter Berger;
Leicht verletzt: Generaloberst

21. Juli 1944: Also, sogar eine »Luftflotte Reich« steht jetzt bereit zum Einsatz gegen eine »ganz kleine Clique« von 2 Generalen und 3 Mitverschworenen, wie Hans Fritsche im »Bericht zur Lage« sagte. Nicht gegen »5 Verräter« soll die Luftflotte eingesetzt werden, sondern, im Falle einer Volkserhebung, gegen deutsche Männer und Frauen!

Die Namen und die Anzahl der Offiziere, die am Attentat beteiligt waren, sind noch nicht bekannt. Bekannt ist nur, daß der Oberst Graf von Stauffenberg, der die Bombe in einer Aktentasche in Hitlers Zimmer brachte, von den Nazis erschossen wurde. Er fiel bei dem Versuch, Deutschland vor der Katastrophe zu retten.

22. Juli 1944: Mochte Hitler diesmal noch der gerechten Strafe entgehen, in nicht zu ferner Zeit wird dieser Massenmörder den Lohn erhalten, der ihm gebührt.

23. Juli 1944: Schon die ersten Meldungen lassen erkennen, daß es sich nicht um eine »ganz kleine Clique« handelt, sondern um eine Friedensbewegung, deren Führer in höchsten deutschen Offizierskreisen zu suchen sind.

In zahlreichen Gebieten Deutschlands soll es zu Unruhen gekommen sein. Das OKH befindet sich in der Hand der Aufständischen. Der Chef des Generalstabes, Zeitler, von dem Hitler behauptete, er sei zur Zeit krank, befindet sich in ihrer Gewalt oder gehört vielleicht sogar der Friedensbewegung an.

24. Juli 1944: Es scheint leider so, als ob Himmlers Horden imstande sind, die Friedensbewegung allmählich niederzuschlagen. Es wird gemeldet, daß im ganzen Reich SS und Gestapo zahlreiche Verhaftungen vorgenommen haben. Der Bruder von Oberst Stauffenberg, der Universitätsprofessor Stauffenberg, und seine Frau sollen in ihrer Wohnung erschossen worden sein. Himmlers Terrorapparat rast. Auch mutmaßliche Anhänger werden verhaftet und zahlreiche erschossen.

Allein die Meldung, daß auf dem Flugplatz Lechfeld ein startbereiter Riesenbomber steht, der ohne Zwischenlandung bis Tokio (!) fliegen kann, beweist, daß Hitler sich immer noch nicht ganz sicher fühlt und für alle Fälle vorgesorgt hat. Es war ja schon immer seine Stärke, jede Möglichkeit von vornherein einzukalkulieren. Man kann nie wissen...! Besser man dampft nach Japan ab, als »bis zum letzten Atemzuge« zu kämpfen und sein Erdenwallen am nächstbesten Laternenpfahl zu beschließen.

Hitler predigt der Wehrmacht zwar immer den Kampf »bis zur letzten Konsequenz«; aber im Ernstfall scheint er es ja doch für besser zu halten, sich »planmäßig abzusetzen«. […]

26. Juli 1944: Also wieder einmal »Totaler Krieg«
Die übrigen soundsoviel »totalen Kriege« haben nichts geholfen; an den Fronten ist die Lage katastrophal, in der Heimat fängt es an zu kriseln, die Generale haben die Lage erkannt und versuchen, Schluß zu machen, aber die Nazis denken nicht im Traum daran. Für sie soll ein neuer »übertotaler, totalster Totaleinsatz« des Volkes den Galgen noch für einige Wochen in den Hintergrund schieben. Jetzt sollen also Frauen, Greise, Kinder und Krüppel den Laden schmeißen? Na, denn man los. Meinen Segen habt ihr. –

Doch wer glaubt noch im Ernst daran, daß dieses letzte Aufgebot die Lage noch zu unseren Gunsten, vielmehr zugunsten der Nazis, ändern kann?

Nicht einmal mit der Lupe wird man diese Leute finden können. Mag der kleine Goebbels sich auch noch so anstrengen, aus gedroschenem Hafer noch ein paar Körner herauszuquetschen, es wird vergeblich sein. […]

8. Aug. 1944: Vor Jahren schrieb Hitler einmal in »Mein Kampf« auf Seite 104:

»Wenn durch die Hilfsmittel der Regierungsgewalt
ein Volkstum dem Untergang entgegengeführt wird,
dann ist die Rebellion eines jeden Angehörigen eines
solchen Volkes nicht nur Recht, sondern Pflicht.«

Derselbe Mann läßt heute Offiziere, die so handelten, wie es ihnen ihre Pflicht gebot, in den Kerker werfen oder sogar erschießen.

Der Teufel soll diesen Schurken holen. Möglichst recht bald.

9. August 1944: 8 deutsche Offiziere von den Nazis aufgehängt. 8 deutsche Offiziere wurden vom sog. »Volksgerichtshof« zum Tode verurteilt und aufgehängt. Jawohl, aufgehängt wie gemeine Verbrecher. Man hat die Nazihunde noch zu hoch eingeschätzt, wenn man glaubte, sie würden den Hauptschuldigen eine Kugel geben oder einigen sogar das Leben lassen. Aber Verbrecher bleiben eben Verbrecher!

In der ganzen Welt hat das Urteil große Empörung und tiefen Abscheu hervorgerufen. Auch im deutschen Offizierskorps wird es seine Folgen nach sich ziehen. – Die rebellierenden Generale und ihre Anhänger hatten erkannt, daß es höchste Zeit war zu handeln, wenn nicht Deutschland durch eine Verbrecherclique in den Abgrund gerissen werden sollte. Der Versuch mißlang, aber er zeigt, daß unser Volk nicht bereit ist, das Schicksal der zum Untergang verdammten Naziverbrecher zu teilen.

10. August 1944: Während in grenzenloser Verblendung Tausende von deutschen Offizieren sinnlos für Hitler in den Tod gingen, starben diese 16 Offiziere für Deutschland. Ihr Werk wird zu Ende geführt werden. Die Nazis wollen ein ganzes Volk opfern, nur um ihren Untergang noch ein wenig hinauszuschieben. [...]

1. September 1944: Heute vor 5 Jahren begann der Krieg, von einem Wahnsinnigen entfesselt, durch Europa zu rasen. Heute kehrt er dahin zurück, wo er hergekommen ist, nach Deutschland. Alliierte Truppen erreichten bei Trier die Reichsgrenze. – Das OKW meldet noch immer den V 1-Beschuß gegen London. Tatsächlich ist dieser Beschuß konzentrierter und zielsicherer geworden, als angenommen wurde, aber dennoch ist er in keinem Falle mit alliierten Angriffen auf Deutschland zu vergleichen.

3. Sept. 1944: Ein großer Teil der Rampen für fliegende Bomben an der französischen Küste wurde erobert. [...]

20. Sept. 1944: Reichsgrenze übertreten. Zwischen Aachen und Trier wurde die Reichsgrenze auf breiter Front überschritten und zahlreiche kleinere deutsche Städte wurden bereits erobert. Die Amerikaner stehen vor Aachen.

30. Sept. 1944: Heute vor 2 Jahren sagte Hitler in einer Rede: »Wenn ich einen Gegner von Format hätte, von militärischem Format, dann könnte ich mir ungefähr ausrechnen, wo der angreift, wenn ich aber militärische Idioten vor mir habe, kann ich das natürlich nicht wissen.«

Das kann ja doch das verrückteste Unternehmen sein, und das ist das einzig Unangenehme, daß man bei diesen Geisteskranken und ewig Betrunkenen nie weiß, was sie eigentlich machen. Dieser Ausspruch zeigt nur deutlich, wes Geistes Kind der Mann ist, den die Goebbels-Propaganda zu einem Sonnen-Mythos machen will. [...]

1. Jan. 1945: Nach 6monatigem Schweigen hat Hitler heute nacht aus dem Führerhauptquartier eine halbstündige Rede gehalten. Er erwähnte die augenblickliche Lage mit keinem Wort. Er faselte nur irgendwas von Zukunftsplänen. Armer Irrer. Seine Stimme klang atemlos und apathisch. Von seinem donnernden Pathos ist nicht viel übriggeblieben. –

3. Jan. 1945: Schwere amerikanische Angriffe bei Bastogne. Im Abschnitt Saargemünd deutsche Vorstöße. – Bei Überraschungsangriffen der deutschen Luftwaffe gegen alliierte Flugplätze erlitt unsere Jagdwaffe einen Schlag, von dem sie sich so bald nicht erholen wird. Nahezu 300 Jäger und ca. die gleiche Anzahl alliierter Flugzeuge gingen verloren.

6. Jan. 1945: Himmler und Goebbels haben wieder einmal zu einer Lumpensammlung, einem sogenannten »Volksopfer« aufgerufen: Die Aufforderung zur Abgabe von Naziuniformen wird die einzige sein, die befolgt werden wird. [...]

29. Jan. 1945: Mit der soeben gemeldeten Eroberung von Beuthen, Kattowitz und Königshütte befindet sich das gesamte oberschlesische Industriegebiet in russischer Hand. Dieser Verlust wird für die weitere Kriegsführung Hitlers die schwerwiegendsten Folgen haben.

30. Jan. 1945: Heute vor 12 Jahren war der Unglückstag, an dem Hitler an die Macht kam. Aus diesem Anlaß mußte er wohl oder übel eine Rede halten. Während er früher 2½ Stunden sprach, dauerte seine heutige »Rede« 16 Minuten. Sie war ein einziges Durcheinander von Phrasen, Drohungen gegen das Volk, Durchhalteaufrufen und Flüchen gegen das »Judentum«. Zur augenblicklichen Lage sagte er nichts weiter als: »Wie schwer auch die Krise im Augenblick sein mag, sie wird durch unseren unabänderlichen Willen, durch unsere Opferbereitschaft und durch unsere Fähigkeiten am Ende doch gemeistert werden!« [...]

7. Febr. 1945: Raum gegen Zeit.

Seit langem heißt die Parole der Nazis »Raum gegen Zeit«. Das soll bedeuten: »Wir tauschen Raum ein gegen Zeit zum Vorbereiten von Gegenschlägen.« Seit 1942 betreiben sie nun notgedrungener Weise dies sonderbare Tauschgeschäft. Sie gaben in dieser Zeit ⅔ von Europäisch-Rußland, ganz Polen, ganz Nordafrika, den Balkan, Frankreich, ⅔ von Italien und ⅒ von Deutschland weg. Als Gegengabe erhielten sie 2 Jahre Zeit zur Vorbereitung für den großen Gegenschlag. Unser Gegenschlag vom 16. Dezember im Westen, der nach einem Vorstoß von 90 km zusammenbrach, hat jedoch gezeigt, daß 2 Jahre nicht genug waren. Also wird weitergetauscht. Die Lage hat seit einem Jahr insofern eine Änderung erfahren, daß die Parole »Raum gegen Zeit für den Gegenschlag« nur noch für das Volk bestimmt ist, denn die wirkliche Parole der Nazis heißt schon lange: »Raum gegen Zeit für die Verlängerung unseres Lebens.« Die Herren da oben wissen nämlich ganz genau, daß keine noch so lange Zeit sie noch herausreißen kann. Doch auch diese Parole hat ihr Grab gefunden, und zwar in der Oder. Die Russen haben die Oderlinie und stehen 60 km vor Berlin. Die Fortführung des »Raum-Weggebens« muß jetzt katastrophale Folgen haben. Daher versuchen die Nazis ihren letzten »Lebensraum« mit allen Mitteln zu halten. Ihre letzte Devise heißt heute: »Menschen gegen Zeit.« Also werden Hunderttausende von Volkssturmmännern mit einer Ausrüstung, die jeder Beschreibung spottet, den Russen vor die Panzer geworfen. 4000 deutsche Männer, Jungen und Greise = 1 Tag Gewinn; 1 Tag länger am Leben, ein Tag länger an der Macht. Das Tauschgeschäft geht weiter. Auf Kosten des deutschen Volkes; es wird so lange weitergehen, bis die Wehrmacht und der Volkssturm die wahren Feinde Deutschlands zum Teufel jagt. [...]

2. März 1945: Der Kriegsleiter Wagner hat einen Aufruf an die Königsberger erlassen; also, der ist es wert, daß ich ihn hier mal veröffentliche. [...]

Mein Kompliment, Herr Wagner, wirklich ein großartiger Aufruf. Besonders gut ist Ihnen die Charakterisierung der russischen Wehrmacht gelungen. »Ausschuß und zusammengerafftes Pack.«

Wirklich sehr treffend. Doch am meisten haben sich die Volksstürmer wohl über Ihre Kampfanweisungen gefreut. »Feuer in die Schnauze, und die Sache ist schon halb gewonnen. Nicht vor den Panzern weichen. Mit Panzerfaust vernichten oder sich überrollen lassen.

Infanterie dann zusammenschlagen!«

Einfach fabelhaft! Nur schade, daß man Ihre strategischen Fähigkeiten nicht früher erkannt hat.

Mit Ihren guten militärischen Kenntnissen müßte es Ihnen doch ein leichtes sein, die »bolschewistischen Horden« aus Ostpreußen hinauszujagen. An der Spitze einiger Volkssturmbataillone werden Sie vorstürmen und brüllen: »Feuer in die Schnauze geben, dann ist die Sache schon halb gewonnen! Nicht vor den Panzern weichen. Mit Panzerfaust vernichten. Infanterie zusammenschlagen!!« Sie sollen mal sehen, wie das zusammengeknallte Pack dann laufen wird. Trotz seines kampfesmutigen Aufrufes neige ich weiterhin zu der Ansicht, daß Kreisleiter Wagner seinen bombensicheren Befehlsbunker nicht eher verlassen [wird], als bis sich eine günstige Gelegenheit zum »planmäßigen Absetzen« bietet. Herrn Wagner genügt es voll und ganz, mit dem Mund zu kämpfen und zu siegen. Und außerdem ist das auch nicht so gefährlich.

Statt guter Verpflegung und Ausrüstung wird den hungernden und frierenden Königsbergern ein Aufruf zum Durchhalten vorgesetzt, und das ist alles.

Der Aufruf an sich ist ein widerliches Gemisch von Versprechungen, Verhöhnungen, Drohungen, schönen Redensarten und Durchhaltebefehlen.

Ist es nicht ein blutiger Hohn, wenn dieser Schweinskerl, angesichts der bevorstehenden Katastrophe und all des unsagbaren Elends, von einem baldigen Hinausjagen der »bolschewistischen Horden« zu faseln wagt?

Ist es nicht eine Verspottung der deutschen Soldaten, wenn Wagner dieselbe Infanterie, die Deutschland seit 2 Jahren nur Niederlagen bereitet hat, als Ausschuß und zusammengerafftes Pack bezeichnet?? Heißt das nicht soviel wie: »Ihr Feiglinge laßt euch von solchem zusammengerafften Pack zusammenschlagen??« Über 10 Millionen junge deutsche Männer haben ihre Gesundheit oder ihr Leben sinnlos für diese Schurkenbande geopfert, die es sich in den Kopf gesetzt hatte, die Welt zu erobern. Zum Dank ernten sie jetzt Hohn und Spott. Der Aufruf spiegelt deutlich den Charakter seines Verfassers wider. – »In die Schnauze feuern, und die Sache ist schon halb gewonnen!«

Halb gewonnen? Nein! Ganz gewonnen wird die Sache sein! Es kommt nur darauf an, ob in die richtigen Schnauzen gefeuert wird!

[…]

Nun wird auch Nordwestdeutschland Kriegsschauplatz. Auch in das Gebiet zwischen Weser und Elbe ist die Kriegsfurie hineingerast. Und sie wird so lange weiterrasen, bis die Macht der braunen Terrorbanden zerbrochen ist. Wenn dieses Lumpenpack noch ein Körnchen Ehrgefühl im Leibe hätte, dann könnte es nicht mitansehen, wie immer größere Teile Deutschlands verwüstet werden, wie immer mehr Äcker zu Trichterfeldern und immer größere Teile des deutschen Waldbestandes niedergewalzt werden, wie immer mehr deutsche Städte und Dörfer zu Schutthalden und Trümmerfeldern werden, wie immer mehr Deutsche im sinnlosen Kampf gegen den übermächtigen Gegner fallen und immer mehr Männer, Frauen und Kinder von Bomben und Granaten zerrissen werden. Schon 1943 hat der Oberschurke zynisch erklärt: »Wenn mein eigenes Volk an dieser Prüfung zerbrechen würde, so könnte ich ihm dann keine Träne nachweinen, es hätte nichts anderes verdient!«

Das heißt also: Das deutsche Volk hat es nicht geschafft, den von Hitler befohlenen Eroberungszug zum siegreichen Abschluß zu bringen, so mag es jetzt zur Strafe zerbrechen. Hitler weint ihm keine Träne nach.

Das Morden geht also weiter. Und immer noch kämpft die deutsche Wehrmacht weiter. Wenn sich auch seit Beginn der Invasion 1½ Millionen Soldaten ergeben haben; die Wehrmacht kämpft noch immer – wenn teilweise auch unter Zwang –, sie blutet noch immer für einen längst verlorenen Krieg und macht sich dadurch am Elend in Deutschland mitschuldig.

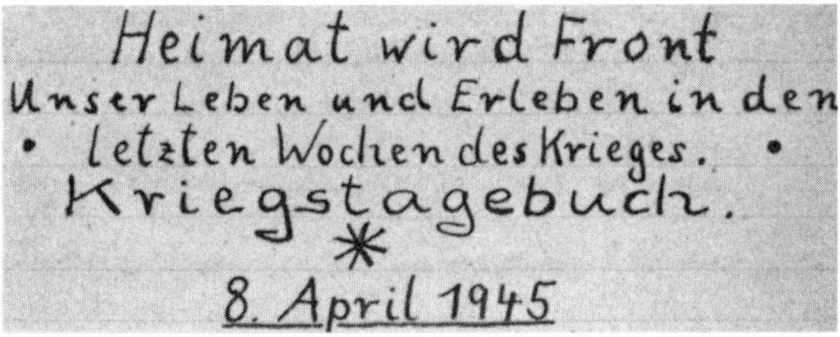

Heimat wird Front
Unser Leben und Erleben in den
• letzten Wochen des Krieges. •
Kriegstagebuch.
*
8. April 1945

Die Front ist noch 110 Kilometer von meiner Heimatstadt Hamburg und 130 km von dem Dorf Wiemerskamp entfernt, in dem wir nach unserer Ausbombung im Juli 1943 eine gemütliche Unterkunft gefunden haben!

Das ist eine harte Tatsache. Und sie ist durch nichts abzuändern; höchstens durch ein sofortiges Kriegsende, aber darauf wagen wir alle nicht zu hoffen. Die Nazis sitzen noch zu fest auf ihrem Thron.

Eine weit härtere Tatsache ist es jedoch, daß alles darauf hindeutet, daß auch Hamburg und Umgebung in nächster Zeit zum Frontgebiet wird. Auch mit dieser Tatsache werden wir uns abfinden müssen. Es ist zum Verrücktwerden.

Hamburg wird inzwischen zur »Verteidigung bis zum letzten« klargemacht. Aus Quadersteinen werden überall in den verkehrsreichen Straßen Panzermauern aufgetürmt. Lächerliche Dinger, die keinem Panzer ernstlichen Widerstand zu leisten imstande sind. An zahlreichen Stellen wurden Maschinengewehr-Nester angelegt. Der Hamburger Volkssturm wurde aufgeboten. Tausende von fast unausgebildeten Männern und Knaben sollen Hamburg gegen eine Übermacht von modern ausgerüsteten, gut ausgebildeten, kampferfahrenen englischen Streitkräften verteidigen, denn von unseren regulären Truppen wird es nicht vielen gelingen, bis Hamburg sich zurückzukämpfen. Wenn es den Hamburger Volkssturmsoldaten nicht gelingt, die für den Kampfwillen der Verteidiger »sorgenden« SS-Lumpen zu beseitigen, um dann die Waffen wegwerfen zu können, dann wird Hamburg und seine Bevölkerung, die nicht evakuiert wird, ein grausames Schicksal erleiden. Das Ergebnis dieser Stalingrad-Tragödie wäre: auf der einen Seite – Zehntausende von sinnlos verreckten Männern, Frauen und Kindern sowie eine sinnlos zerstörte

Stadt –, auf der anderen Seite – ein, um einige Stunden oder Tage verlängertes, erbärmliches Leben einer Verbrecherbande.

9. April: Auch in der direkten Umgebung unseres Dorfes werden, besonders an Straßen und Chausseen, Grabensysteme, Einmannlöcher und Panzerfallen gegraben. Die Herren von der Partei haben die gesamten Männer und Volksstürmer unseres Kreises aufgefordert, Schanzarbeiten durchzuführen. Es versteht sich von selbst, daß nur wenige dieser Aufforderung zur Vorbereitung des Selbstmordes nachkommen, denn je mehr Verteidigungsstellungen sich in unserer Gegend befinden, um so länger dauert der Kampf, und um so mehr Häuser und Menschenleben werden vernichtet. Das ist ganz klar, und bis auf die wenigen Naziblödlinge im Dorf hat das auch jeder erkannt und danach gehandelt. Noch nie gab es so viele kranke Männer in unserer Gegend.

Nur noch 90 km trennen Hamburg und die Front voneinander, nur noch 110 km ist die Front von unserem Dorf entfernt.

10. April: Wie eine drohende Gewitterwolke liegt etwas über dem Dorf. Eine allgemeine Unruhe ist zu verspüren. Doch noch ist hier, außer den regelmäßigen Fliegeralarmen, den fast täglichen Überfliegungen durch amerikanische Bomberverbände, alles ruhig. Gelegentlich fallen auch Bomben, oder Tiefflieger machen die Gegend unsicher, aber das geschieht nur selten.

In Hamburg wurde die Bevölkerung aufgefordert, Lebensmittel für 7 Wochen im voraus einzukaufen. Lange Schlangen stehen vor den Lebensmittelgeschäften. Mit Kästen und Kisten kommen Frauen und Kinder, um schnell alles zu kaufen, damit während der Belagerung jeder versorgt ist. Brot gibt es schon jetzt fast nicht mehr zu kaufen. – Die Gasversorgung wurde eingestellt. Strom gibt es nur noch 4 Tage in der Woche. Mittagsmahlzeiten gibt es nur noch in der Massenabfütterung.

Einem Gerücht zufolge, das in Hamburg hartnäckig kursiert, wurde Gauleiter Kaufmann auf Befehl Himmlers verhaftet, weil er nicht wollte, daß die Stadt verteidigt wird. Ich aber glaube nicht an dieses Gerücht.

12. April: Noch immer treffen Flüchtlinge aus Ostpreußen, Warthegau und Pommern in unserem Dorf ein. Wochenlang haben sie schwerste Strapazen auf sich genommen, sie haben ihre Heimatstätten zurückgelassen und alles, was ihnen teuer war, nur um der Front zu entgehen. Und jetzt steht auch hier die Front vor der Tür. Sie sind vom Regen in die Traufe geraten. Es ist uns allen klar: Es gibt kein Entweichen vor der Front mehr. Sie erreicht einen doch immer wieder. Das beste ist, man bleibt dort, wo man hingehört, zieht den Kopf ein und läßt den Feind über sich hinwegbrausen. Wer daheim bleibt, für den ist der Krieg vorbei. Wer davonläuft, der flieht vor dem Krieg in den Krieg und verreckt schließlich in irgendeinem Straßengraben.

14. April: In letzter Zeit laufen hier sehr viele Soldaten herum. Das Gut Jersbek und Gut Wulksfelde sind voll von deutschen Truppen. Beide Güter liegen ca. 50 Minuten von uns entfernt. Wir sind davon nicht erfreut, denn nun haben feindliche Flugzeuge einen guten Grund, unsere Gegend aufs Korn zu nehmen. Die feindliche Lufttätigkeit hat auch in unserem Gebiet zugenommen.

In unserem Dorf sind zwei Soldaten nach Hause gekommen. Beide knapp achtzehn Jahre alt. Der eine kam total zerlumpt und mit einem Holzpantoffel und Stiefel. Der andere kam im Drillichzeug. Uniform hatte er nicht. Er war auch erst im RAD. Seine Einheit war von 150 auf 17 Mann zusammengeschmolzen bei den Kämpfen südlich [von] Hamburg. In Lauenburg sollte neu zusammengestellt werden. Aber daraus wurde nichts. Und nun ist er »heim zu Muttern« gegangen. Einer, der im Nachbardorf nach Hause gekommen ist, erzählt: »Nachdem kaum noch was übrig war von unserer Einheit, sagte der Feldwebel: ›Mensch, macht bloß, daß ihr nach Hause kommt!‹«

18. April: Heute kamen hier ca. 400 Volkssturmmänner vorbei. Müde und abgespannt. Sie trugen größtenteils Luftwaffen- und Beuteuniformen. Einige hatten nur ihr Zivilzeug. Ganze 5 Soldaten sah ich, die ein Gewehr hatten, die übrigen trugen nicht mal ein Bajonett. Es waren Rheinländer, die aus Nordholland kamen. Ihr Marschziel war Sprenge bei Bargteheide. Die meisten waren zwischen 45 und 60 Jahre alt. Der ganze Haufen machte einen sehr jämmerlichen Eindruck auf uns. Fast sah es so aus, als ob ein Altersheim einen Ausflug machte.

20. April 1945: Heute »feiert« Adolf Hitler seinen 56. Geburtstag. Und gerade weil es sein letzter Geburtstag ist, sollte er ihn noch einmal ordentlich als Festtag begehen. Aber nach Feiern ist ihm gar nicht zumute, was man schließlich auch verstehen kann.

Mit den sonst so großartigen Geburtstagsüberraschungen ist es in diesem Jahr auch nicht weit her. Die einzigen, allerdings unliebsamen Überraschungen für ihn sind heute, daß Nürnberg, die Stadt seiner Parteitage, in amerikanischer Hand ist und daß die Russen vor Berlin durchgebrochen sind und Freienwalde, Wriezen, Seelow, Lebus, Beeskow, Forst und Weißwasser eroberten und noch 30 km vor Berlin und Dresden stehen.

Goebbels' Geburtstagsrede fiel daher auch recht weinerlich aus. Beflaggung wurde untersagt, da die Volksgenossen in den Frontgebieten größtenteils farbenblind sind und leicht Rot und Weiß verwechseln können.

Das letzte deutsche Panzerschiff, »Lützow«, wurde am 16. April vor Swinemünde von 2 panzerbrechenden Bomben getroffen. Das 10000-t-Schiff sank in der Nähe des Strandes auf Grund. Die Beschädigungen sind so schwer, daß es als verloren angesehen werden muß.

Amerikanische Berichterstatter bringen Meldungen aus den besetzten Konzentrationslagern Buchenwald, Nordhausen, Belsen und Ohrdruf, die so grauenhaft, so himmelschreiend sind, daß man meinen könnte, der Verstand bliebe einem stehen. Die ganze Welt steht starr vor Grauen. Man möchte sagen: »Das stimmt nicht! Das ist Lüge!« So etwas gibt es im Lande Goethes nicht! In keinem »noch so primitiven Lande der Erde würde das möglich sein«!

In Deutschland ist es möglich! Zu niederschmetternd sind die Tatsachen, um auch nur den geringsten Zweifel an der Wahrheit der Berichte aufkommen zu lassen.

Im KZ Buchenwald fanden die Amerikaner 21000 halbverhungerte und kranke lebende Skelette von Männern, Frauen

Was wäre dann?

Ging' es uns wohl wirklich besser?
Wären wir wohl wirklich frei?
Gäb's statt Kanonen Butterfässer?
Und statt Granaten Fleisch und Ei?
Wär' Deutschland ein gesegnet' Reich?
Und frei von allen Ketten?
Käm' überall Glück und Wohlstand gleich?
Wenn wir den Krieg gewonnen hätten?

Von Liverpool bis Bukarest,
Von Moskau bis nach Lorient,
Von Gibraltar bis Hammerfest
Reichte das „neue Deutschland" dann!
Am Atlantik, Eismeer, Mittelmeer
Lägen Deutschlands Grenzen!
Und im Osten würde man's nachher
Bis zum Ural ergänzen!

Dann zög' die deutsche Herrenrasse
In alle and'ren Länder ein
Und setzte sich mit ihrer Masse
In fremdes Hab und Gut hinein.
„Platz da!" hätten die Nazis gesagt.
Und Millionen Franzosen, Russen, Letten
Würden durch die Kamine gejagt,
Wenn wir den Krieg gewonnen hätten.

Doch lange wär's nicht so gegangen.
Die Völker hätten angefangen,
Auf ihre „Herren" loszuschlagen,
Um endlich sie hinauszujagen.
Ein schlimm'rer Kampf wär' noch entbrannt
Und hätt' verwüstet Land um Land.
Europa wäre nicht zu retten,
Wenn wir den Krieg gewonnen hätten!

und Kindern vor. Jawohl: und Kindern! 60000 Menschen waren ehemals im Lager. 21000 wurden noch vorgefunden. Fast 40000 Menschen sind im Laufe der Zeit verhungert oder an Seuchen gestorben. Das ganze Lager war unsagbar schmutzig. Die Gefangenen mußten auf dreckigen Holzpritschen schlafen. Viele sogar auf dem Boden. Kranken wurde keine ärztliche Hilfe zuteil. Die Toten wurden in großen Öfen verbrannt, über denen der Spruch stand:

»Ich liebe die Wärme und das Licht. Darum verbrennt mich und begrabt mich nicht!«

Die meisten Toten trugen große Wunden an den Schenkeln. Sie hatten ihr eigenes Fleisch gegessen. Später wurden die Leichen einfach im Hofe aufgestapelt. Viele der Unglücklichen, die nicht mehr gehen konnten, krochen auf allen vieren umher. Widerliche Verwesungsgerüche durchzogen das Lager, die jeden Eintretenden zum Erbrechen reizten.

Die Amerikaner ließen 1500 Einwohner aus dem benachbarten Weimar im Lager herumführen, damit sie sich von den Zuständen überzeugen sollten. Leichenblaß, mit verzerrten Gesichtern, von Grauen geschüttelt verließen sie das Lager. Einige brachen zusammen.

Die Zustände im Lager Belsen bei Bremen sind die gleichen. In Belsen wurden sogar Tausende von Häftlingen lebend in die Verbrennungsöfen geworfen.

Diese Verbrennungen wurden von vertierten SS-Männern ausgeführt. Der Kommandant vom Lager Belsen, Kramer, ein verkommener Sadistenhund, wurde gefaßt. Im KZ Belsen wird ein Film aufgenommen, der nach Kriegsende in ganz Deutschland gezeigt werden wird, damit das deutsche Volk mit eigenen Augen sieht, wofür 10 Millionen seiner Männer, Söhne, Frauen, Brüder, Schwestern und Kinder im Verlauf eines 6jährigen Krieges geopfert wurden. Wofür Deutschlands Städte in Schutt und Asche sinken mußten.

Noch keiner weiß, wie viele deutsche, jüdische, russische, polnische, tschechische und jugoslawische Menschen in den Todeslagern der Nazis zu Tode gefoltert wurden. Belsen und Buchenwald sind nur zwei von ihnen.

Eines steht jedoch schon heute fest: Die Zahl der in den Lagern von Majdanek, Buchenwald, Belsen, Nordhausen, Ohrdruf, Auschwitz, Theresienstadt, Dachau und wer weiß wie vielen anderen zu Tode gequälten Menschen geht in die Millionen.

In die Millionen!!

Warum aber wurden diese Menschen auf so qualvolle Weise abgeschlachtet? Was hatten sie verbrochen?

Sie hatten gesagt, was sie über den Nationalsozialismus dachten! Die aus diesem Grunde Getöteten waren im allgemeinen nur Deutsche. Die Juden wurden völlig grundlos umgebracht!

In reinem Ausrottungswahn!

Die Männer, Frauen und Kinder aus anderen europäischen Ländern wurden entweder als Geiseln getötet oder weil sie mit der Waffe gegen Wehrmachtsangehörige gekämpft hatten.

Das waren Tatsachen über die Konzentrationslager, über die Denkmäler nationalsozialistischen Sadistentums.

22. April: Jetzt ist eingetreten, was wir seit Tagen geahnt haben. Die Tommys haben etwas gemerkt. Gegen 20 Uhr sah ich, wie ca. 10 Jäger Tiefangriffe gegen Bargfeld, Jersbek und Bargteheide flogen. Unaufhörlich dröhnten die MG-Salven. Immer wieder stießen sie hernieder. Raketen explodierten. Wir wußten, was sie dort vor den Rohren hatten. Wehrmacht und Volkssturm. 20 Minuten dauerte die Schießerei. Noch weiß keiner, was der Angriff für Opfer unter der Bevölkerung, Wehrmacht und Volkssturm gefordert hat, aber schon nach einer Stunde kam ein Wagen vom Roten Kreuz aus der betreffenden Gegend.

Dieser Angriff hat deutlich gezeigt: Das Vorhandensein von Militär bringt für ein Dorf die schwerste Gefährdung mit sich.

24. April: Den ganzen Tag dauern jetzt die Fliegeralarme, wenn man das so nennen will. Eigentlich gibt es aber weder Alarm noch Entwarnung mehr, denn es sind immer Feindflugzeuge da. Tag und Nacht. Zu jeder Tageszeit kann man jetzt Motorenlärm und MG-Geknatter hören. Eine äußerst ungemütliche Sache.

27. April 45: Die Lage von Berlin ist verzweifelt. Obgleich immer noch behauptet wird, daß Hitler sich in Berlin befindet, hat er sich noch nirgends blicken lassen. Fast drei Viertel von der Reichshauptstadt sind in russischem Besitz. Die Nazis haben offen zugegeben, daß der Krieg verloren ist, wenn die Reichshauptstadt in Feindeshand fällt, und machen daher größte Anstrengungen, den Trümmerhaufen zu halten, koste es, was es wolle.

28. April: Seit 23.00 Uhr heute abend starkes Artilleriefeuer. Am Horizont dauerndes Aufblitzen. Der Boden bebt ein wenig, aber unaufhörlich. Der Tommy scheint über die Elbe zu wollen. Es muß, der Richtung nach zu urteilen, in der Gegend von Lauenburg sein, also in einer Entfernung von ca. 40 km.

Sonst ist alles ruhig. Flugzeuge heute abend nur wenig.

Gegen 23.30 Uhr wird das Donnern lauter. Die Fensterscheiben klirren leise. Wenn das so bleibt, werden wir nicht schlafen können.

29. April: Heute morgen 5.30 Uhr hat der Tommy bei Lauenburg die Elbe überquert und stößt weiter vor.

Die Tiefflieger werden hier immer frecher. Wir haben aber noch nicht einmal gehört, daß nichtmilitärische Ziele angegriffen wurden.

1. Mai 1945: Wie zu erwarten war: »Der Führer ist heute nachmittag auf seinem Befehlsstand in der Reichskanzlei, bis zum letzten Atemzuge gegen den Bolschewismus kämpfend, für Deutschland gefallen!«

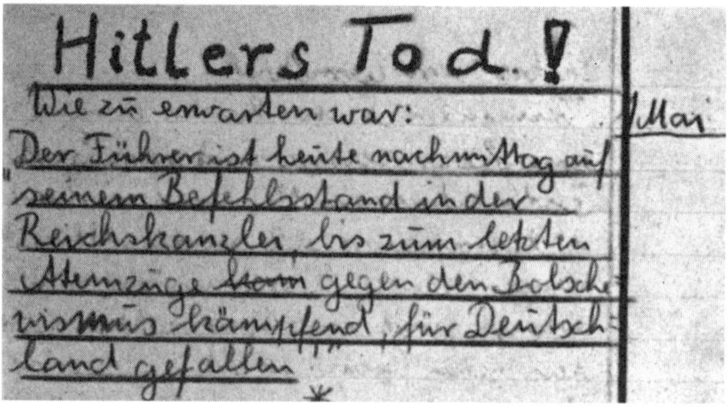
Hitlers Tod!
Wie zu erwarten war:
„Der Führer ist heute nachmittag auf seinem Befehlsstand in der Reichskanzlei, bis zum letzten Atemzuge gegen den Bolschewismus kämpfend, für Deutschland gefallen"
1 Mai

Wenige Tage nach seinem Freunde Mussolini hat auch ihn das Schicksal ereilt. Daß er tot ist, scheint zu stimmen; wenn vielleicht auch nicht als »Held« gefallen, so hat er doch zumindest Selbstmord begangen, oder er ist an einer Krankheit gestorben.

Dem deutschen Volk kann sein Tod jetzt nicht mehr viel nützen, denn die Katastrophe ist jetzt da. Am 20. Juli hätte sein Tod Deutschland noch vor dem Chaos bewahren können.

Großadmiral Dönitz hat sich zum Nachfolger Hitlers gemacht. Er wird die Freude, die Regierungsgewalt auszuüben, jedoch nur noch wenige Tage haben, denn unsere Wehrmacht besteht nicht mehr. Das letzte Achtel des Reichs, das noch nicht besetzt ist, wird schnell vom Feind überrannt.

2. Mai: Englische Streitkräfte haben bereits Bargteheide (Luftlinie 5 km) besetzt. Der deutsche Widerstand bricht zusammen. Wir hoffen alle, daß es in unserem Dorf zu keinen schweren Kämpfen kommt. Versprengte deutsche Soldaten laufen kreuz und quer durch die Gegend. Jeder will so schnell er kann nach Hause.

Allmählich löst sich der Krieg in Wohlgefallen auf. Jersbek und Bargfeld wurden schon besetzt. Wir sind alle sehr froh. Bei den Soldaten heißt jetzt die Parole: nach Hause.

Wir haben noch keinen Tommy gesehen. Aber er muß täglich kommen.

3. Mai 1945: Hamburg wurde zur Offenen Stadt erklärt. Heute haben englische Truppen die Stadt besetzt. In Schleswig-Holstein stoßen britische Truppen zur dänischen Grenze vor. Die Russen haben ganz Mecklenburg besetzt. In Berlin ist der Nazi-Halunke Hans Fritzsche in russische Hand gefallen. Er behauptete, Hitler hätte Selbstmord begangen.

Heute haben sich im Norden Deutschlands 500000 deutsche Soldaten ergeben. [...]

Auch die letzten Prophezeiungen, die Adolf Hitler drei Wochen vor Ende seines Prophetenlebens verkündete, waren Versager. Es ist doch wieder anders gekommen, als Hitler voraussagte. Ganz anders. Er selbst ist tot. Berlin ist in russischer Hand. Die Wehrmacht hat kapituliert. Der Krieg ist zu Ende.

Auch Goebbels hat sich geirrt. Wie heute gemeldet wird, hat Joseph Goebbels Selbstmord begangen. Er nahm Gift. Die Russen fanden ihn in Berlin. –

»Der Krieg ist zu Ende!« Seit 5 Jahren, 8 Monaten und 8 Tagen haben wir sehnsüchtig auf diese Meldung gewartet.

Daß Deutschland den Krieg verloren hat, war seit 4 Jahren klar. Deutschland durfte den Krieg auch nicht gewinnen. Hätte der Nationalsozialismus triumphiert, wäre eine Katastrophe über Europa hereingebrochen, nicht nur über Europa; eine Katastrophe, die mit der heutigen gar nicht verglichen werden kann. Die europäischen Länder wären nie zur Ruhe gekommen. Die unterjochten Staaten hätten sich niemals mit der »europäischen Neuordnung« zufrieden gegeben. Überall Aufstand, Mord, Brand, neue Kriege. Jahrelang, jahrzehntelang. Völliges Chaos. Das wäre die unausbleibliche Folge gewesen, wenn das Böse triumphiert hätte, zunächst triumphiert hätte. Heute aber ist das Böse vernichtet. Europa und auch Deutschland beginnt mit dem Wiederaufbau.

4. Mai: Es werden unheimlich viele Fahrräder gestohlen. Deutsche Soldaten klauen Räder… Jeder will so schnell wie möglich nach Hause. Wer sein Stahlroß auch nur eine Minute unbewacht läßt, der sieht es nie wieder. Wir hörten allein von [?] Fahrraddiebstählen.

Heute haben einige englische Offiziere die Bauernhöfe nach deutschen Soldaten durchsucht.

Es wurde Befehl gegeben, daß jeder, der noch Waffen, Munition und Photoapparate hat, diese sofort beim Bürgermeister abzuliefern hat. In einigen Tagen sollen Hausdurchsuchungen erfolgen.

[Ca. ein Drittel dieses Blattes fehlt – abgeschnitten.]

Entlassene russische Kriegsgefangene bevölkern die Gegend. Die Bauern müssen Lebensmittel herausrücken. Bauern, die es nicht für nötig halten, den hungernden Russen etwas zu essen zu geben, haben schwer zu leiden. Bei ihnen bedienen sie sich auf unsanfte Art selbst. Auch Fahrräder werden viel gestohlen.

Ganz Wiemerskamp steht kopf. »Die Russen plündern!« »Die Russen sind alle Mörder und Verbrecher!« »Sie haben hier 'ne Kuh geschlachtet, sie haben dort 30 l Milch gestohlen, sie haben dies gemacht, sie haben das gemacht.« So geht es den ganzen Tag. Die Wiemerskamper haben verflucht schwache Nerven. In unserem Dorf ist nämlich noch gar nichts passiert, obwohl den ganzen Tag Russen hindurchwandern. Gewiß, sie waren oft bei uns und fragten uns nach etwas zu essen, aber wenn wir ihnen sagten: »Wir Hamburger, wir nix mehr, garnix mehr, alles weg!«, dann haben sie es gleich verstanden. Und höflich um Entschuldigung bittend zogen sie wieder ab. Es beruht alles auf Gegenseitigkeit. Wenn ein hochnäsiger Bauer Miene macht, die Hunde auf sie zu hetzen, dann kann es ihm allerdings schlecht ergehen. Aber das hat er dann auch verdient. Es ist auch bezeichnend, daß bei den als Nazis verschrienen Bauern am meisten gehaust wurde. Ein Bauer, der freiwillig gab, was die Russen brauchten, ist nie schlecht behandelt worden.

Die Panik dauert an. Obwohl die Russen nach wie vor nur in Jersbek und Langereihe plündern. Die Verrücktheit geht sogar so weit, daß zahlreiche Männer des Dorfes sich mit Knüppeln und Stangen zusammenrotten, wenn sich Russen dem Dorf nähern. Anstatt mit Knüppeln und Stangen sollte man ihnen mit Verständnis entgegenkommen. Russen können ebensowenig wie Deutsche von Luft und Liebe leben. Kein Bauer braucht in diesen Wochen nach der Stadt zu liefern. Wenn sich alle darin teilen würden, die Russen zu versorgen, dann wäre beiden Teilen geholfen. Aber sooft wir diesen Standpunkt vertreten, stoßen wir auf Verständnislosigkeit, Mißtrauen und empörte Ablehnung. Also plündern die Russen die Speisekammern weiter, und die Dorfbewohner schimpfen weiter.

Die Dummheit, die Dummheit, die leider so weitverbreitete Krankheit in Deutschland gibt sich auch jetzt, nach der Vernichtung des Nazismus, noch nicht!

Mindestens 20 verschiedene Russen waren schon bei uns, und keiner benahm sich unhöflich. Als wir wieder einmal zu einigen Russen sagten, daß wir ausgebombt seien, fragten sie, wie um sich zu entschuldigen, ob es russische Bomber waren, und waren ordentlich erleichtert, als wir antworteten, es seien die Engländer gewesen. – Ein anderes Mal baten drei Russen um Streichhölzer. Wir gaben ihnen eine Schachtel, sie nahmen ein Streichholz, zündeten sich ihre Zigaretten an und wollten uns die Schachtel zurückgeben. Als mein Vater sagte, sie sollten sie behalten, bedankten sie sich sehr und gingen davon.

Aber wie dem auch sei. Die Wiemerskamper beruhigen sich nicht. Viele vergraben Kisten und Koffer mit Kleidung im Garten. Und wenn Russenhaufen in Sicht sind, ziehen die Männer des »Knüppelvereins« los, haben aber nie »Feindberührung«. Ja, gegen Dummheit kämpfen Götter selbst vergebens. [...]

8. Mai 1945: Die bedingungslose Kapitulation Deutschlands wurde in Reims unterzeichnet. Auf deutscher Seite unterzeichnete Generalstabschef Jodl und Generaladmiral Friedeburg.

Dresden und Breslau in russischem Besitz.

Reichsmarschall Hermann Göring und Generalfeldmarschall Kesselring wurden in Kitzbühel verhaftet.

Großadmiral Dönitz gab das Ende des U-Bootkrieges bekannt und befahl den Unterseebooten, die Feindseligkeiten einzustellen und Heimatkurs zu nehmen.

Premierminister Churchill gab um 15.00 Uhr das Kriegsende bekannt. Der 8. Mai wurde in England und USA zum Tag des Sieges erklärt, der 9. Mai zum Tag des Sieges in der Sowjet-Union. Alle Welt feiert das Kriegsende.

Das Ende des Krieges in Europa!

Seit heute nacht 24.00 Uhr gilt der Krieg in Europa offiziell als beendet.

Die Ratifizierung der Kapitulationsurkunde fand heute nacht in der Aula der Technischen Hochschule in Berlin-Charlottenburg statt. Neben Vertretern Englands, der USA und Frankreichs war der Vertreter der Roten Armee, Marschall Schukow, anwesend. Die Vertreter der Wehrmacht waren Feldmarschall Keitel, Generaladmiral Friedeburg und Generalfeldmarschall Stumpff.

Deutschland ist besiegt!

11. Mai 1945: Der Nationalsozialismus geht in Schimpf und Schande unter. Die sog. »Hoheitsträger der Partei« benehmen sich nicht wie Helden. Millionen Menschen umzubringen, dazu waren sie in der Lage, ohne mit der Wimper zu zucken. Aber jetzt: ein erbärmliches Häuflein feiger, zitternder Mordbuben.

13. Mai 1945: Aus der lang vorbereiteten Japanreise ist also doch nichts geworden. Die drei Hauptmitglieder des »Reiseclubs«, Hitler, Göring, Goebbels, sind tot oder festgesetzt. Sie konnten dem Arm der Gerechtigkeit nicht entfliehen!

27. Mai 1945: Nur ein Fußballspiel!

Guderian, einer der eifrigsten Lakaien Hitlers, sagte nach seiner Gefangennahme zu den Amerikanern: »Laß uns nun die Hände schütteln wie bei einem Fußballspiel, nach dem der Unterlegene den Sieger beglückwünscht!«

Dieser furchtbarste aller Kriege war für Herrn Guderian nur ein Spiel. Er betrachtete es aus sicherer Entfernung als begeisterter Zuschauer. Je grausamer, desto interessanter für ihn. Als das »Fußballspiel« am 20. Juli 1944 plötzlich abzubrechen drohte, war er es, der Volk und Wehrmacht unter Drohungen aufforderte, weiterzumachen, denn es ginge um Sein oder Nichtsein des deutschen Volkes. Guderian erreichte sein Ziel. Das »Spiel« ging weiter. Es hörte erst auf, als ganz Deutschland »verspielt« war. Doch Generaloberst Heinz Guderian hütete sich wohlweislich, »mitzuspielen«. Er wußte seine Haut aus der Katastrophe heil davonzutragen. So weit ging die Vaterlandsliebe denn doch nicht.

Jetzt versucht er, der Zuschauer und Aufhetzer, als ein »ehrenvoll Unterlegener« noch ein paar billige Lorbeeren zu ernten. Die bösen Amerikaner hatten hierfür jedoch überhaupt kein Verständnis, und so erntete er leider nur ein Hohngelächter.

Das ist also der deutsche Militarismus. Bevor dieser für uns so verhängnisvolle »Sportklub« nicht ausgerottet ist, wird Europa nicht zur Ruhe kommen!

[...]

Juli: Hamburg hat sich an die Besetzung gewöhnt. Kinos und Opern sollen bald geöffnet werden. In der Musikhalle haben bereits Konzerte stattgefunden. Auch die Nazis kommen nicht zu kurz: Zahlreiche Bonzen, die irgendwelche Verbrechen auf dem Gewissen haben, schmoren entweder schon im Kerker oder harren noch angstschlotternd der Bestrafung.

Eine sehr unangenehme Angewohnheit haben die Tommys allerdings: Sie können sich das Rasen mit den Autos nicht abgewöhnen. Und obwohl sie größtenteils im Autofahren Meister sind, so kommt es doch hin und wieder vor, daß eine Straßenbahn oder dergleichen gerammt wird, was manchmal nicht ohne Tote oder Verwundete auf beiden Seiten abgeht. – Zeitungen sind sehr knapp geworden, da nur noch sehr wenig Papier vorhanden ist. Die Verpflegung ist ungefähr so wie in den letzten Kriegsmonaten. Aber doch ist das Leben ganz anders. Es gibt keine Fliegerangriffe mehr, jeder darf reden, wie ihm der Schnabel gewachsen ist, und keiner braucht mehr Angst zu haben, plötzlich einen Brief mit dem Vermerk »Gefallen für Führer und Vaterland« zu bekommen. [...]

1. August 1945: Nicht nur in Deutschland gibt es Kriegsverbrecher. In allen Vasallenländern waren solche Elemente zu finden. Diese wurden jedoch zumeist schon ihrer gerechten Bestrafung zugeführt. Da war zunächst Hitlers italienischer Komplize und Busenfreund, Benito Mussolini. Mit ihm wurde kurzer Prozeß gemacht. Er wurde kurzerhand erschossen und dann in Mailand zur Schau aufgehängt. Nach dem, was er dem italienischen Volk eingebracht hat, kam er viel zu leicht davon. Die Italiener verdanken ihm 4 Kriege, ca. 1 Million Tote, ein zerstörtes Vaterland und verlorene Kolonien.

2. August 1945: Nun komme ich zu denen, die sich Führer des deutschen Volkes nannten.

Es ist still geworden um jene, die bei allen möglichen und unmöglichen Gelegenheiten ihre Lobgesänge auf den Führer und die Partei erschallen ließen, die von Heldentum und Opfergeist redeten, während sie sich diebisch darüber freuten, daß sie selbst es nicht nötig hatten, diese Eigenschaften zu beweisen, sondern das getrost den Soldaten in den Drecklöchern an der Front überlassen konnten.

Wo sind diese »wertvollsten Menschen des deutschen Volkes«, wie es einmal im Rundfunk hieß, heute? Sie sitzen alle zusammen in einem Hotel in Mondorf in Luxemburg!

Diesmal aber ohne Luxuszimmer und Saufgelage. Jeder hat nur einen Raum, in dem sich nichts weiter befindet als ein Feldbett mit Strohsack, ein Tisch und ein Stuhl. Auch das Essen läßt zu wünschen übrig. Von Gänsebraten und Gänseleberpasteten, woran man so gewöhnt war, keine Spur. Nicht mal ihre betreßten Uniformen hat man ihnen gelassen. Jeder muß in gewöhnlicher Kleidung einhergehen, und zu allem Überfluß wurde ihnen statt des goldenen Parteiabzeichens eine Nummer auf die Heldenbrust geklebt. Auch redet man sie nicht mehr mit »Herr Reichsmarschall, Herr Reichsminister, Herr Feldmarschall, Herr Gauleiter« an, sondern es heißt einfach »Nr. 15, Nr. 16, Nr. 17, Nr. 18.«

Großadmiral Dönitz beschwerte sich auch gleich bei General Eisenhower, daß man ihn mit einer Nummer auf der Brust photographiert habe, während Generalfeldmarschall Keitel sich in einem Brief an Eisenhower beklagte, man habe ihm seinen Marschallstab weggenommen. Ich glaube, diese Verblödeten wissen nicht, wie lächerlich sie sich damit machen.

52 Naziführer befinden sich in Mondorf, unter ihnen Göring, Ribbentrop, Ley, Rosenberg, Streicher, Schirach, Conti, Backe usw. Rings um das Hotel befinden sich Stacheldrahtzäune und MG-Posten. Die Gefangenen tragen aus verständlichen Gründen keine Schuhbänder, Gürtel und Hosenträger. Rasiert werden die ehemaligen Hoheitsträger der Partei von deutschen Kriegsgefangenen. Das Messer muß jedoch nach jeder Rasur wieder abgegeben werden. Auch Spiegel besitzen sie nicht. Selbstmord ist also schlecht möglich.

Die Nazis benehmen sich nicht wie Helden. Im Gegenteil; das heulende Elend hat sie gepackt. Hermann Göring läuft in seiner Kammer auf und ab und stöhnt unablässig:

»Sie werden mich umbringen!« Er ist von einer panischen Angst befallen. Bei einem Gewitter bekam er beinahe Herzkrämpfe. Es war schon immer so: Je brutaler der Mensch, desto feiger. 30 Pfund hat er schon abgenommen. Auch Robert Ley ist völlig zusammengebrochen.

Julius Streicher, der Judentöter, brach kürzlich in Tränen aus, als sich ihm ein amerikanischer Soldat als Jude zu erkennen gab. »Jetzt merke ich«, schluchzte er, »daß die Juden gar nicht so schlecht sind, wie ich dachte.« Ob er wirklich glaubte, daß ihn diese Tränenkomödie vor dem Galgen retten könnte? Nur Herr Ribbentrop spielt noch den Empörten! »Mich – als Kriegsverbrecher behandeln?? Unerhört!!«

Da sitzen sie nun, die erbärmlichen Lumpen, die Millionen unschuldiger Menschen auf dem Gewissen haben, und warten auf ihre Aburteilung. In London wurde bekanntgegeben, daß ihnen so bald wie möglich der Prozeß gemacht werden soll.

Ullrich S., 1949.
Nach dem Abschluß seiner Schulzeit
wurde er Reporter.

FRAUEN ZU HAUSE

Als Hitler tot war

Erika S., Hamburg

4.6.42: Ach, wenn doch dieser unselige Krieg nur bald zu Ende ist! Nichts zu essen, und dann dieses viele, grausame Morden, es ist zu schrecklich, überhaupt, wenn man an alle die Opfer und Hinterbliebenen denkt. Wie viele junge Menschen nun schon ihr Leben für die teuflische Sache Hitlers lassen mußten, weiß man gar nicht, es ist nur noch ein gewaltiges Morden. »Du oder ich« heißt es an der Front, und da geht natürlich jedem Menschen sein eigenes Leben vor. Ich würde mich bestimmt nicht zum Soldaten eignen, andere könnte ich bestimmt nicht töten, höchstens **Nazis**, bei denen würde ich wohl kaltschnäuzig sein können. Aber in mir ist gar kein Haß, nur Liebe, unsagbare Liebe zu ihm, meinem lieben Funker X aus dem 3. Glied!

15.2.43: Feier zum Gedächtnis an Stalingrad. Geigenunterricht. Wir übten das Bachkonzert. Ich zeichnete auf einen Bogen graues Papier lauter Schlittschuhläuferinnen. Heiner zerbrach 2 Federhalter und schmiß sie aus dem Fenster. So was Bolschewistisches! [...]

3.8.43: Ja, nun bin ich arm wie eine Kirchenmaus, denn Herr K. ist heute aus Hamburg zurückgekommen und brachte uns die Nachricht, daß wir alle total Bombengeschädigte sind. Ich weiß nicht, wo Vati und Mutti stecken. Ich glaube, ich drehe durch, wenn ich nicht bald Nachricht bekomme.

7.9.43: Nun muß ich mein Büchlein beschließen. Es wird aber im nächsten II. Teil fortgesetzt werden. Zur Beruhigung als Abschluß: Vati und Mutti kamen nach Niederviehbach und waren heil und gesund. Ich war ja so unendlich froh! Alles war gut.

7.9.43: Glashütte bei Hamburg. Nachdem ich mein Büchlein nun einmal gefüllt habe, geht es »auf ein Neues«. Das erste Büchlein könnte ich nennen: »I. Teil: Ohne Sorgen ums Leben, mit Besitz!« Dieses könnte vielleicht heißen: »II. Teil: In Armut.« Aber das kann man vorher noch nicht so ganz genau sagen, vielleicht werde ich es am Ende auch nennen können: »Hinein in die Befreiung!« Ich will nämlich ab heute auch den politischen Werdegang ein wenig festhalten, denn der ist

später vielleicht von großem Interesse! Wir hoffen, daß es jetzt rasend mit dem Krieg zu Ende geht. Unser liebes, so schönes Hamburg ist auch todwund, und wir sind mit unter den Totalgeschädigten. Aber wir haben unsere gesunden Knochen behalten und außerdem unsere Gesinnung! Wer will uns da etwas anhaben? [...]

5.10.43: Politisch liegt die Lage jetzt etwa folgendermaßen: Die Engländer haben in Italien Fuß gefaßt, Neapel ist in ihrer Hand. Im Osten gehen unsere Truppen zurück. Sie stehen schon hinterm Dnjepr. Kassel, Hannover, München, Braunschweig und andere Städte sind schwer angegriffen worden. Wie das wohl weitergehen soll! [...]

6.6.44: Die Invasion hat begonnen! Die Nachricht erreichte uns heute in der Schule. Alles jubelte! Oh, diese Unüberlegtheit der Mädel! Ich war ganz still. Ja, es bringt nun ja die Entscheidung; die Entspannung ist doch bemerkbar. Ob der Krieg nun wohl in diesem Jahre zu Ende geht? **Gestern,** am 5.6., fiel **Rom**! Ist doch eine komische, grausame, unfaßbare Zeit: Schon nach einem Tag scheint es uns nicht so wichtig. – Die Invasion muß furchtbar sein. **Bombenteppiche** fallen stundenlang ohne Unterbrechung. Die armen, armen

Breloer: Wie war das Gefühl für ein junges Mädchen, solche Sätze hinzuschreiben?

Erika S.: Das weiß ich nicht. Also das Tagebuch war für mich etwas, das nahm ich raus, das schleppte ich in der Schultasche, Sie

sehen, ich hatte auch kein Papier. Ist alles immer so zusammengestückelt gewesen. Und immer, wenn ich irgendwo Zeit hatte, dann setzte ich mich hin und schmierte da was rein. Da habe ich ja keine Schönschrift gemacht, sondern irgendwie Befreiung, rein damit. Man wurde etwas los, das stimmt schon.

Breloer: Man hat sich auch vielleicht, so kommt es mir vor, Bedeutung gegeben. Es ist ein bißchen Theatralisches dabei.

Menschen. Heute nacht, um 1.00 etwa, hat die Invasion begonnen! Eine Stunde nach Mitternacht kamen die ersten Lastensegler. Zwischen Cherbourg und Le Havre tauchten sie auf. Große **Luftlandetruppen** wollten Flugplätze haben, ungeheures Bombardement setzte ein. Um 4.00 landeten die ersten aufmarschierten Seestreitkräfte. Caen, Bayeux, Trouville sind die Hauptpunkte bis jetzt. (Ich schreibe in Stichworten mit, was der Rundfunk sagt.) Äußerst schwere Kämpfe, unzählige Tote! Schon jetzt zerschlagene Feindpanzer, Gefangene ... Unvorstellbar! Warum muß man in dieser Zeit leben? Ja, sie ist **groß,** aber schwer, so schwer, und ich möchte nur dies alles noch überleben, um am Aufbau teilnehmen zu können und noch einmal das Leben genießen zu können. – Ganz Europa ist in Aufregung und verfolgt mit Spannung die Ereignisse. Wie läuft der Kampf aus? Die Landungstruppen haben es bestimmt sehr, sehr schwer, aber ich glaube, sie werden sich halten.

Nun schreibe ich aber auch laufend Tagebuch, damit die Ereignisse für später festgehalten werden.

Am **18.5.** habe ich zum 1. Male unterrichtet. »Hund und Katze« und »Einführung des tz« hieß das Stundenthema. Die Kinder waren süß, und es hat alles so geklappt, wie ich es mir gedacht hatte.

Erika S.: Es ist nicht nur ein bißchen, wenn ich das jetzt heute höre, dann finde ich das nicht nur ein wenig theatralisch, dann finde ich das also doch arg übertrieben. Und ich würde sagen, wenn das jemand anders geschrieben hätte: Das muß ja eine schreckliche, überspannte Kitschtante sein. Nur das ist ja wahrscheinlich aus der vorpubertären Phase, rechnen Sie aus, wie alt ich da war.

Breloer: Nach dem 20. Juli 1944 ist dann Ihr Vater abgeholt worden?

Erika S.: Ja, aber erst Anfang September war der Einsatz. Und da erreichte mich dann Muttis Brief, und im Brief, das gehörte noch dazu, da stand zum Beispiel dann nicht drin: Vati ist verhaftet, sondern da stand immer: Vati ist wieder zum Angeln. »Zum Angeln« hieß, er ist wieder abgeholt, und das ging durch die ganzen Jahre. Als ich klein war, als ich sechs war, war es das erste Mal, da war ich im Kinderheim, und da hat mir Mutti vorher gesagt: Wenn sie Vati

21.7.44: Gestern ist noch allerhand geschehen. Ich habe mir ein hübsches Kleid gekauft. Beinahe wäre ich leichtsinnig geworden und hätte ein »Wiener Modell« genommen, aber ich sah noch rechtzeitig den Preis, und außerdem habe ich ja auch schon ein hübsches weißes Kleid...

[...] Es ist etwas ganz Dolles passiert! Eine Gruppe von Offizieren hat einen Mordanschlag auf den Führer unternommen. Der Führer lebt noch, er ist unverletzt. Die Attentäter sind schon alle tot, entweder hingerichtet oder Selbstmord. So gefährlich ist es jetzt schon für den Führer, daß er seinen eigenen Kreisen nicht mehr trauen kann! Jeder, der jetzt etwas auf den Führer sagt, wird erschossen. – In Japan ist das ganze Kabinett Tojo zurückgetreten. Da ist es also mulmig. – Die Front sieht beängstigend aus. Die Russen wälzen immer näher heran, sie sind noch 60 km von der ostpreußischen Grenze entfernt! Die Engländer und Amerikaner rücken in Frankreich immer mehr vor. Wie sich wohl alles noch entwickelt? – Tante Irma hat geschrieben, Walli und ich sollen zu ihr kommen. Ich muß ja in die KLV und dort meinen 3wöchigen Ferieneinsatz ableisten. Auf dem Hinwege will ich zuerst nach Benno ins Lazarett und dann zu Tante Irma. An meinem Geburtstag muß ich ja aber schon wieder weiter, denn am 10.8. beginnt der Einsatz. [...]

---

wieder abholen, schreibe ich, er ist zum Angeln. Das braucht man die ganzen Tanten da nicht zu wissen lassen, daß dein Vater da im Zuchthaus in Fuhlsbüttel sitzt. Merken Sie, daß das schon ein bißchen vorsichtig ist? Am liebsten hätte man da ja Dampf abgelassen. Aber da war ich ja auch schon ein bißchen älter.

Breloer: Ich frage mich trotzdem, es ist gewagt, was Sie hier eintragen.

Erika S.: Das ist schon gewagt?

Breloer: Das geht weiter so in dem Stil, daß Sie...

Erika S.: Ja, das kann sein. Ab und zu habe ich wahrscheinlich im Buch fix Dampf abgelassen, was gefährlich war.

Breloer: Da frage ich mich, wo die Gestapo Ihren Vater doch so häufig, da er Sozialdemokrat war, abgeholt hat, ihn verdächtigt hat, beteiligt zu sein. Sie mußten damit rechnen, daß ein solches Tagebuch denen in die Hände fällt?

24.7.44: Politik: Ein kurzer Lagebericht: Die Invasionsküste macht uns nun doch Sorgen, denn die Engl. und Amerikaner haben sich festsetzen können, haben schon Cherbourg und Caen und kommen immer weiter ins Land hinein. In Italien auch erbitterte Kämpfe, die Landungstruppen sind offensichtlich in der Übermacht. Rom ist nun schon lange, lange aufgegeben, die Front rückt immer weiter nach Norden, den Alpen zu. – Am schlimmsten aber sieht es im Osten aus. Die Russen haben schon Grodno, Bialystok, Lemberg, Brest-Litowsk, und jetzt sind Kämpfe bei Kauen (Kowno). Dort ist auch Onkel Erni, und Tante Hannchen hat große Angst um ihn. In Ostpreußen hört man schon das Grollen der Front. Wie weit will die russische Dampfwalze denn noch rollen? – München ist vollkommen entzwei. Paul geht es noch gut, aber sein bester Kamerad hat beim letzten Angriff sterben müssen. Das liebe, schöne München!

Nun geht es wohl auch uns noch an den Kragen. In der letzten Nacht hatte ich die allerschlimmste Angst meines Lebens. Ich war erbärmlich feige!

Um ½ 12.00 gingen Vati und Mutti und Walli ins Bett. Ich rollte mein Haar auf (weil ich für Benno schön sein will, falls er morgen kommt!) und höre um 12.00 noch die Luftlagemeldung. Es sind einzelne Feindflugzeuge über Nordwest-

---

Erika S.: Ja, damit mußte ich unbedingt rechnen. Denn als ich kleiner war, 1934, ist Vati ja für viele Jahre länger weggewesen, und das weiß ich, das stimmt. Da haben sie die ganzen Puppenstuben auseinandergenommen, die Puppenmöbel, alle Bilderbücher mitgenommen und alle Spielsachen. Und haben zum Beispiel zu Mutti als Kommentar gesagt: »Also, Ihre Kinder brauchen so was nicht.« Also das stimmt, das habe ich wohl dann da vergessen. Spiel mit dem Feuer? Bewußt ganz bestimmt nicht, da hatten wir zuviel Angst.

Breloer: Ihre Eltern wußten das, daß Sie so etwas aufschreiben?

Erika S.: Nein, Mutti wußte, daß ich Tagebuch schreibe, aber nicht, was ich schrieb. Sie ist ja nun keine permanente Schnüfflerin gewesen. Ja, war vielleicht gefährlich, aber das fand ich noch nicht so doll. Dafür wäre ich wahrscheinlich nicht zum Tode verurteilt worden.

deutschland. Aha! Da gibt es also noch etwas. Soll ich Vati wecken? Lieber nicht. Bevor ich schlafe, heulen schon die Sirenen Voralarm. Bald danach gibt es schon Fliegeralarm. Wir schleppen die Koffer in den Keller. Der Drahtfunk meldet, daß 1 Feindverband auf unsere Stadt fliegt. Ob es uns heute gilt? Mein Herz klopft doch ein wenig, denn ich möchte doch wenigstens so lange leben, bis Benno kommt!

Der Drahtfunk meldet: »In 4 Min. kann ein mittlerer Angriff auf unsere Stadt erfolgen. Es sind 100–150 Feindflugzeuge.« Na danke! Mir genügt es. Ich laufe am liebsten jetzt noch in den Hochbunker, denn im Hauskeller habe ich immer ein furchtbares Gefühl der Unsicherheit, während ich mich im Bunker geborgen fühle. Mutti und ich liegen in einem Luftschutzbett. Ich habe mein Gesicht zur Wand gedreht. Die Tränen laufen mir über das Gesicht. Vor Angst? Vor Kummer über das Warten auf Benno? Oder weiß ich selbst nicht, warum ich weine? – Draußen schießt es nun schon. Ich bin besonders unruhig und ängstlich, weil Vati und Mutti mich etwas angeschnauzt haben, weil ich Angst im Keller habe. Sie haben aber recht, durch Jammern wird es auch nicht besser. Ein Orgeln draußen, Höllenlärm!! Die ersten Bomben fallen. Aber seltsam, jetzt, als die Bomben fallen, schwindet die feige, erbärmliche Angst, die ich selbst auch so sehr hasse.

Breloer: Zum Tode vielleicht nicht, aber vielleicht ganz einfach eingesperrt worden?

Erika S.: Ja, Gott, damit mußte man ja jeden Tag rechnen. Damit mußten Sie in der Schule rechnen. Wenn man sich, wie ich z. B., das erinnere ich, versprach, einmal beim Wehrmachtsbericht. Es hieß da zum Beispiel: »Erika, halten Sie bitte heute den Wehrmachtsbericht.« Und das erinnere ich, da wurde nämlich bei mir nicht nur Aachen beschossen, wie im deutschen Wehrmachtsbericht durchkam, sondern ich verplapperte mich dann. Und es hieß dann: »Was, Aachen wird schon beschossen?« Und ich sagte: »Nicht nur Aachen, sondern schon Köln.« Und da war es raus. Und das hatte ich vom Abend vorher. Immer wenn Alarm war, konnte man ungestörter den Engländer hören. Und dann sagte die Lehrerin: »Wir gehen nachher runter und hören beim Hausmeister den Wehrmachtsbericht an.« Und da habe ich zwei Stunden sehr gezittert, ob es jetzt

Ich zittere am ganzen Körper, aber die Angst sitzt mir nicht mehr in der Kehle. Ich habe zum 1. Mal im Leben vor Angst gezittert! Der Mensch kann sich wohl zusammennehmen, aber dieses Zittern, dieses abscheuliche Zittern kann der Wille nicht verhindern, jedenfalls bei mir nicht, und meine Beruhigung ist es, daß Mutti auch zittert! Vati hat uns soeben gesagt, daß über uns eine Unmenge Tannenbäume stehen, da wird es also gleich losgehen!! Im nächsten Augenblick schon sausen die Bomben, kracht und knallt die Flak. Unsere Röcke fliegen im Keller hoch, der Fußboden scheint sich zu heben, die Tür schleudert in den Angeln. Es dauert ziemlich lange, bis der Bombenfall abflaut. Die Flugzeuge fliegen ab. Und wir leben! Ich kann es kaum fassen! Selig schleppe ich die Koffer empor, als Vorentwarnung ertönt. Bei Entwarnung legen wir uns ins Bett. Plötzlich brummt draußen ein Flugzeug; es brummt ganz eigenartig, immer langsamer, dumpfer und lauter. Ich denke, die »Nachtjäger« kehren vom Feindflug zurück. Plötzlich werde ich mit einem Schlag hellwach, eine ohrenbetäubende Detonation reißt uns alle hoch. Ob da wohl ein Flugzeug heruntergekommen ist? Ich gehe auf den Boden und blicke aus der Bodenluke zur Innenstadt. Ich kann 9 Feuer zählen, 4 davon sind besonders groß und hell. Die Flammen lecken begierig, hungrig, ja schaurig zum Himmel.

---

im deutschen Wehrmachtsbericht soweit ist, habe aber nur gehofft und vertraut, daß die Amis so schnell sind, daß es nun einen Tag später auch im deutschen war. Zu meinem Glück war es.

Breloer: Sie haben dann einen Brief an Heinrich Himmler geschrieben, der im Tagebuch auch vollkommen erhalten ist?

Erika S.: Ja, das war…, war das nach 1944?

Breloer: Ja, Sie wollen, daß Ihr Vater freigelassen wird.

Erika S.: Ja, da habe ich schon mal Erfolg mit gehabt, das war 1938.

Breloer: Glauben Sie das?

Erika S.: Ja, das weiß ich ganz genau. Ich hatte 1938 Erfolg damit. Ich hatte einen Lehrer, Herrn L., und der war ganz überzeugter Nationalsozialist. Aber irgendwie schätzte er unsere Familie oder mich oder meine Mutter oder uns alle. Und dann habe ich gesagt: »Was machen wir denn? Vati war zu zweieinhalb Jahren Zuchthaus

Die Nacht ist unheimlich. Ich sitze auf der Leiter und blicke aus dem Dachfenster. Mir kommt hier oben, auf dem einsamen Sitz, so recht das ganze Elend zum Bewußtsein. Wie sieht die Welt aus, und **wie arm** sind doch heute alle Menschen. Hab und Gut haben ihren Wert verzehnfacht, aber man verliert doch alles. Arm und nackt ist man und muß auch noch täglich neu um sein kleines, so geliebtes Leben Angst haben. Warum? Dieses Wort kommt mir plötzlich hoch, ohne daß ich es will. Ich schreie es hinaus, 1, 2, 3 mal! Was mache ich? Ich benehme mich unmöglich, mir laufen die Tränen herunter, ich bin froh, daß mich niemand sieht... Ich steige langsam hinunter, die Leiter wackelt, ich falle beinahe hinunter. Ach, das Elend muß nun aber wirklich bald aufhören. Es ist zuviel, was die Menschen tragen müssen. – Benno, wann kommst Du?

Mit diesem Gedanken schlief ich ein.

29.8.44: Vorletzter Tag in Donauhof... Meinen Vati haben sie wieder verhaftet! Meinen lieben Vati, der doch nichts getan hat! Mutti schrieb es mir gestern schon, und nun fahre ich morgen schon, weil ich meine Mutti nicht allein lassen möchte. Ich habe gleich an Himmler folgende Zeilen geschrieben:

---

verurteilt, jetzt ist er schon wieder eineinhalb Jahre in Sachsenhausen. Und wie kriegt man den raus? Haben Sie eine Adresse für mich?« Und dann hat er mir damals die Adresse von der Reichskanzlei gegeben, und ich habe mit zwölf Jahren geschrieben und hatte einen regen Briefwechsel. Wenn der erhalten wäre, wäre es nett. Als Kind, immer mit Antwort und per Sie. Immer: Ihr Gesuch wird weitergeleitet. Und es hat einundeinviertel Jahr gedauert, aber dann kam Vati wirklich raus. Da mußten Mutti und ich zur Gestapo kommen, und da sagte ein sehr netter Mann, menschlicher Mann, es gab auch Menschen dort, der sagte zu uns: »Ist es nicht schrecklich, ich habe jetzt Bescheid von Sachsenhausen, daß Ihr Vater und Ihr Mann nicht zu entbehren ist. Er ist hier im Lager nicht zu entbehren. Er ist in einem Block, wo immer Unruhe herrschte, und seitdem er hier ist, herrscht jetzt Ruhe.« Das stellen Sie sich mal vor. Das ist ein Grund, um jemanden länger festzuhalten, als das

»An den Reichsführer SS, Heinrich Himmler.

Heute erreichte mich während meines Ferieneinsatzes in der KLV die Nachricht, daß mein Vater, der Arbeiter Walter Sch., geb. 3.2.1901 in Hbg., am 23.8.44 von der Geheimen Staatspolizei verhaftet worden ist.

Mein Vater war seit Beginn 34 – Okt. 38 bereits in Haft, da er vor 1933 der SPD angehörte und Bürgerschaftsmitglied war. – Unsere Eltern haben mich und meinen 14jährigen Bruder ganz im nationalsozialistischen Sinne erzogen. Meine Mutter ist Mitglied des Deutschen Frauenwerkes, mein Bruder ist seit Jahren in der HJ, und ich selbst bin seit 1943 BDM-Führerin und Gruppensingewartin, nachdem ich schon vorher 1½ Jahre Mitglied des Bannorchesters Hamburg war (421); dem Gebietsorchester gehöre ich seit einigen Wochen wieder an, da wir eine Wohnung in Hbg. bekommen haben.

Seit April 44 bin ich Mitglied der NSDAP und habe mich bisher immer und überall für unsere Idee eingesetzt.

Ich bitte Sie nun, Herr Reichsführer SS, Himmler, den Fall prüfen zu lassen, da es mir aus unserer Haltung und Einstellung heraus unerklärlich ist, welche Gründe vorliegen könnten, meinen Vater in Haft zu halten.

Heil Hitler

Den 24. August 44«

Strafmaß war. Aber dann kam er im Herbst tatsächlich raus. Zwar nicht für lange. Herbst '38 – und dann natürlich einen Tag vor Kriegsausbruch vorsichtshalber wieder.

Breloer: Warum haben Sie diesen Brief in das Tagebuch übernommen?

Erika S.: Ja, wahrscheinlich, Durchschläge und Durchtippen gab es nicht. Wollte ich wahrscheinlich ruhig da drin haben. Auch wie man sich verstellt hat, das ist ja eine reine –, nicht nur Verstellung, das ist ja Heuchelei. Es war ja aber nötig. Auch meine Mutter haben sie ein paar Tage weggeholt, als wir Kinder waren, und haben gesagt: »Ihre Kinder kommen ins Waisenhaus.« Und dann wächst ja doch eine gewisse Rache gegen alles, was nationalsozialistisch ist. Wenn Sie nun in dieser Zeit Menschen kennenlernen, die überzeugt sind vom Nationalsozialismus, und sie merken, daß der trotzdem menschlich ist, dann sind Sie schon in einem ganz

Himmler

Ich rechne nicht damit, daß der Herr Himmler Gnade zeigen wird, aber ich darf nichts unversucht lassen, meinen Vati freizubekommen, denn ich bin jetzt groß genug, um mit Mutti gemeinsam um Vati zu kämpfen. Damals war ich ja noch ein Kind, jetzt kann ich schon als Erwachsener angesehen werden. –

[…]

Mein Vati, wenn wir Dich nur erst wiederhaben. Aber wir bekommen Dich heraus, Vati, wir müssen es! Du wirst sonst krank. Du bekommst jetzt so schlechtes Essen dort, und dann bei Alarm! Nein, wir müssen in dieser Zeit zusammen sein.

Wieder in Hamburg, 10.9.44: Ja, nun bin ich wieder hier, und viel, sehr viel hat sich ereignet. […] Ja, und Vati war noch nicht da, als ich kam. Mutti und Walli und Onkel Arthur holten mich vom Hauptbahnhof ab, wir kamen ohne Alarm nach Hause. Im Haus lagen 2 Briefe, von Paul und von Benno. Gott sei Dank, Paul ist noch aus Frankreich zurück-

---

starken Zwiespalt. Die echten Freunde, die aller-echtesten Freunde, das war immer Margot, die auch verfolgt war, die kannte ich seit dem sechsten Lebensjahr. Und Margot war so eine ganz kleine Vierteljüdin, durch irgendwelchen Zufall. Aber sie war deswegen verfolgt, und wir mochten uns auch noch. Aber bei Usch war es eben so, daß ich da wirklich hin- und hergerissen war. Sie war offen, sie war ehrlich, nur, sie war eben überzeugt vom Nazi-Ideal, und als sie tot war, da kam eben dieses Schreiben, daß ich dachte, na, vielleicht, wozu es gut ist oder so. Aber ich wußte schon, dieser Schmerz, der mich dann doch überfiel, anzeigen könnte ich hinterher keinen.

Breloer: Aber Sie hatten Phantasien über die große Abrechnung?

Erika S.: Oh ja, die haben wir gehabt. Die haben Margot und ich gehabt, als sie Margots Mutter abholten nach Theresienstadt. Und gekommen, und nun ist er in Mannheim. Am 1.9. ging ich noch nicht wieder zur Schule, sondern nur zu Prof. G., um mich bei ihm zu entschuldigen. Wir erzählten ihm alles von Vati, und er zeigte größtes Verständnis. Dann gingen wir zur Gestapo. Die Männer waren alle sehr nett, und sie machten uns die größten Hoffnungen. Am Sonnabend waren wir noch einmal wieder auf der Gestapo, da wurden wir mit einer kalten Dusche empfangen. Wir mußten vom einen zum anderen laufen, alle hatten unterschrieben, aber die Akte war nicht zu finden. Der Leiter, Oberregierungsrat B., machte uns einen Strich durch unsere Hoffnungen, weil er als »Oberster« das Gesuch nicht unterschreiben wollte. Nun mußte Vatis Akte erst nach Berlin, und wir müssen warten, was nun wird. Wir haben nun keinen Pfennig Einkommen, aber unsere Postsparbücher sind ja zum Glück noch da. Am meisten leid tut uns immer unser Vati, der nun eingesperrt ist und nicht einmal bei Alarm in den Keller kommt! Wie die Schwerverbrecher! Es ist halt nicht mehr auszuhalten, wie man in Deutschland behandelt wird. Dabei tut man doch alles, um nicht aufzufallen.

21.9.44: Vorgestern, am 19.9., bekam ich endlich Post von Paul! Er darf nicht schreiben und hat mir die Zeilen auch nur heimlich geschickt. Er schreibt, er hat augenblicklich eine

»Vati«

dann hat Margot sich bei uns auch noch einige Tage versteckt, mochte nicht nach Hause gehen. Mein Vater war versteckt, meine Mutter war im Krankenhaus, und wir beide hausten denn da und haben nächtelang Pläne geschmiedet, was wir alles tun wollten. Und als wir aber nicht wußten, wie man sich rächen kann, haben wir damals dann gesagt, wir gehen in die Politik. Das war eben bei uns abgemacht. Ja, keiner von uns ist in die Politik gegangen.

Aufgabe zu erfüllen, die ihm nicht leichtfällt und über die er mit mir bei aller Offenheit nicht sprechen möchte. Paul, was machst Du bloß für Sachen! Hoffentlich mußt Du keine Schweinereien verrichten, das wäre ja schrecklich! Wenn doch bloß dieser wahnsinnige Krieg bald ein Ende hätte. Man weiß wirklich nicht, was werden soll, wenn es nicht bald aus ist! Wie viele dumme Menschen gibt es doch bloß noch!

Die Landung in Holland ist jetzt »öffentlich«, es sind allerlei Truppen! Heute steht in der Zeitung: »Briten bei Arnheim vernichtet!« Ja, aber wie viele? Alle? Oder 100? Es ist zum Lachen!!! Und dabei haben die Truppen bald die Verbindung mit den anderen, die aus Belgien vorstoßen! Gefallen sind inzwischen an Städten: Nancy, Aachen schon seit Tagen, Brest ist aufgegeben, Echternach (in Luxemburg) gefallen, ja, und Luneville kommt wohl morgen auch an die Reihe. Seit **zwei** Tagen haben wir schon keinen Alarm mehr gehabt, **nur Vorwarnung**, ist das nicht toll? –

Finnland hat nun auch die Bedingungen für den Waffenstillstand bekommen. In der Zeitung steht: »Finnland ist in sein Verderben gestürzt«, »Finnland im Abgrund«, »Mannerheim wußte um die tödlichen, vernichtenden Bedingungen!« usw. usw. usw.!! Ja, nun möchte ich nur wissen, ob Finnland oder Deutschland **besser** dran ist? Welches Land steht denn **näher** am Abgrund? In welchem Land werden **mehr** Opfer gebracht? Ach, wenn man über diesen Wahnsinn in den Zeitungen nachdenkt, weiß man wirklich nicht mehr, ob nun alle Welt wahnsinnig oder ob man selbst nicht mehr ganz dicht ist! Aber auf unser Gehirn kann man noch bauen; das muß man ja auch, denn wir werden bald viel Arbeit bekommen. Nun hat es geheißen, alle Pg. sollen »entfernt« werden, na, da blüht mir ja auch noch ein herrliches Los! Hoffentlich drückt man ein Auge zu, sonst wandern nach diesem 10jährigen Schrecken noch einmal Verkehrte in die Verbannung oder ins Jenseits, und wir haben doch im letzten Jahrzehnt bestimmt genug für unsere Gesinnung dulden müssen. Ich bin schrecklich leichtsinnig, schreibe hier Dinge in mein Tagebuch, die mir leicht den Hals oder Kopf kosten können! Aber so weit wird es wohl hoffentlich nicht mehr kommen. [...]

22.1.45: In der Welt hat sich viel, **sehr** viel ereignet! Die Russen **stürmen** nach Westen, in einem Tempo, daß die Welt nur staunen kann. Wenn es so weiter geht, sind sie bald in Danzig! Der »Traum« Litzmannstadt ist auch ausgeträumt. Es heißt wieder Lodz. Die Russen sind noch 280 km von Berlin entfernt! Und wir waren mal im Kaukasus und kurz vor Moskau! Nun hoffen manche Deutsche auf ein Wunder, wie es damals in Rußland geschah! Dabei rechnet aber niemand damit, daß Rußland damals erst im Ural mit dem Aufrüsten anfing, während wir doch kurz und klein sind überall! Wenn einige Verrückte noch daran glauben, daß der Krieg gewonnen werden kann, dann sind sie entweder wirklich verrückt (!!), oder aber sie betreiben »Vogel-Strauß-Politik«, reden sich ein, daß es noch gar nicht so schlecht stehen **kann**, und hoffen in ihrer Dummheit und Schlechtigkeit auf »ihr Wunder«, weil sie genau wissen, daß es ihnen an den Kragen geht. Oder gibt es wirklich Fanatisten, die an das Gute der Sache glauben? Solche Menschen kann ich schon ganz und gar nicht verstehen, weil ich so etwas nicht begreife.

Na, laßt man erst die Engländer herkommen! Frau G. meinte heute, sie wolle uns »beschützen«, denn sie kann perfekt Englisch und hat schon beim engl. König vorgespielt! Aber ich habe sowieso keine Angst vor den Engländern, ich sehe in ihnen nur die Befreier, die uns vom Nazijoch erlösen! Ach, wenn es doch erst soweit wäre!! Ich bin schon so voller Erwartung! Menschenskind, stellt Euch doch nur vor, daß man dann wieder sagen darf, was man **will**, man kann wieder eine eigene Meinung haben, und nicht nur das: Man darf sie auch äußern! So etwas kennt man heute gar nicht mehr. Herrgott, kann die Welt schön sein! Kann sie **schön werden!** Wenn ich doch nur eine Freundin hätte, der ich alles, alles sagen kann! Marlis ist auch kein Nazi, aber sie hat doch ein wenig Angst vor den Russen und dem Kriegsende. Aber sie ist eben ganz und gar unpolitisch, man kann in gewisser Weise aufklärend auf sie einwirken, aber wenn ich ihr gegenüber alle meine Gefühlsausbrüche laufen ließe – dann wäre es doch vielleicht gefährlich für mich, weil sie es nicht verstehen würde.

[...]

4.3.45: Es war ein strahlendes Frühlingswetter, und auch in der Schule war es morgens sehr schön gewesen. Ich hielt meinen Wochenbericht, und R. war sehr zufrieden. Sie sagte, ich hätte meinen Bericht sehr fleißig ausgearbeitet, gut gesprochen und auch auf der Karte gut Bescheid gewußt. Nur sei ich zu pessimistisch! Ich widersprach: »Verzeihung, ich habe ja nur die Geschehnisse dargestellt.« – R.: »Es kommt aber darauf an, **wie** man die Geschehnisse darstellt, vor allem, in welchem **Ton** man sie bringt!!!« Das sah ich ein, lächelte sie freundlich an, sie lächelte wieder – Mensch, sie sollte man wissen, daß mein Ton bewußt so pessimistisch war! Sonst hätte den Bericht da jede andere auch halten können, meine »Eigenart« war es aber, alles klar so hinzustellen, daß selbst der begeistertste Nazi merkt, daß der Krieg verloren ist. Aber die sind zu doof und hoffen immer noch auf ein Wunder, denn der Führer hat ja gesagt (bei der 25j. Wiederkehr der Verkündung des Parteiprogramms): »Heute prophezeie ich den Sieg!« Und was er sagt, muß ja stimmen (... meinen jene!)!! [...]

Und dann das Traurigste, was ich in den letzten Wochen hörte: Margots Mutter haben sie abgeholt, d. h., sie mußte zum außerörtlichen Arbeitseinsatz. Sie gilt als Volljüdin, obwohl es nicht erwiesen ist, weil sie ein uneheliches Kind ist. Wahrscheinlich muß sie nach Theresienstadt. Margot erzählte, daß dorthin 10000 Frauen schon mal gekommen sind. Davon sind 500 zum Arbeitseinsatz, der Rest in die Gaskammern gekommen. – So etwas gibt es auch nur in Deutschland, dem Lande, in dem jegliche Menschlichkeit entschwunden ist! Hoffentlich sieht Margot ihre Mutter überhaupt noch einmal wieder, denn viel Rücksicht kann man von den Nazis nicht erwarten.

12.3.45: **Im Bunker.** Heute morgen fing die Unterrichtswoche mit einer kleinen Heldengedenkfeier an, die auch ich mit meinem Geigenspiel »vergrößern« mußte. Sie war ganz nett.

Gestern war ein doller Tag. Wir wollten gerade Mittag essen, da kam Alarm. Zunächst ließ ich mich nicht stören (ich übte noch schnell einige Tonleitern auf Frau S.s Klavier), doch bei 12-Min.-Warnung ging ich nach oben. Ganz schnell kam 6-Min.-Warnung. Vati lag noch auf dem Sofa, er las unerschütterlich in der Zeitung. Erst als der starke Kampfverband von Heide aus Südost-Kurs nahm, rappelte er sich langsam hoch. Wir kamen gerade noch zur rechten Zeit in den Hauskeller. Es dauerte nicht lange, da fielen schon die

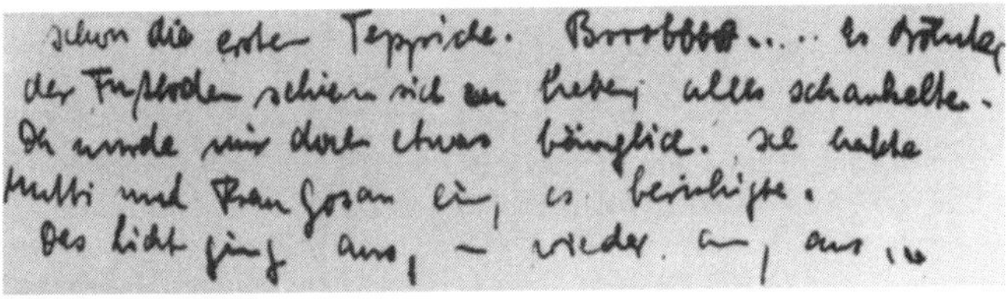
schon die ersten Teppiche. Brrrbbbb... Es dröhnte,
der Fußboden schien sich zu heben, alles schaukelte.
Da wurde mir doch etwas bänglich. Ich hakte
Mutti und Frau Gosau ein, es beruhigte.
Das Licht ging aus, – wieder an, aus ...

ersten Teppiche. Brrrbbbb … Es dröhnte, der Fußboden schien sich zu heben, alles schaukelte. Da wurde mir doch etwas bänglich. Ich hakte Mutti und Frau G. ein, es beruhigte. Das Licht ging aus – wieder an, aus … und blieb dann aus. Der Luftangriff auf Hbg. dauerte etwa ½ Stunde. Es war ein starker Terrorangriff, der stärkste in diesem Jahr. Schon am Hofweg, das ist nur einige Minuten von uns entfernt, begannen die Verwüstungen. Die Teppiche zogen sich hin über die Innenstadt, Alster nach St. Pauli, Hafen und Wilhelmsburg.

Auch Altona wurde reichlich beharkt. Ich stieg aufs Dach, ganz hinaus auf das Brett. Und nun konnte ich alles gut übersehen. Dicht bei uns brannte das erste Haus, dichter Qualm zog zum Himmel. Über der ganzen Stadt lagerte der Rauch, an einigen Stellen konnte man sogar die hellen Flammen emporzüngeln sehen. Herr H. war im Hafen und erzählte uns am Abend, daß es ganz furchtbar dort aussieht. Hamburg wird nun genauso umgepflügt werden wie Köln und Berlin. Es ist ganz furchtbar, aber wenn es den Krieg verkürzt, ist es ja gut und hilft allen, wenn auch Opfer gebracht werden müssen. [...]

Luftlagebericht: »Für den Raum nördlich Lauenburg Tieffliegergefahr!« Ja ja, sie fliegen über Deutschland, wo sie wollen, niemand kann es ihnen verwehren.

Um mich herum sitzen eine Reihe Menschen, die reden vom »Tommy, der gemein ist, ein unfairer Gegner sei und gegen dessen heimtückische Kampfesweise man sich nicht wehren könne.« Mensch, Ihr dummen Kreaturen, sind Euch denn immer noch nicht die Augen aufgegangen?? Dazwischen sitzt ein einziger Mann, der eben einen Einwand machte: »Aber es gibt auch menschliche Piloten. Ich bin neulich in einem Zug gefahren, der von Tieffliegern angegriffen wurde. Die Menschen liefen in Massen herum, es schien eine Panik auszubrechen, aber die Flieger schossen nur die Lok entzwei, von beiden Seiten.« – »Ja«, warf nun wieder der Nazi ein, »aber menschliche Wesen gibt es ja überall.« Na, Ihr Neunmalklugen, Ihr Besserwisser, auch Ihr werdet noch einmal staunen – Bauklötzer bestimmt! –

Das Gedränge vorhin war ganz schrecklich. Die Schlange reichte bis an die nächste Ecke. Ein Gemurmel, Geschiebe in der Menge, Rufe wie »Schneller!! Zugehen! Aufschließen!!« tönten. Am kleinen Eingangstor staute sich das Gewoge; Offiziere und Polizisten regelten den »Verkehr«. Man raste die Treppen hinauf, auf jedem Stockwerk stand ein neuer »Antreiber«, der: »Weiter! Schnell! Hopp, hopp!!« schrie und der die Menschen noch viel aufgeregter machte. Doch nun sitze ich hier und schreibe.

15.3.45: Vorgestern mußte Vati ins Krankenhaus; seine Nervenentzündung, die er sich im KZ-Lager weggeholt hat, hatte sich sehr verschlimmert. Hinzu kam eine Grippe – und nun soll Vati ausgeheilt werden. Heute ging auch Mutti ins Krankenhaus, sie soll ja schon so lange hin, um sich mal auskurieren zu können. Als die Kinder hier waren, ging es Mutti furchtbar schlecht, doch die letzten Tage fühlte sie sich schon wieder ganz wohl und wollte gar nicht mehr hin. Aber sie muß sich mal ganz gründlich ausruhen, damit sie nicht immer zusammenklappt. Ich bin heute nachmittag ins Kino gegangen und habe »Tanz mit dem Kaiser« gesehen. Hat mir sehr gut gefallen! Nun machte ich mir heute abend Bratkartoffeln und Milchsuppe, wusch dann auf und feudelte noch schnell die Küche, weil ich morgen erst so spät aus der Schule komme. Am Sonnabend werde ich wahrscheinlich nicht zur Schule gehen. Mal sehen. Nun geh' ich ins Bett, obgleich noch Alarm ist.

[...]

29.4.45: Bevor ich wieder dieses Büchlein zusammenhefte, möchte ich noch schnell die wichtigsten Ereignisse der letzten Tage aufschreiben.

Politik: 27.4. Vereinigung der Alliierten bei Torgau a.d. Elbe. Damit ist wohl das wichtigste Moment dieses Krieges vollendet. Das entscheidende Ereignis wahrscheinlich. Bremen gefallen. Nun kommen wir wohl dran. Göring **erkrankt**! Herzkrank! Haha! Wohl Herzverfettung, was?? Nein, er hat bei Himmler ausgespielt, man weiß nicht, ob er geflohen ist. Es heißt so. Vielleicht lebt er gar nicht mehr. 28.4. Regensburg und Ingolstadt gefallen. Generalleutnant Dittmar hat sich mit weißer Fahne ergeben. – Hitlers Ziel, seine Politik, war nur das Ziel: mehr Macht, mehr Macht... Nun ist das Ende da, Blut und Leiden, Chaos und Hunger liegt über unserem Land, über der heiligen Erde, über den Bergen von Toten, Gefallenen, Ermordeten, Hingeschlachteten. Und die Mörder versuchen zu fliehen oder machen Selbstmord. Und die Überlebenden sitzen in Kellern, warten..., worauf, das wissen sie nicht. Hungern, frieren und blicken tränenlos vor sich hin. Aber wir müssen glauben, hoffen, aufwachen, um mit dem Aufbau anfangen zu können. Wir müssen alle mutig sein, auch wenn es schwer ist, die Apathie zu überwinden, die uns alle ergriffen hat. Aber wenn wir die Kraft aufbringen, wird uns schöner Lohn zuteil, denn dann kann unsere Heimat wieder ergrünen, aufblühen und ihre Menschen aufatmen. –

Engl. und Amerikaner 40 km vor München. Augsburg gefallen. Und nun schreibe ich gleich die heutigen Ereignisse im neuen Band. Bis dahin

Auf Wiedersehen.

Der 1.5.45 (geschrieben am 2.5.45): Er brachte uns viel! Etwas Befreiendes, Entscheidendes für die kommenden Tage!

Nachdem am Tage eine Unruhe in der Luft lag, die jedoch durch die Feier von Muttis Geburtstag gemildert wurde, fiel abends der Schlag, der große, der der Welt Atem stocken ließ. – Tante Klara blieb noch bei uns. Mit Andacht hörten wir die Musik im Rundfunk. Plötzlich: »Achtung, Achtung! Wir geben in Kürze eine wichtige, ernste Mitteilung für das deutsche Volk.« Wieder Musik... Nanu? Was sollte denn das? Was für eine Meldung sollte uns verkündet werden? Wir rieten hin und her, Tante Klara meinte, der Führer sei tot, ich hoffte auf die Kapitulation vor allen drei Großmächten, denn die Musik klang nicht so sehr nach einem toten Adolf Hitler.

Doch da begann die Schicksalssinfonie. Bum-bum-bum-bum, bumm... Erneute Vertröstung auf baldige Mitteilung des wichtigen Ereignisses... Sitzt man auf Kohlen?

Da!! Trommelwirbel, Trommelwirbel. Schweigen.

»Führerhauptquartier, 1. Mai 1945

Der Führer Adolf Hitler ist heute nachmittag auf seinem Befehlsstand in der Reichskanzlei, bis zum letzten Atemzuge kämpfend, für Deutschland gefallen.«

Tot also. Schade. Er sollte doch noch arbeiten und wenigstens einige der Qualen ausstehen, die er Millionen von Menschen bereitet hat. Aber wenn er tot ist, macht es auch nichts, so kann er doch wenigstens nicht mehr entkommen. Und Dönitz, dieser lächerliche kleine Held, der mit seinen U-Booten so glänzenden Schiffbruch erlitten hat, soll die Karre nun aus dem Schiet retten? Oder weiter hineinschieben? Aber die meisten der »Herren« sind ja schon lange geflohen – oder haben [es] wenigstens versucht. Während hier an den Wänden noch Anschläge waren: »Ein Lump, wer von Kapitulation spricht!« und »Wir kämpfen weiter, bis zum letzten«, hatte Himmler schon Kapitulationsverhandlungen

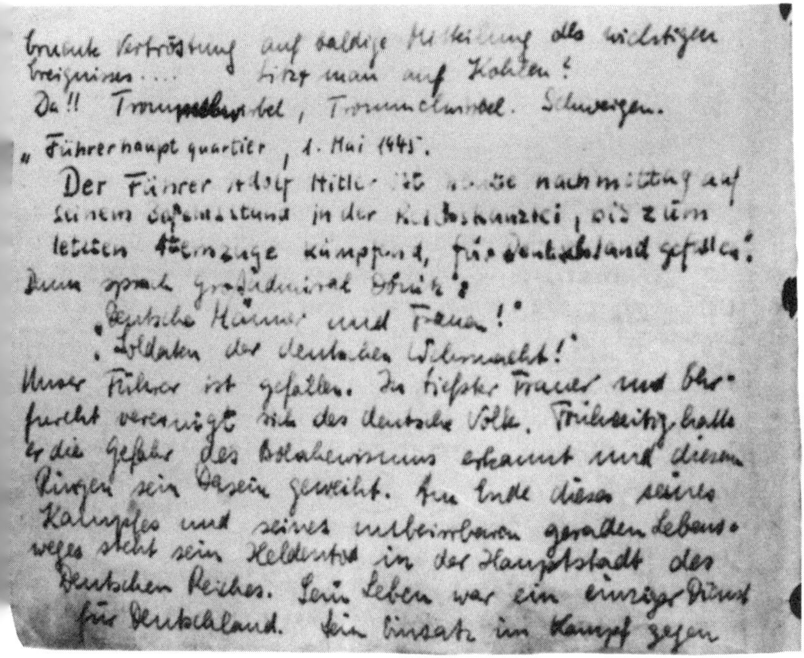
Erneute Vertröstung auf baldige Mitteilung eines wichtigen
Ereignisses ... Sitzt man auf Kohlen!
Da!! Trommelwirbel, Trommelwirbel. Schweigen.
„Führerhauptquartier, 1. Mai 1945.
Der Führer Adolf Hitler ist heute nachmittag auf
seinem Gefechtsstand in der Reichskanzlei, bis zum
letzten Atemzuge kämpfend, für Deutschland gefallen."
Dann sprach Großadmiral Dönitz:
„Deutsche Männer und Frauen!"
„Soldaten der deutschen Wehrmacht!"
Unser Führer ist gefallen. In tiefster Trauer und Ehr-
furcht verneigt sich das deutsche Volk. Frühzeitig hatte
er die Gefahr des Bolschewismus erkannt und diesem
Ringen sein Dasein geweiht. Am Ende dieses seines
Kampfes und seines unbeirrbaren geraden Lebens-
weges steht sein Heldentod in der Hauptstadt des
Deutschen Reiches. Sein Leben war ein einziger Dienst
für Deutschland. Sein Einsatz im Kampf gegen

eingeleitet!!! Wie kann eine Idee, die meinte, die ganze Welt zu beherrschen, so schnell einstürzen!!?! Sie muß doch sehr, sehr morsch und schwach gewesen sein, wenn sie sich sofort so klein macht. – Ribbentrop nebst Frau und Ley sind schon vor Tagen gefangengenommen worden. Davon hört man allerdings kein Wort, wir vernahmen nur, daß ein neuer Reichsaußenminister, Graf Schwerin von [Krosigk], eingesetzt worden ist.

War das eine herrliche Nacht! Ich schlief so selig, daß ich immer nur dachte: »Hitler tot, Nazis tot! Hitler und die Nazis tot!« Und heute morgen dann ging es zur Schule. Auf dem Weg zum Borgweg hielt ich Ausschau, ob man noch Parteiabzeichen erblicken kann. Keines, wohin das Auge auch sah. Seltsam, kein Mensch weinte oder sah auch nur traurig aus, obwohl doch der geliebte, verehrte Führer, in dem die Vollidioten fast einen Gott sahen, nicht mehr lebte und die Knute aus der Hand legen mußte. Seltsam ... Das also war die verschworene Volksgemeinschaft, die alles für ihn, den Führer, hingeben wollte! Aber so hatten wir es schon vorausgesehen, weil Nazis immer feige und das Volk nicht ½ so begeistert war, wie erzählt wurde. Jetzt, wo der Drill aufhört, atmet alles auf.

In der Schule waren die Meinungen natürlich wieder einmal geteilt. Manches überspannte, bzw. unwissende Mädchen trauert um »ihren« Adolf. Verrückt?? Ich weiß es nicht, jedenfalls bin ich es nicht. – Und dann die »Feierstunde«, die nur einige Minuten dauerte. – Kalt ist die Aula. Durch die zerschlagenen, zersplitterten Fenster pfeift der Wind. Auch jetzt noch, am 2. Mai, wo das Wetter eigentlich warm sein sollte! Und dort versammelt sich die LBA, alles Mädel, die im nationalsozialistischen Sinne zu Lehrerinnen erzogen werden sollen! Prof. Dr. G., der doch gar kein Nazi ist, ergreift das Wort. Er wiederholt nur die Worte Dönitz' und Kaufmanns. Deutschlandlied – Horst-Wessel-Lied - unterdrücktes oder freies Schluchzen –, und dann dürfen wir die Aula verlassen. Es weinen tatsächlich einige!!!! Auch Frl. B. stehen die Tränen im Augenwinkel. Wie kann so etwas angehen!! Das wollen begabte und kluge Menschen sein!! Lächerlich! Und heute nachmittag fand die Aufregung, die wir durchmachen mußten, ihren Höhepunkt! Fritz A. kam, er brachte eine Sensationsnachricht!! »Hamburg soll zur offenen Stadt erklärt werden. Ich weiß es genau. Bei meinem Chef, dem alten L., las ich einen Aufruf von Kaufmann, daß er Hamburg übergeben will.« Wir glaubten es natürlich prompt! Warum auch nicht? Ist man solchen Gerüchten, die uns Freude und Hoffnung machen, nicht immer leicht zugänglich? Ich freute mich, freute mich unsagbar!! Dann sollen wir also unsere Wohnung behalten? Dann sollen wir also leben? Dann sollen wir also Ruhe bekommen? Müssen nicht mehr in den Keller laufen? Unfaßbar, aber so schön – so schön …

Und dann die Schlange beim Milchmann. Endlos – endlos. Ein jeder weiß etwas anderes, aber die Schlange glaubt auch an die »Frohe Botschaft«. Da kam ein Widerruf … Die Anschläge in der Stadt sollten wieder entfernt worden sein, es heißt, es sind »bolschewistische Umtriebe«. Zum Lachen! Ich konnte es nicht glauben, denn dann sollte meine ganze Freude und Hoffnung umsonst gewesen sein? Aber ein anderes Gerücht hieß: »Es sind noch Verhandlungen im Gange, es entscheidet sich erst …« Aber warten? Kann man warten, wenn entschieden wird, ob Hamburg bleibt, ob wir bleiben, kann man da ruhig warten?? – Mißmutig saß ich oben. Mißmutig war ich, in Wirklichkeit war es aber nur meine Angst, daß Hamburg vielleicht doch noch verteidigt werden sollte. Und gegen Abend kam die Erlösung …

»Kaufmann spricht um 20.30 über den Drahtfunk! Im Luftschutzkeller wird ein Rundfunkgerät aufgestellt.«

Und dann saßen wir unten. Alle um das Rundfunkgerät geschart. Dann kam Kaufmann. Der Inhalt seiner schicksalsschweren Ansprache war erlösend, war herrlich. Kurzer Inhalt: »Der [?]kampf des deutschen Volkes ist verloren. Der Feind hat mit seiner Menschen- und Materialüberlegenheit über uns gesiegt, obwohl die Menschen bis zum Schluß standhaft blieben. Der Feind hat in der Umgebung von Hamburg ungeheure Massen von Menschen und Material aufmarschieren lassen, die auf Hamburg einstürmen werden, wenn wir unseren Widerstand aufrecht halten werden. Da dieser Kampf 100tausenden Frauen und Kindern Verderben bringen würde, habe ich mich zum schwersten Entschluß meines Lebens durchgerungen. **Wenn morgen der Feind Hamburg besetzen wird, werden meine Hamburger Ruhe und Ordnung wahren.«**

Also doch! Morgen, in den frühen Morgenstunden, soll also die Besetzung vor sich gehen. Diesen Tag haben wir nun 6 Jahre, nein, **12 Jahre** lang herbeigesehnt! Und nun ist es soweit! Morgen soll die Freiheit kommen! **Morgen** … Sag, mein Tagebuch, hättest Du geglaubt, daß es sooo schnell gehen würde?? Wie es abgehen wird, das wissen wir ja noch nicht, aber wenn auch die erste Zeit vielleicht schwer wird, endlich beginnt wieder ein Leben, das noch **Leben** ist. Für uns ist also dann der Krieg vorbei. Und morgen gehe ich noch zur Schule, ich will mal sehen, ob man nicht was erleben kann. Vielleicht sehen wir ja Tommys in der Stadt.

3.5.45, 13.00: In diesem Augenblick marschieren britische Truppen in die Stadt ein! **In diesem Augenblick** beginnt für uns die Vorstufe zur Freiheit!! **In diesem Augenblick** ist die Partei tot! **In diesem Augenblick** haben die Nazis keine Macht mehr, kein Terror wird mehr verübt, oh, ich bin so aufgeregt.

Staatssekretär Ahrens spricht. Er verkündet uns, daß Hamburg Offene Stadt ist und daß in diesem Augenblick britische Truppen in die Stadt einmarschieren. Nun verabschiedet er sich von uns Hamburgern, er sagt, daß er uns wohl nicht mehr sprechen wird. Das wäre ja auch noch schöner! Aber die Herren bildeten sich anscheinend ein, durchschlüpfen zu können. Nun noch eine Meldung. Der Reichssender Hamburg verabschiedet sich von seinen Hörern, er wird keine Nachrichten mehr geben. – Pause –

Da setzt jetzt die Coriolan-Ouvertüre ein. (Musik ist also noch erlaubt.) Die Beethoven-Romanze!

Und draußen brummt es... 12 britische Flugzeuge, wahrscheinlich sind es Spitfire, brummen geordnet, ganz niedrig, über unser Haus hinweg!

Ich bin so aufgeregt, mir laufen vor Freude die Tränen herunter. Dieses Glück ist noch so neu und unvorstellbar für mich, daß ich es noch gar nicht so ganz fassen kann. – Und im Rundfunk ist so schöne Musik! Ein für alle Male ist nun die Nazimusik verschwunden, für immer Goebbelsreden vorbei, die mir immer so sehr auf die Nerven fielen.

Nun besteht erst einmal Ausgehverbot für die Bevölkerung, so lange, bis der britische Oberkommandierende das Verbot aufhebt. Die Dauer hängt vom Verhalten der Bevölkerung ab. Aber die ist ruhig. Fast alle Menschen freuen sich, und die, die sich nicht freuen, sind die Nazibonzen, und die kommen sowieso ins KZ!

Auch R. wird wohl dahinkommen! Er pfeift aus dem letzten Loch! Heute morgen war auch sein Parteiabzeichen verschwunden. – Ein Fieseler-Storch fliegt über uns hinweg! Was will der denn noch? Er soll sich man vorsehen, daß die Jabos ihn nicht abschießen. Sie fliegen unentwegt über uns hinweg, und jedem könnte ich zujubeln! Befreier, Ihr, Ihr könnt Euch gar nicht denken, wie erlöst ich bin.

(Frau Dr.) R. meinte, wir sollten auch morgen zur Schule kommen. Daraus wird wohl nichts werden, meine Liebe! Ob unsere Schule geschlossen wird? Alles Nebensache, die Nazis müssen aber verschwinden. Das werden wir schon drehen. Vati hat auch schon Bescheid bekommen. Hoffentlich kann nun bald die Partei wieder aufgebaut werden. – Tagebuch, kannst Du Dich nicht in meine glückliche Lage versetzen?

Und jetzt fahren vielleicht Panzer durch die Straßen Hamburgs! Und unsere Stadt ist ziemlich heil geblieben. 1943 wurde sie zwar ziemlich zerstört, aber das macht ja nichts, denn nun haben sie uns zur Entschädigung für unsere Wohnung vom Nazijoch befreit! – Schon vor 12.00 gab der Reichssender Hamburg mehrere Male die Meldung durch, daß Hamburg »Offene Stadt« sei. Nun werden unsere Angehörigen in Bayern auch Bescheid wissen und froh sein, daß wir leben. Nun kann ich auch wieder schreiben. – Horst muß auch Post bekommen. Ob er noch in Eschwege steckt?

Ich möchte so gerne Tommys sehen! Ich möchte Panzer sehen, Soldaten sehen, damit man auch etwas vom Einmarsch spürt!! Diese Stille auf den Straßen ist eigenartig. (Ich schreibe nachher mehr, trotz allem Glück darf man nicht das Essen vergessen. Was meinst Du??)

4.5.45: War das ein aufregender Tag! Um 7½ etwa fing es an, spannend zu werden. Auf der Straße dröhnte es, wir liefen ans Fenster… und sahen die Bescherung. In der Jarre-

straße fuhr Fahrzeug hinter Fahrzeug, Panzer, Panzerspähwagen, Lastkraftwagen, Motorräder… Und alles mit diesem Zeichen ☆, dem Stern. Soldaten in braunen Anzügen, mit den typischen flachen Stahlhelmen, über die ein Tarnnetz gezogen war, saßen dicht an dicht auf den Fahrzeugen. Es war eine wahre Pracht, und ich konnte diesen Anblick nicht genug genießen. – Auch gegenüber standen die Leute an den Fenstern, auch dort noch die meisten in Nachthemden. Mütter trugen die Kinder auf dem Arm, um ihnen die Befreier zu zeigen, die größeren Kinder drückten selbst ihre Nasen an den wenigen heilen Scheiben platt und konnten sich nicht satt sehen, mit aufgeregten Wangen und Gesichtern spähten sie auf die Straße, blickten sie nach den fremden Soldaten, den »Feinden«. Aber so unmenschlich sahen sie doch gar nicht aus! Und mancher hatte diese kleinen Würmer mit dem Tommy bange gemacht. Diese netten Onkels sollten diejenigen sein, vor denen die Mutti sonst 3x am Tag mit ihnen in den Bunker gelaufen war? Das war doch nun nicht so schlimm. Und die Kinder freuten sich am Neuen, am Lärm der Panzer, am Flitzen der Motorräder und an dem Fremden der vielen Uniformen.

Heute abend war ich bei Frau G. in der Küche, die sie für sich behalten darf. Der Bursche des Majors, der in ihrer Wohnung haust, ist sehr nett. Ich bekam auch ein Stückchen Schokolade. Sie schmeckt wunderbar! Wir unterhielten uns. Ich fragte, wann wir an unsere Tanten schreiben können, er sagte, in etwa 3 Tagen. Das ist doch herrlich, was? Auch erzählte ich ihm, daß mein Vati 5 Jahre lang im Konzentrationslager gewesen ist. Wir sprachen von Hitler. Ich kann ihn gut verstehen, jedenfalls den Sinn immer. – Der Major soll nicht so nett wie die anderen Soldaten sein. Er sieht auch schon so unheimlich aus, mit einem ganz großen blonden Schnurrbart!

Man kann sich ja auch in acht nehmen. Unsere Soldaten haben sich wohl kaum so anständig benommen wie diese. Sie wollten Feuerung haben, es war keine da. Da haben sie Holz besorgt, und Herr Ra., Herr W. und Walter haben es gesägt und kleingeschlagen. Heute früh mußten die Männer die Panzersperren wegräumen, auch einzelne Frauen haben freiwillig geholfen.

8.5.45: Bedingungslose Kapitulation der deutschen Wehrmacht!! Damit ist also der Krieg zu Ende. Das also ist das langerwartete Ende. Das Signal »Feuer einstellen!« erklang gestern schon, obgleich erst heute nacht um 0.00 erst der eigentliche Zeitpunkt des Stillstandes gekommen ist. Die Kapitulation wurde in Reims unterzeichnet (von Jodl). Der Krieg ist nun zu Ende. Ja, und nun? Nun sind die Nazis vernichtet. Und nun? Ja, Deutschland ist ein Trümmerhaufen, die Städte sind vernichtet, und Millionen von Menschen sind umsonst gestorben, gefallen, gemordet. Umsonst? (Im Radio ertönt die Engl. Nationalhymne: »God save the King«.)

Ich weiß nicht, warum ich heute nicht ganz so froh und lustig sein kann, wie ich es mir früher vorgestellt habe. Vielleicht kommt es von dem heute Erlebten. Das erzähle ich Dir nachher noch, jetzt muß ich Radio hören und schreibe die nackten Tatsachen. »Herrlicher Sieg« höre ich soeben. Auch für uns ist es ein herrlicher Sieg, aber ich kann über allem das Elend nicht vergessen, das über Deutschland hereingebrochen ist. Froh sein kann ich, wenn ich an alle die geknechteten, unterdrückten Völker denke, die nun befreit sind. Aber man schämt sich, ein Deutscher zu sein. Die Nazis beneide ich wirklich nicht, denn ihnen wird nichts Gutes blühen. Dönitz sagte: »Die Einheit von Staat und Partei besteht nicht mehr.« Deutsche Konsulate in der Schweiz sind geschlossen. Vorher schon die Verbindungen mit Schweden und der Schweiz abgebrochen. – Nur noch vereinzelter Widerstand in Prag bis soeben, jetzt, 20.15, auch dort der Widerstand eingestellt.

Stalin gibt soeben bekannt: »Dresden von den Russen erobert.« Goebbels Leiche, die seiner Frau und seiner Kinder wurden in Berlin aufgefunden, Todesursache: Gift. Warum mußte er denn nur die Kinder mit ermorden? An denen hätte sich doch niemand gerächt. – Immer noch Ausgehbeschränkung von 19.00–6.00. Am Donnerstag, den 10. Mai, ist Feiertag. Da können wir das Kriegsende »feiern«!! Für Hambg. wird bekanntgegeben: Alle Männer und Frauen haben sich in ihren Betrieben einzufinden und dort aufzuhalten während der Arbeitszeit. Alle Entlassungen und Einstellungen unterbunden. Alle perfekt Englisch sprechenden Personen haben sich zu melden. Da muß W. ja auch ran! In absehbarer Zeit wird mit einer ungeheuren Arbeitslosigkeit zu rechnen sein. – Ich denke mir, daß die Leute sich melden müssen, weil sie Arbeitskräfte ins Ausland holen wollen. Hoffentlich nehmen sie die Nazis und nicht unsere Leute!

Und nun muß ich Dir etwas erzählen, das mich sehr ergriffen hat. Ich komme von Dr. R. und sitze in der Hochbahn. Mir gegenüber sitzt ein Mann, Zivilist. Ich beachte ihn nicht weiter. Am Borgweg eile ich aus dem Zug. Da tritt mich jemand auf die Hacke. »Oh, verzeihen Sie!« – »Bitte!« Und nun geht er neben mir, mein Gegenüber aus dem Zug, und wir gehen nebeneinander her, als ob wir uns schon lange kennen. Und plötzlich sind wir mitten im Gespräch. Und worüber spricht man? Vom Kriegsende natürlich. Und vom Krieg. Und auch von den Soldaten, die nun entlassen sind. »Waren Sie auch Soldat?« – »Natürlich, bis Sonnabend.« – »Ach, und sind Sie nun nicht in Gefangenschaft? Oder sind Sie schon daraus entlassen?« – »Seit Freitag war ich zweimal in englischer Gefangenschaft. Nun laufe ich in fremden Zivilkleidern herum. Alles zu weit! Ich passe dreimal hinein!« Und dabei zeigt er mir die weite Jacke. »Ich war Offizier.« … »Und nun sitzt man bei fremden Leuten und mag doch keinem zur Last fallen.« Ich weiß nicht, was ich dazu sagen soll. Und dann sprechen wir doch. Sehr angeregt sogar. Ich merke, daß er ein kluger Mensch ist. Aber er ist ein verzweifelter Mensch. »Wenn ich keine Familie hätte, würde ich nicht mehr leben.« – »Nanu?« Nun finde auch ich meine Sprache. »Haben Sie den Mut verloren?« – »Den Mut!?!« Es klingt wie Hohn, er sagt es laut, und seine Stimme klingt verzweifelt. Und leise dann: »Ist es nicht alles zu schrecklich? Ist es nicht zu traurig, daß unser Deutschland so enden mußte?« Ich spüre die Verzweiflung, die in diesem Menschen steckt. Ich möchte ihm helfen, aber wie? Wie vielen Soldaten geht es heute so wie meinem Nebenmann! Wie viele Welten sind ihnen zusammengebrochen. Und die meisten stehen vor dem Nichts, haben Heim, Existenz, Gesundheit und Familie verloren. Und nun? »Komme ich hier zur Dorotheenstraße?« – »Sie können noch ein Stückchen mit entlangkommen.« – »Gern«, entgegnet er; wir schreiten sehr langsam, sehr ernst weiter, mittendrin im regen Personenverkehr, beschienen vom strahlenden Sonnenschein, der heute die ganze Stadt verzaubern wollte.

Wo bleibt nur meine frohe Stimmung? Ich kam doch so vergnügt von R.! Will sich etwa die Verzweiflung und Trauer meines Nebenmannes auch auf mich legen? Nein, noch ist es nicht soweit. Ich spreche darum zu ihm davon, daß für uns mit dem Kriegsende eine neue Zeit anbricht, daß **wir** nun frei sind und erst jetzt wieder in die Zukunft schauen mögen. Ich spreche von den Qualen der zwölf Jahre, erzähle ihm von meinem Vater, von unserem Geschick in den schweren Jahren!

Wie kam ich nur dazu, ihm davon zu sprechen? Als ich nun aufhalte, beginnt er. Er spricht von seinem Offiziersleben. Gern, mit Leib und Seele war er Offizier. »Es gibt nur zwei Möglichkeiten: Entweder ist man mit seinem ganzen Herzen dabei, oder aber man verzichtet ganz darauf«, ist sein Urteil über den Offizier. Und er war dabei mit ganzer Seele. Auch über den Nationalsozialismus sprechen wir. Ich sage: »Wir haben ja gewußt, daß alles so kommen mußte, denn der Nationalsozialismus konnte nur zerstörend wirken.« Und er: »Ich ließ mich zuerst blenden durch die sozialen Maßnahmen und durch die kulturellen Einrichtungen, z. B. durch den ›Mozartchor‹. Wenn ich dann die Begleiterscheinungen sah, dachte ich: Die begleitenden Umstände und Umrahmungen sind schlecht, der Kern ist gut. Und dann kam die Erkenntnis, daß es umgekehrt war. Der **Kern** ist schlecht gewesen, und die Umrahmungen waren gut. Als ich das erkannt hatte, beging ich den Fehler, weiter Offizier zu bleiben. Vielleicht war ich zu feige, die letzte Konsequenz zu ziehen? Und nun?« Das letzte Wort klingt wieder so verzweifelt, daß ich ihn traurig ansehen muß. [...]

Mir ist die Begegnung mit Herrn W. sehr nahegegangen. Ich kann es nicht so beschreiben, wie er war. Seine Verzweiflung, seine Mutlosigkeit teilt er mit 100000en von deutschen Soldaten, von Jungen und Alten. Das hat Hitler aus unseren Menschen gemacht! Aus unseren klugen, starken und gläubigen Menschen machte er willenlose Wesen, ohne Schwung, ohne Willen, deren Augen stumpf blicken und deren Inneres einem ausgebrannten Ofen gleicht. Wer bläst es wieder an? Wird uns das gelingen?

Hamburg, August 1943

Parlez moi d'amour
Ein zerrissenes Tagebuch

Lisa S., Hamburg

1. Aug. 1943: Am Montagmorgen, 26. 7. 43, versuchte ich dann, in die Stadt und nach meiner Firma zu kommen. Am Sonnabend hatten wir nämlich den ersten schweren Angriff auf Hamburg. Es war sehr viel zerstört. Die Bahn fuhr nur bis Ohlsdorf und dann die Hochbahn bis Jungfernstieg. Von dort aus ging ich zu Fuß nach Altona. Aber ach, was sah ich alles! Bilder des Schreckens und der Zerstörung. Fast jedes Haus war beschädigt oder ausgebrannt. Geschäfte gab es nicht mehr.

Unternehmen »Gomorrha« Juli/August 1943.
Der Fotojournalist Erich Andres bekommt nach den ersten Bombenangriffen auf die Hansestadt Hamburg »Bombenurlaub«. Vor seiner Haustür findet er Menschen aus der Nachbarschaft, die im Feuersturm verbrannt sind.

15. August 1943: Nun versuchte ich zum Louisenweg zu kommen, aber das war mit einigen Schwierigkeiten verbunden, denn ich konnte nirgends durchkommen, weil alles noch brannte. Ich kam dann zum Berliner Tor und fuhr von dort aus den Heidenkampsweg hinunter. Oben, auf der Brücke, standen unzählige Menschen, die alle obdachlos waren und darauf warteten, daß sie mit einem Auto abtransportiert wurden, hinaus aus Hamburg. Rechts vom Heidenkampsweg lagen die Hammerbrooker Straßen. In dem ganzen Viertel stand kein Haus mehr, es waren nur noch Trümmerhaufen, über denen große Rauchwolken und Feuerflammen standen. Auf der linken Seite brannten alle die großen Kohlenlagerungen und verbreiteten eine starke Hitze. Mühselig arbeitete ich mich über Mauersteine, die überall lagen, vorwärts zur Süderstraße. Hier wurde das Grauen noch schlimmer. Immer einsamer wurde es, ganz vereinzelt kamen Menschen in dieser Gegend vorbei. Ich fuhr ganz alleine zwischen den Trümmer- und Schutthaufen und trug mein Rad teilweise über den Schutt hinweg. Die Toten lagen noch auf der Straße herum. Ich konnte kaum zum Louisenweg durchdringen und mußte über Hammer-Deich gehen. Dann endlich stand ich vor meinem Haus. Ach, welch ein Anblick! Es war nur noch ein Trümmerhaufen, nur von der Vorderwand stand noch ein Stück. Ich konnte nur von der gegenüberliegenden Seite sehen, da ich wegen des vielen Gerölls und der Mauersteine nicht weiterkonnte. Unser Keller war verschüttet, und niemand ist lebend herausgekommen. Oma St. hat dort ihren Tod gefunden. Nach etwa 3 Wochen ist der Keller erst freigelegt, und 18 Tote sind daraus geborgen worden. Auch alle anderen Häuser in der Umgebung sehen nicht besser aus. Es war kein einziges heiles Haus mehr da und weit und breit keine Menschenseele. Ich stand ganz allein, bis auf eine alte 90jährige Frau, die noch gerettet worden war, da. Gerade unserer Wohnung gegenüber, vor der ehemaligen Schule, lagen viele Tote, die alle verbrannt waren. Einige Menschen lagen noch da, die sogar noch lebten. Sie bewegten sich etwas und lagen in den letzten Zügen. Es war so ein Bild des Entsetzens, und plötzlich packte mich in dieser fürchterlichen Einsamkeit das Grauen, mir wurde angst und bange, und ich hielt es fast nicht mehr aus. Nachdem ich die alte Frau noch zu einem Auto, das Gott sei Dank ein Stück weiter längs stand, gebracht hatte, versuchte ich, so schnell wie möglich aus dieser Stätte des Grauens hinauszukommen. Überall in dieser Gegend lagen noch die Leichen auf den Straßen und begannen bei der großen Hitze bereits widerlich zu stinken. Auch war überall der ekelhafte Brandgeruch und viel Staub. Als ich nachmittags in Poppenbüttel anlangte, roch mein Zeug ganz nach dem Rauch, so daß es gewaschen werden mußte.

Es beeindruckte mich nicht besonders, daß unsere Wohnung mit allen Sachen fort war, denn bei der völligen Zerstörung dieses Stadtteils war ich darauf vorbereitet. – Ich kam dann durch die Eiffestraße zum Berliner Tor, und erst von dort ab sah man wieder Menschen. Da allerdings in Massen. Sie alle hatten kein Heim mehr und mußten auf Autos warten, die sie abtransportierten. Und wie viele von ihnen hatten nichts weiter als nur ihr Leben und das, was sie auf dem Leibe hatten.

Ja, es war, als wenn die Welt unterging. – Als ich zu Hause ankam, war ich sehr erschöpft und schmutzig und froh, daß ich keine Ruinen mehr zu sehen brauchte. Überall auf den Landstraßen wanderten die Obdachlosen und Flüchtlinge in langen Zügen mit ihrem letzten Hab und Gut.

Meine Mutter wollte zuerst gar nicht glauben, daß unser Haus zerstört war. – All dies Grauen konnte man auch erst allmählich und heute noch nicht ganz begreifen. So etwas Ungeheuerliches, nie Dagewesenes ist es. Nach und nach fallen einem erst die Dinge alle ein, die mit verlorengegangen sind, und dann kommt erst die Trauer um all die Sachen, die man geliebt hat und die einem auf ewig verloren sind.

5. September 1943: Hierauf folgten noch 2 Großangriffe auf Hamburg, und zwar am 29.7. und der letzte am 2.8. Der dritte Angriff galt Barmbek und Ohlsdorf usw. Und der vierte Angriff war etwas noch nie Dagewesenes. In jener Nacht grollte in der Ferne ein Gewitter, und dabei wurde Alarm gegeben. Ich kümmerte mich deshalb nicht weiter darum und blieb im Bett liegen und schlief wieder ein, denn was konnte bei einem Gewitter schon passieren! So dachten wir. Aber wir

Lisa S.: Ja, denken Sie mal an, das hat man früher, so naiv war man damals, daß man das damals noch geglaubt hat. Ich meine, obwohl mein Vater kein Parteigenosse war, ich mußte ja in den BDM. Das war ja damals Pflicht. Im BDM mußte man sein. Und wir waren eigentlich gar nicht so, wir persönlich und ich, daß ich nun Hitler als einen besonderen Menschen, als was Besonderes angeschwärmt hätte. Aber damals habe ich das doch tatsächlich geglaubt.

Breloer: Sind das eigentlich Ihre Worte, »eine Clique unüberlegter, irregeleiteter Menschen«?

Lisa S.: Also ich glaube ja, das hab' ich nicht abgeschrieben. Ich glaube, das sind meine Worte. So hab' ich das damals empfunden, nicht.

Breloer: Kann es sein, daß Sie das damals im Radio gehört haben?

Lisa S.: Ja nun, das mag ja sein, daß ich das gehört habe. Aber das ist schon sehr lange her, und das weiß ich heute nicht mehr.

wußten nicht, wie weit die Technik vorgeschritten war und wie wenig sich die Menschen durch Naturgewalt in der Ausübung ihrer Grausamkeiten beirren lassen. – Es verging eine ziemliche Zeit, und das Gewitter kam immer näher, endlich goß es sogar in Strömen. Aber die Flieger kamen ebenfalls immer näher, und plötzlich war lautes Flakschießen. Nun sprang ich natürlich aus dem Bett, zog mir etwas an und rannte mit Regenschirm in den Bunker, der schon überfüllt von sämtlichen Platzbewohnern war. Dies war wohl das Gewaltigste, was wir in jener Zeit erlebten: Über dem ganzen norddeutschen Gebiet herrschte ein schweres Gewitter, und währenddessen fand ein großer Angriff auf Hamburg und Umgebung statt. Die Flugzeuge ließen sich durch nichts beirren, sie flogen ihre vorgeschriebene Strecke und warfen ihre Bomben, während die Naturgewalt dazwischenkrachte. Ein grausiges Schauspiel. Endlich, endlich – war auch das für uns glücklich überstanden. –

17. September 1944: Es sieht nicht gut aus augenblicklich. Die Kriegschancen sind sehr schlecht für Deutschland. Die Invasion ist immer weiter fortgeschritten. Der vielgepriesene

---

Aber ich hab' das ja nun ehrlich geglaubt, und deswegen kommt mir das ja selber, wenn ich das heute wieder durchlese, denk' ich, wie war man nur dumm da. Ja, man hat es doch so gesehen damals. Das war furchtbar. Nachher hat es dann alles ganz anders ausgesehen, als man nun endlich wußte, wie das böse Ende dann kam, da gingen einem die Augen auf.

Breloer: Sie erwähnen einmal: »E. Seiten herausgerissen.« Das ist Emile?

Lisa S.: Emile, ja, das war ein sehr netter Mensch. Der war so reizend. Der war zehn Jahre älter als ich. Aber es war ein wirklich netter Mensch. Er war ja Belgier, aber er konnte ja etwas Deutsch sprechen.

Ja, das war's. Wir lernten uns durch Zufall irgendwie kennen. Das war, ich weiß auch nicht, wie. Da war Fliegeralarm, man hat ein Wort gesprochen, irgendwie haben wir uns kennengelernt. So genau weiß ich das heute gar nicht mehr. Und dann haben wir uns auch verabredet und wollten uns dann ja auch gerne treffen. Aber und angeblich unbezwingliche Atlantikwall hat nichts genützt. Die amerikanischen Truppen sind immer weiter eingedrungen in das Land. Die Deutschen haben natürlich tapfer gekämpft, aber heute, nach über 3 Monaten, stehen die Feinde bereits in Belgien und an der deutschen Grenze, wahrscheinlich sind sie schon in Aachen. Die Grenzstädte sind z.T. – und werden laufend geräumt. Unsere »V 1«-Waffe hat die ganzen Wochen hindurch ständig geschossen, aber seit ein paar Tagen hat das ausgesetzt, da der Feind die Abschußstelle in Belgien, oder wo es sein mag, erobert hat. Im Osten sind uns die Russen sehr nahe auf den Pelz gerückt, und die Leute sind dabei, einen Ostwall auszuheben. Die Bombenangriffe finden auch noch immer statt. Man kann beinah sagen, daß die feindlichen Flieger Tag und Nacht über deutschem oder ungarischem Gebiet sind. Mal im Norden, mal im Süden. In der Nacht haben wir seit längerer Zeit fast jedesmal Alarm. Ich bin nur froh, daß ich augenblicklich, obwohl es teilweise schon recht kalt wird und morgens sehr dunkel ist, noch hier in Poppenbüttel wohnen kann. Da kann ich wenigstens bei Alarm im Bett liegenbleiben, oftmals höre ich die Sirene auch gar nicht. – Wenn man über die Kriegsereignisse nachdenkt,

---

das war gar nicht so einfach, denn er war ja – wie gesagt – Kriegsgefangener und wurde dann irgendwo eingesetzt als Tischler, zu irgendwelchen Arbeiten, aber manchmal hat er dann ja auch frei gehabt. Eigentlich durften wir uns nicht treffen, aber er hat dann immer zur Sicherheit seine Arbeitsjacke, so eine blaue Jacke, die hat er dann immer übergezogen, und da sah er nun ja absolut nicht schön aus, keine schicke Uniform oder dergleichen, aber das war eben unser Schutz, daß wir uns treffen konnten; wir haben uns dann in 'ne kleine Kneipe gesetzt, irgend etwas getrunken.

Breloer: »Plaisir d'amour ne dure qu'un moment«, was bedeutet das?

Lisa S.: Plaisir d'amour dauert nur kurz, ja, die schöne Zeit, dann war sie auf einmal zu Ende, das heißt, »chagrin d'amour dure toute la vie«, das ganze Leben, der Kummer, der Schmerz, na ja.

Wir wollten ja tatsächlich heiraten, das hat man sich damals so gedacht. Aber so einfach war das ja auch nicht. Er mußte ins Ausland zurück. Ja, und dann noch der letzte Tag. Alle Kriegsgefange-

so könnte man den Mut verlieren und die Hoffnung auf ein gutes Ende aufgeben, aber Hitler soll ja noch eine Waffe haben, die noch schlimmer wirkt als »V 1«. Diese muß natürlich erst völlig fertiggestellt sein und vor allen Dingen auch im richtigen Moment eingesetzt werden. Dies muß man glauben, denn sonst könnte Hitler ja all das Elend, was schon ist und was noch werden wird, nicht verantworten. Bisher haben wir ja noch nicht allzuviel vom Krieg gemerkt, aber jetzt wird es langsam ernst. Die Zusatzlebensmittelkarten, die sonst alle Berufstätigen bekommen hatten, fallen jetzt fort, und auch die übrigen Lebensmittelrationen werden nach und nach, zuerst die Weizenmarken, gekürzt. Es hat jetzt, wie man sagt, der »Totale Krieg« begonnen. Alle Theater sind geschlossen sowie Varietés usw., alle Konzerte fallen weg, und die Künstler, Musiker, Sänger usw. werden in der Rüstung eingesetzt, ebenso die Kapellen der Lokale und Cafés. Urlaub ist vorläufig gesperrt. Reisen kann man nicht mehr machen, nur bis zu 100 km, sonst nur in ganz dringenden Fällen, wozu man sich erst eine Genehmigung holen muß. So geht es immer weiter, fast jeden Tag kommt eine neue Verordnung heraus, aber man will ja gern alles und noch viel Schlimme-

nen wurden dann ja abtransportiert, denn es war ja nun zu Ende mit allem. Und am liebsten wäre er ja nun bei mir geblieben oder hiergeblieben, aber das ging ja nun nicht. Er mußte weg. In das Lager, wo sich alle sammeln mußten, und dann bin ich noch mit ihm in das Lager hingefahren, um noch den Abschiedstag zu verleben.

In meinem Tagebuch hatte ich ja immer alles schön aufgeschrieben, und dann war es kurz vor meiner Heirat, also mein Mann war so eifersüchtig, daß meine eigene Mutter mir dazu geraten hat, daß ich die Seiten aus dem Tagebuch entferne, wo überhaupt nur ein Mann erwähnt wurde; und ich kleines Schaf hab' das denn auch brav getan. Und heute kann ich das überhaupt nicht mehr begreifen, denn das war ja eigentlich reiner Wahnsinn, denn das war ja schließlich mein Leben, und es war ja auch vor der Ehe, bevor ich meinen Mann kannte. Und was stand überhaupt da drauf. Nichts, wofür ich mich hätte schämen brauchen. Und die sind mir heute nun auf immer verloren. Das kann mir keiner mehr wiedergeben.

res ertragen, wenn man nur wüßte, daß bald ein Ende wäre und daß nicht alles umsonst gewesen ist.

Am 20.7.44 wurde ein Mordanschlag auf Hitler verübt, der Gott sei Dank mißlang. Man hatte, als er zu einer Besprechung mit seinen Generälen versammelt war, dicht bei ihm eine Ladung Sprengstoff niedergelegt, die auch explodierte, wodurch viele der Anwesenden schwer verletzt wurden und einige sogar starben, er aber nur leichte Abschürfungen und dergl. davontrug. Das Schicksal hatte es anders bestimmt, als eine Clique unüberlegter, irregeleiteter Menschen es beabsichtigt hatte, denn wenn der Plan gelungen wäre, wäre es uns wohl nicht gut ergangen, dann wäre es aus gewesen mit Deutschland. [...]

29. April 1945: Es steht jetzt schlimm um Deutschland. Der Krieg hat Ausmaße angenommen, die wir uns nie hätten träumen lassen. Während ich dies schreibe, läßt schwerer Geschützdonner unser Haus erbeben. Wir hören jetzt täglich den Artilleriedonner aus nicht allzuweiter Ferne, besonders in der Nacht, daß man beinah davon erwacht. Die Amerikaner sind bei Lauenburg über die Elbe gesetzt und werden wohl morgen oder in ein paar Tagen in Hamburg sein. Ja, so weit ist es gekommen! Der Feind hat fast unser ganzes Land erobert. Die Russen stehen von Osten bis Berlin, d.h. sie kämpfen jetzt in der Stadt Berlin. Und die Amerikaner haben von Westen und Süden her alles genommen; sie sind bereits hier oben in Harburg, und es ist also von Deutschland nur noch Schleswig-Holstein und etwas von Mecklenburg noch.

Die Lage ist also hoffnungslos, und man kann nur noch auf das Ende dieses grausamen Krieges warten. Man muß sich wundern, daß das Leben immer noch seinen gewohnten Gang geht. Wir hören immer noch Radio, besonders die ausländischen Sender (was wir ja nicht dürfen, was aber ja mitunter ganz interessant ist). Gas gibt es nicht mehr in Hamburg, Strom nur an 4 Tagen, mitunter (d.h. sehr oft) wird der elektr. Strom auch noch öfter abgestellt, Kino gibt es infolgedessen gar nicht mehr. Die Bahnen fahren noch, aber Feuerung gibt es nicht mehr, und die Menschen müssen alle mit Holz heizen und kochen. Infolgedessen werden überall Bäume gefällt und Knicks abgehauen, es sieht teilweise trostlos aus, aber die Menschen müssen sich ja irgendwie helfen. Auch wir haben neulich einen Baum gefällt, und wir mußten sägen, und Papa hackt jeden Tag Holz. – Die Leute in der Stadt, die keine Kochgelegenheit haben, werden durch Gemeinschaftsküchen verpflegt. Kartoffeln gibt es jetzt überhaupt nicht mehr, aber im übrigen ist die Lebensmittelversorgung noch sehr gut. Wir haben noch allerlei Fett, Brot und auch Bohnenkaffee und Tee bekommen, so daß wir in der letzten Zeit sehr gut gelebt haben. Aber wer weiß, vielleicht müssen wir bald hungern. Die Verkehrsmittel fahren allerdings sehr eingeschränkt. Nur noch in den ersten Morgenstunden und dann nachmittags wieder. Die Bahnen sind natürlich immer brechend voll, aber man ist froh, daß man überhaupt noch irgendwie fahren kann. – Unter diesen Umständen ist an Arbeit natürlich nicht mehr viel zu denken. Man geht gewissermaßen nur noch der Form halber ins Büro, so etwa um 9 Uhr. Wir bleiben dann bis 3 Uhr dort. Es ist ja auch zu kalt und ungemütlich dort. Beim letzten Fliegerangriff sind nämlich wieder sämtliche Fenster entzweigegangen, und die Wände, die schon gerissen waren, sind in großen Brocken herausgefallen, und es war sehr luftig. Es sind nun Wolldecken davorgehängt worden. – So ist also jetzt die Lage. Dennoch habe ich in den letzten Wochen eine nette Zeit verlebt.

2. Mai 1945: Wieder ein großes Ereignis: Gestern abend, am 1. Mai 45, erfuhren wir durch den Rundfunk, daß unser Führer Adolf Hitler am Nachmittag auf dem Befehlsstand in der Reichskanzlei gefallen sei. – Zu seinem Nachfolger ist Großadmiral Dönitz bestimmt worden.

Das ist nun das Ende: Unser Führer, der uns soviel versprochen hat, hat erreicht, was noch kein deutscher Machthaber fertigbekommen hat, er hat ein völlig zerstörtes Deutschland hinterlassen, alle Menschen um Haus und Hof gebracht, aus ihrer Heimat vertrieben, Millionen sterben lassen, kurz, ein entsetzliches Chaos erzielt. Und wieder müssen wir, das arme Volk, die Suppe auslöffeln. Ach, es ist entsetzlich, welch eine Zeit haben wir vor uns! Aber mit Gottes Hilfe werden wir auch diese überstehen. – Ich möchte so gern von dem Schönen erzählen, das ich erlebt habe, denn mein Herz ist voll davon. – Eben geht das Licht aus, und ich kann nicht weiterschreiben. Also muß ich erst mal zu Bett gehen. Und ich denke an ihn, an meinen guten Emile. –

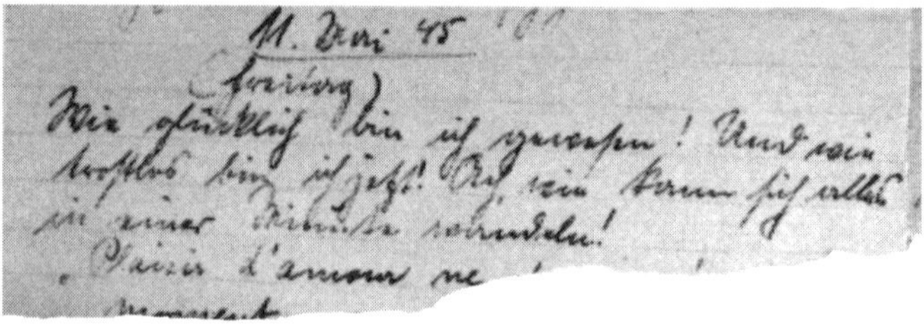
11. Mai 45
(Freitag)
Wie glücklich bin ich gewesen! Und wie trostlos bin ich jetzt! Ach, wie kann sich alles in einer Minute wandeln!
»Plaisir d'amour ne

11. Mai 1945: Wie glücklich bin ich gewesen! Und wie trostlos bin ich jetzt! Ach, wie kann sich alles in einer Minute wandeln! »Plaisir d'amour ne dure qu'un moment«, [Hier fehlen mehrere Blätter – herausgerissen]. [...] erzählten uns etwas. Ach, und er küßte mich wieder so warm und innig. Ich war sehr glücklich und er, glaube ich, auch. Er ist doch der entzückendste Mann, den ich kenne. Ich wünschte, er wäre immer bei mir. Er will versuchen, morgen zu kommen nach hier. Hoffentlich wird es etwas! Über diesen Dingen vergesse ich fast das Weltgeschehen. Am 9. Mai 1945 wurde der Frieden unterzeichnet. Das ist nun der langersehnte Frieden,

ach, er wird uns noch viel Leid bringen. – In der Stadt wird eine Verordnung und ein Gesetz der engl. Militärregierung nach der anderen angeschlagen. Wir müssen nun alles über uns ergehen lassen.

9. September 1945: Heute ist Emiles Geburtstag, und ich muß viel an ihn denken. Ach, ich wünschte, ich wäre heute bei ihm! Ob er wohl auch an mich denkt? Ich weiß es nicht, nein, ich weiß überhaupt nichts. Nicht, ob es ihm gutgeht, ob er noch verheiratet ist oder ob er sich mit seiner Frau wieder versöhnt hat, und nicht, was seine Mutter zu unserem »Abenteuer« (wie er es zu nennen pflegte) gesagt hat. Das ist sehr schwer, aber ich muß immer noch warten, denn die Post ins Ausland ist noch nicht freigegeben. –

Wir haben nun den langersehnten Frieden. Ach, der sieht traurig aus. Es geht uns, abgesehen davon, daß wir keine Fliegerangriffe mehr haben, schlechter als im Krieg. Wir haben sehr wenig zu essen. 400 g Fett (davon 200 g Butter) im Monat, 150 g Fleisch pro Woche, 400 g Zucker, 400 g Marmelade, 300–500 g Nährmittel, 6800 g Brot pro Monat, 5 Pfund Kartoffeln pro Woche. Und den ganzen Sommer fast kein Gemüse oder Obst, weil das meiste von diesen Dingen nach England hinüberging. Wir bekamen einmal etwas Trockengemüse und haben dauernd Sauerkohl und gesalzene Steckrüben und Kohlrabi gegessen, ein meist ungenießbares Zeug. In den letzten Wochen haben wir allerdings kanadisches Weizenmehl bekommen. Da gab es plötzlich schneeweiße und große Brötchen und Weißbrote, daß es eine Pracht war. – Gas haben wir immer noch nicht wieder. Kohlen bekommen wir in diesem Winter gar nicht; wir müssen uns mit Holz behelfen. – Das Ausgehverbot besteht noch immer ab ½ 11 Uhr abends. Aber kulturelle Veranstaltungen haben jetzt wieder begonnen. Es gibt Konzerte und poetische Vorlesungen, Liederabende und Theaterstücke, alles, was das Herz begehrt, sogar Tanzstunde. Nur bekommt man leider nie eine Eintrittskarte, wenn man keine Beziehungen hat. – Aus Mangel an Theatern (einige sind ja nur für die »Tommies« beschlagnahmt) finden teilweise Veranstaltungen in Kirchen oder Gemeindesälen statt. – So ist jetzt das Leben hier in Hamburg. Zuerst war es bitter, überall auf unseren Straßen Tommies laufen zu sehen, aber jetzt hat man sich daran gewöhnt und damit abgefunden, besonders da die meisten von ihnen sehr höflich und nett sind.

Zuerst durften die Soldaten nicht mit uns sprechen, aber dann, nach einem ½ Jahr, wurde das Verbot aufgehoben. Und da hätte man einmal die Mädchen sehen sollen! Es war geradezu, als hätten die Tommies einen Magneten und zögen die Mädchen an. Und das hatten sie ja auch in der Tat. Schokolade, so lange entbehrt, Zigaretten, Weißbrot, Corned Beef, Keks und was es sonst noch gab, waren gewiß nicht zu verachten. Da konnte man es den kleinen Mädchen nicht verdenken, wenn sie gerne mit einem Tommy im Stadtpark spazierengingen. Aber natürlich, es gibt viele »weise« Stimmen, die das streng verurteilen; ja, den Männern und den verheirateten Frauen ist das verständlicherweise nicht recht. Aber sie ändern nichts daran, die Tommies stehen jetzt einmal hoch im Kurs. Es sind sogar schon Ehen geschlossen worden zwischen deutschen Mädchen und englischen Soldaten.

Das Fenster zur Seele
Mädchentagebuch
Edelgard B., Siegen

Montag, 27.3.44: Ich bin mal wieder krank. Habe schlimme Halsschmerzen. Jedesmal, wenn ich so feste aus der Brust husten muß, tut mir alles weh. Ich war schon vor ein paar Tagen erkältet, es ist aber schlimmer geworden gestern. Wir wurden nämlich fürs BDM verpflichtet. Das war schön und feierlich. Wir hatten um ½ 10 Uhr Antreten am Kreishaus. Dann marschierten alle ältesten Scharen sämtlicher Jungmädelgruppen und HJ zum Kaisergarten. Unsere Gruppe 7 war die zweitletzte. Dann haben wir vorne gestanden bis ½ 11 Uhr. Wir haben alle gefroren und geklappert. Es hieß auch noch, alle Jacken und Mäntel ausziehen! Und in Blusen sind wir dann reinmarschiert. Man sagte uns, drinnen sei es warm, aber von wegen... Und da habe ich mir auch die Erkältung noch mehr geholt. Aber schön war es doch. Rechts und links auf den Balkons saßen Eltern und Gäste. Hinter uns saßen Jungmädel, die sangen, und davor Pimpfe, die trommelten und fanfarten. Unten im Saal saßen rechts wir, die Mädels, und links die Pimpfe, die übernommen

Edelgard B.: Meine Eltern waren nicht meine Freunde. In der Hauptsache waren sie Autoritätspersonen, vor allen Dingen mein Vater. Aber meine Mutter war nicht so streng. Trotzdem, bei meinem Vater wäre das ganz undenkbar; er hat auch nie, so ziemlich nie, sich überhaupt mal mit mir unterhalten in einer Weise, die über das hinausgeht: »Hast du das schon getan oder jenes?« oder »Wie ist es in der Schule?«, daß er mal gefragt hätte, was in mir vorgeht, was mich wirklich interessiert. Ich werd' ihm das nicht zum Vorwurf machen, die Menschen

wurden ins BDM und die HJ. Dann das Schönste: Vor uns auf der Bühne hatte die SA eine Kapelle gestellt, und rund um diese standen rechts vier und links vier, also acht Fahnen. Hinter dem Dirigenten war ein riesiges rotes Tulpenbeet, das wirkte schön zu den vielen goldenen Instrumenten

damals konnten das einfach nicht. Seine Mutter hat wahrscheinlich auch nicht mit ihm gesprochen, die konnten das nicht, und mit meiner Mutter konnte ich nicht reden, weil ich wußte, daß alles irgendwo so sehr christlich eingefärbt wurde. Wenn ich ihr erzählt hätte, was ich wirklich gedacht habe, das war nicht möglich, außerdem will ein 14jähriges Kind mit seinen Eltern in Frieden leben.

Wenn das Tagebuchschreiben bis jetzt noch keiner erfunden hätte, dann hätte ich es erfunden.

Breloer: Was wäre passiert, wenn Sie nicht hätten schreiben können?

Edelgard B.: Dann hätte ich einen Tick gekriegt. In meiner Kindheit, das habe ich mich oft gefragt, hätte ich möglicherweise einen Knacks gekriegt.

und den hellbraunen Uniformen der SA. Und dazu noch die dunkelgrünen Bäume in Kübeln, die rechts in einer Reihe und links in einer Reihe standen. Vorne auf der Bühne standen rechts drei und links drei HJ-Jungen, regungslos die Fanfare in der Hand. Hinterher bliesen die auch. Aber einem davon wurde schlecht vom vielen Stehen, da trat lautlos ein anderer an seine Stelle. Dann standen noch rechts und links vor uns Mädels und den Pimpfen je ein HJ-Junge mit einer Fahne. In der Mitte zwischen Jungen und Mädeln war der Gang, und davor stand das Rednerpult. Darauf stand der SA-Mann und hielt uns das Gelöbnis ab: Wir mußten dem Führer geloben, unsere Pflicht zu tun und ihm treu zu bleiben.

Freitag, den 25.8.44: In letzter Zeit ist viel mit dem Krieg los. Es geht immer schiefer. Rumänien steht jetzt auf der Kippe. Der 20jährige König dort hat befohlen, die Waffen zu strecken. Dabei haben sie sich bisher so tapfer gehalten, und wir haben ihre Offiziere geschult, und nun geben sie auf. Aber das Volk will nicht recht mit dem König, sie scheuen vor Rußland zurück. Im Osten und Westen steht es auch wackelig. Hoffentlich kommt bald die V II raus. In England über London wütet die V I schon. Jetzt kommt aber auch alles Schlag auf Schlag. Erst das Attentat auf den Führer, dann im Westen an der Invasionsfront gewannen die Engländer immer mehr Raum. Jetzt stehen sie schon vor Orléans und Paris. Dann im Osten dauernder Rückgang, dann die Sache mit Rumänien und das Schlimmste, die ewige Bombardiererei. Jetzt hat Dr. Goebbels einen Aufruf ergehen lassen: »Totaler Krieg«. Wir, unsere Schule wird wohl auch noch eingesetzt werden für irgendwelche Arbeiten. Das wäre auch richtig, denn wir müssen ja siegen!!!

Besser jetzt alles hergeben, als in Sibirien landen.

Montag, den 4.9.44: Der Krieg, der alles Lebensglück zerstört – Wenn wir siegen – dann kommt für mich ein großes Fragezeichen. Der eine legt die Zeit dann so aus und der andere so – und für Christen in jedem Fall schlimm. Das ist auch trostlos. Aber wenn das andere eintrifft, das, was ich hier nicht niederzuschreiben wage, dann ist, dann ist – kurz gesagt – alles aus!! –

Auf der einen Seite steht der Sieg, der aber immer zweifelhafter wird, und auf der anderen Seite der Bolschewismus. Aber dann lieber alles, aber auch alles opfern für den Sieg, als Bolschewismus. Wenn der einträf', dann darf man gar nicht weiterdenken. Wozu gehe ich dann noch in die Schule, wenn ich doch nach Sibirien komme? Wozu? Wozu? So reiht sich ein ganzer Kreis von Fragen aneinander. Aber wenn so alle denken wollten, dann wäre ja gar keine Hoffnung mehr.

Also Kopf hoch! Unserem Willen und unserer Führung vertrauen!!! […]

Sonntag, den 31. Dezember 1944 – Silvester: Eine Eintragung will ich in diesem Jahr hiermit noch machen. Seitdem hat sich soviel Entsetzliches ereignet. Siegen hatte am 16.12. – an Tante Linas Geburtstag – einen schweren Bombenangriff. Also – es gab nachmittags Vollalarm. Wir waren ja die letzte Zeit so selten in den Stollen gegangen, also blieben wir auch jetzt zu Hause. Ich saß am Küchentisch, und Hunni stand davor, als es Alarm gab. Da sah ich zum Fenster raus und

bemerkte Frau P. vom Friseur V. kommen, mit lauter Lockenwickel auf dem Kopf. Beim Laufen sah sie immer wieder zum Himmel hoch. Ich zog den Mantel an und ging zu Mutter in den Laden. [...] Als ich auf die Straße kam, hörte man die Flieger schon sehr nah und tief. Ich ging aber noch nicht besonders schnell. Da kamen sie immer tiefer, das Gebrumm wurde ganz laut. Von Mutter war nichts mehr zu sehen. Oben an Sch.s Garten sah ich Herrn M. mit einem Herrn und ein Mädchen, alle liefen plötzlich ganz schnell. Als ich durch das große Kinderschultor kam, brausten die Flieger so tief über uns hinweg, daß man glaubte, sie kämen direkt auf einen zu. Ich sah plötzlich die rote Wolldecke von Mutter, die sie auf ihrer Tasche hatte, hinter der Kinderschule verschwinden. Ich raste, was ich konnte; kaum hatte ich Mutter erreicht, da fällt schon die erste Bombe, aber noch weit weg. Mutter wollte hier stehenbleiben. Ich zerre sie aber das kleine Trepp-chen rauf und durch R.s Garten. Mit ihren kranken Beinen konnte sie nicht so schnell, die Anlagen hatten verschlungene Wege, mit Buchsbaum eingefaßt, um die mußten wir herum, das kostete Zeit. Ich wär' ja längst im Stollen gewesen, aber Mutter... Es war eine Ewigkeit, die paar Schritte, die wir vorwärts kamen. Ich hatte entsetzliche Angst. Dann fielen wieder Bomben, näher, aber noch nicht ganz nah. Jetzt näherte sich das Wum und Wum und Krachen schon bedenklich, und wir sind gerade unter R.s Wintergarten, nur noch 50 Schritt vom Stollen weg, da geht es los, daß wir uns an die Hauswand werfen, die Ohren zuhalten, die Hölle tobte jetzt direkt um uns, immer die dumpfen Aufschläge und dann die Explosion mit ihrem Bersten und der Luftdruckwelle. Schlag auf Schlag, ohne Pause. Die Erde bebte, von dem Luftdruck sprangen die Scheiben des Wintergartens, Mörtel und Glas brachen auf uns nieder, in die Tasche mit dem Fleisch. Einen Augenblick schien es mal aufzuhören, da wollte ich Mutter zum Stollen zerren, es waren ja nur noch ein paar Meter durch den Garten, da ging es schon wieder los. Wir hatten uns eng umschlungen und an die Hauswand geklammert. Mutter sagte: »Jetzt müssen wir sterben, oh, unser schönes Siegen.« Ich hatte komischerweise gar nicht das Gefühl, sterben zu müssen. Mit uns lagen noch drei Personen an der Mauer, darunter Frau Metzger J. Ich betete immer leise vor mich hin, Mutter war still, ihr Herz war wohl zu schwach. Ich sagte noch zu ihr, sie solle den Mund öffnen und sich die Ohren zuhalten. Dann kam über meine Lippen, was ich gewöhnlich so leicht nicht sage, ich bat sie um Verzeihung für all meine Ungezogenheiten. Sie sagte: »Unser armer Vater, wenn der zurückkommt, und Siegen ist kaputt, und die arme Tante Lina, ob unser Haus noch steht.« – Als ich das Haus verlassen hatte, hatte ich sie in den Keller gehen hören. – Jetzt ließen die schrecklichen Sprengbomben nach, und um uns herum fielen Brandbomben, Phosphor sprühte lodernd gelb und grün auf, spritzte Feuer nach allen Seiten, dazwischen rannten die Menschen immer weiter, auch Frauen mit Kindern. – Dann war Schluß. Der Angriff hatte 8 Minuten gedauert. Es war einem vorgekommen wie eine Ewigkeit. Ich zog Mutter nun mit in den Stollen, die Taschen ließen wir dort stehen, sie nahm nur die mit den Ausweisen mit. Ich sagte: »Die kommen noch mal zurück, dann geht es wieder los.« Dabei fielen noch vereinzelte Brandbomben. Als wir dann endlich in den Stollen kamen, waren natürlich alle Sitzplätze fort. Auf der Bank stand ein großer Wäschekorb mit einem Radio. Den stellte ich kurzerhand unter die Bank und setzte Mutter hin. Die war jetzt am Ende ihrer Kraft. Ich war seltsamerweise ganz ruhig und habe Mutter noch beruhigt. Die Frauen schrien und zeterten: »Mein Haus, mein Haus, alles ist verbrannt, ich habe nichts mehr.« Solche Frauen machen die anderen dann noch mit verrückt. Als dann alles vorbei war, da kamen die anderen, die in ihren Kellern geblieben waren, alle angerannt. Nun strömte es in den Stollen hinein, ich wollte unsere Taschen holen, aber man kam nicht heraus. Auch Hunni kam an. Die beiden blieben im Stollen. Ich ging dann raus.

Die ganze Oberstadt brannte lichterloh. Es durchschoß mich der Gedanke, daß es ein fantastischer Anblick wäre, wenn es nicht so schrecklich wäre. Der ganze Himmel war grell erleuchtet. Als ich den Weg zurückging, sah ich, daß an

der Stelle, wo Mutter hatte bleiben wollen, an der Wand des Kindergartens, ein Riesenkrater klaffte. Wären wir da stehengeblieben – es hätte uns zerfetzt. H.s Haus brannte lichterloh. Ich ging zuerst durch unser Haus, durch Keller und Speicher, ob vielleicht irgendwo eine unentdeckte Brandbombe schwelte. Nichts, aber alle Scheiben kaputt. Die Kaninchen an der Kellertreppe waren mit ihren Ställen umgekippt.

Dann ging ich zu K. und rettete, was zu retten war. Alles, was ich so schnell fassen konnte, reichte ich raus. Die Eigentümer nahmen alles von draußen an. Oben im 1. Stock brannte es, ich rettete unten. »Von unserer Tochter noch die Pelzmütze!« rief der Vater, und ich warf, was ich fand. Später haben die Leute gesagt, so wie ich hätte keiner sonst ihnen geholfen. Ich hatte überhaupt keine Angst, ich habe nur gehandelt. [...]

Samstag, den 27.1.1945: Es ist gräßlich! Ich möchte nur mal wissen, was in den letzten Tagen und Wochen mit Mutter los ist, wegen jeder Kleinigkeit schimpft sie. Heute kommt es gewiß daher, daß sie erfahren hat, daß die Russen schon auf Königsberg zugestoßen sind, und Werner ist doch dort in der Nähe. Auch Onkel Karl und Tante Anna (ein Vetter von Mutter) ist aus Kö. nicht mehr rausgekommen; jetzt fallen sie wohl den Russen in die Hände. Entsetzlich! Daran wird Mutter wohl immer denken, und deshalb ist sie so nervös und aufgeregt. Wir haben kein Radio mehr seit dem letzten Angriff. Es ist noch immer bei L.s, die machen es nicht. Da können wir gar nicht verfolgen, wo unsere Truppen eigentlich stehen, oh, es sieht böse aus! Im Westen hält die Front im Augenblick, aber wer weiß, wie lange. Wenn aber unsere Truppen alle im Osten stehen, dann kommen die Engländer und Amerikaner schneller voran, weil wir alle Truppen im Osten brauchen. Tante Lina überlegt schon immer, wie und wann und wohin sie fliehen will, wenn hier die Feinde hinkommen. Aber das ist ja Unsinn. Wenn wir nach Osten vor den Engländern fliehen, rennen wir den Russen in die Quere, und wenn wir nach Westen vor den Russen fliehen, rennen wir den Engländern und Amerikanern in die Hände. Breslau, die schöne deutsche Stadt, ist von Frauen und Kindern schon geräumt, wer hätte gedacht, daß wir jetzt auch im Osten und nicht nur im Westen flüchten müssen! Unser armer, armer Führer, der wird wohl keine Nacht mehr schlafen und hat doch mit Deutschland das Beste im Auge gehabt. Kein Mensch hat mehr richtige Hoffnung: Vom Westen und Osten werden wir immer mehr zusammengedrückt, und dann aus der Luft die Bomben noch immer fest drauf. Der Führer hat recht: Hier gibt es nur Tote oder Überlebende. Wozu werden wir gehören? Aber noch 2 Hoffnungen habe ich, an die ich mich in all der Not klammere: 1. Entweder hat Gott ein Einsehen, daß das deutsche Volk jetzt viell. genug gestraft sei oder 2. daß der Führer noch eine Geheimwaffe hat, die er einsetzt. Allerdings wird es dann jetzt bald Zeit, sonst ist es vielleicht zu spät. Aber vielleicht ist die Waffe so vernichtend, daß die Regierung selbst noch zögert, weil ihr vor der Anwendung graut. Aber was kann da ein einzelner Mensch dran machen! Die Dinge müssen eben jetzt ihren Lauf nehmen!

Sonntag, den 11. Februar: Es war (am 1.2.) abends gegen 7 Uhr, und wir waren gerade beim Essen, als es Vollalarm gab. Vater sagte: »Werft euch alle auf die Erde, Siegen bekommt einen Angriff, die Leuchtzeichen sind schon gesetzt«, und wir warfen uns alle hin. Ich unter das Luftschutzbett mit Frl. S., die sonst immer in den Stollen geht. Nach 10 Min. – wir dachten schon, es gäbe gar keinen Angriff – da krachte es! Und nun ging es Schlag auf Schlag. Es war ein so ungeheurer Lärm, ich weiß nicht, was schlimmer war, das Heulen der Bomben und Bersten oder der unheimlich brausende Luftdruck. Das Trommelfell tat so weh, daß ich dachte, es platzt. Es brauste wie ein Sturm durchs ganze Haus. Es schien uns eine endlose Ewigkeit zu dauern, länger als Stunden. Jetzt wissen wir, daß es genau 30 Min. waren. Es war grauenhaft. Wir lagen da, den Mund offen, Ohren zugehalten und eine Decke über dem Kopf. Eiskalt fuhr der Luftdruck mir unter das Kleid. Bei jeder Bombe dachten wir: Die ist jetzt auf unser

Haus niedergegangen! Jetzt stürzt es zusammen, jetzt kracht es über uns, jetzt ist der Moment gekommen, jetzt sind wir gleich alle tot. Als die Flieger endlich nach einer halben Stunde weg waren, da gingen wir erst rauf, aber unser Haus stand noch, es war wie ein Wunder! Vom Speicher aus konnten wir die ganze Stadt überblicken, lichterloh brannte alles, und der Himmel war feuerrot. Im Eßzimmer, da wo wir Abendbrot gegessen hatten, ist das Essen ganz verdreckt gewesen, und alles lag kreuz und quer aufeinander, Splitter auf dem Essen, die Brotscheiben hatten sich vom Luftdruck so gewölbt, wie eine Nußschale so rund. Die Leberwurst war ganz eingetrocknet. Unser vorher so gemütliches Zimmer war hin. Und Tante Mielchen – da fährt sie nach Siegen, um hier in den Angriff zu kommen, und unsere Mechthild, ihr Urlaub ist nun auch hin. Sie hat immer noch aus G.s Haus heraus-

Edelgard B.: Mein Bruder war an der Front, meine eine Schwester war Krankenschwester in Rußland im Lazarett, und die andere war Nachrichtenhelferin.

geholt, was zu holen war, ich ebenfalls. Vater hat in der Wellersbergstraße Verschüttete geborgen, oh, sieht es überall aus! Bei G.s, unten in einem Raum, der noch steht, waren die Toten hingelegt worden. Aus dem Nachbarhaus sind die beiden alten W.s tot, die im Keller lagen, aber sie waren mit einer Decke zugedeckt, aber unter der Decke kam ein Stück abgerissenes Bein hervor, entsetzlich, ich glaube, es war der alte Herr W.

[...]

Von Bubi (Werner) kam gestern eine Freudenbotschaft an, ein Telegramm, daß er einen Oberarmdurchschuß hat und im Lazarett bei Arnsberg liegt.

Am 2.2. war das aufgegeben. Ist das nicht herrlich? So ist er wenigstens vor dem sicheren Tod oder doch der Gefangenschaft bei den Sowjets gerettet worden, gerade ehe in Ostpreußen der Riegel vorgeschoben wird. Die Briefe an die Königsberger kommen jetzt alle zurück. Die Feinde haben unserer Regierung ein Ultimatum gesetzt, wenn Deutschland sich innerhalb von 24 Std. nicht ergibt, dann würden sie ganz Deutschland vernichten. So hat sich jetzt das Blatt gewendet. Der Führer hat abgesagt, er will keine Rede halten, aber ich hoffe doch immer, es kann, es darf ja nicht alles verloren sein!

Dabei müssen wir abwarten und können nur immer in den Stollen gehen. Denn wenn ein Volltreffer aufs Haus kommt, dann ist man im Keller verloren, das hat der vorige Angriff gezeigt.

Gisa liegt ja noch immer in Werdohl im Krankenhaus, neulich hat sie mir mal kurz geschrieben. Es ist gut, daß sie den Angriff nicht miterlebt hat. Ihr Vater und ihr Großvater sind jetzt nur noch alleine in Siegen. Ich war mal dort und habe Herrn S. Lebensmittel besorgt, er kann ja doch nicht einkaufen gehen. Als ich auf dem Wege dorthin war, begegnete ich Ilse H., einem Mädchen aus dem BDM. Sie fragte mich, ob ich nicht mal mit ihr käm'. Ich fragte sie, wohin, sie sagte: »Hier in die Turnerstraße, ich möchte gerne Begleitung haben.« Ich ging arglos mit ihr. Als sie aber dann sagte, sie wolle in die Turnhalle, da fiel mir ein, daß ja dort die Toten vom Angriff alle lagen. Da wurde mir aber doch angst, die wollte ich nicht sehen. Dann würde ich danach noch mehr

Angst vor dem Alarm haben. Ich sagte zu ihr, daß ich dann nachts davon träumte, da wollte ich nicht hin, aber sie meinte: »Ist ja Quatsch, stell dich nicht an«, da wollte ich mich auch nicht gerne schwach zeigen. Aber da standen wir auch schon in der Tür der Halle. Draußen lagen Särge aufgeschichtet. Ach, war das entsetzlich. Wäre ich doch nicht mit Ilse gegangen. Die Halle war besät mit Leichen. Ich habe mir sie aber nicht weiter angesehen, nur eine Gruppe, die mußte ich bemerken, denn die lag gleich neben der Türe. Da waren ein Mann und eine Frau, die ich aber z. Glück nicht genau erkennen konnte, ich sah nur die blutüberströmten und drecküberkrusteten Gesichter; aber zwei kleine Mädchen, vielleicht 5 Jahre alt, lagen noch da. Das eine so, als wenn es noch lebte, wie ein Püppchen, die Äugelchen zu, ganz süß, als würde es schlafen, und das andere hatte wohl unter dem Schutt gelegen, die Haare und das Gesichtchen waren ganz voll Lehm. An dem nackten Beinchen sah man noch ein Stück Strumpfband, und die Beinchen in den Strümpfen baumelten leblos herunter.

Ach, da ballte sich in mir alles an Haß und Wut zusammen auf die, die all das Unheil und Entsetzliche unter hilflosen und unschuldigen Frauen und Kindern wie diese beiden Kleinen angerichtet hatten. Ich konnte nur immer in das Gesichtchen des kleinen Mädchens sehen, das hatte auch eine Mutter unter Schmerzen geboren, und in so kurzer Zeit so grausam hinweggerissen! Es war nur halb angezogen, über dem Höschen und Blüschen hatte es kein Röckchen an, vielleicht hatte es im Bett gelegen, und als der Alarm kam, hatte die Mutter es nur halb anziehen können. Da fielen die Bomben schon. –

Plötzlich hörte ich neben mir jemanden sagen: »Das hier, das war mein Bruder.« Ich sah mich um und in das Gesicht eines vielleicht 19 J. alten Mädchens, sie hatte das zu Ilse gesagt und zeigte auf ein Häufchen Elend zu ihren Füßen, das ich jetzt erst sah. Es sah aus wie ein Hund, so gekrümmt und zusammengekauert und schwarz verkohlt. Das Rückgrat konnte man noch deutlich erkennen. Das Mädel sagte: »Er war so ein großer, kräftiger Mensch.« Zuerst hatte der noch gelebt, und als die ersten Bomben gefallen waren, hatte er gesagt, er wollte seiner Schwester wenigstens noch die Betten retten; dann war er aus dem sicheren Keller raufgelaufen und in das brennende Haus hinein, und dann war es über ihm zusammengestürzt. Das war nun von ihm übriggeblieben. Es war ein grauenhafter Anblick! – Jetzt sah ich auch noch andere Leute zwischen den Toten hin und her gehen, die ihre Angehörigen suchten. Da habe ich mich so geschämt, daß ich hier nur so aus Neugierde stand und die Toten betrachtete. Diese Menschen hier suchten aber ihre Angehörigen. Ich habe mich dann von keiner Ilse zurückhalten lassen und bin, so schnell ich konnte, rausgerannt, raus, nur weg hier und nach Hause zu meinen Lieben und alles vergessen, nichts als vergessen! – [...]

Dienstag, den 27. März 1945: Ach, soll das nun mein Leben sein! Es ist zum Weinen! Bis gestern noch, wenn die Großen sagten, der Ami wäre bald hier, habe ich das nicht ernstgenommen. Immer habe ich noch gedacht, bah, die Alten, die haben soviel Angst, so weit sind wir noch lange nicht. Dann wird der Führer erst mal die V I und die V II einsetzen, dann werden die Amis laufengehen. Und ich habe mir einfach nicht die Zeit genommen, mal mehr darüber nachzudenken. [...]

Donnerstag, den 29. März 1945: Und es hat doch gestimmt, wir sind überrollt und erobert worden! Heute haben wir jede Minute die Amerikaner mit Bangen erwartet. Am Dienstagabend war eine ganze Gesellschaft Soldaten hier zum Essen. Die ganze große Küche war voll. Als sie noch nicht mit Essen fertig waren, kam der Befehl zum Rückmarsch. Schnell wurde die Suppe ausgelöffelt, und ab ging's im Sturmschritt. Ein Soldat, der sein Koppel noch vorher holen wollte, wurde von einem Vorgesetzten, einem netten Feldwebel aus Bonn, angefahren: »Mensch, wenn Sie nur wüßten, was überhaupt los ist, kümmerten Sie sich um kein Koppel mehr!«

Als diese Soldaten weg waren, kam der nächste Schub an und wollte zu essen haben. Danach nur noch einzelne Versprengte in Abständen, die alle panisch die Flucht vor den Amerikanern ergriffen. Unser Osterkuchen, den Tante Anna für unsere vielen Familien zu Ostern noch gebacken hatte, wurde zum großen Teil von ihr an unsere armen Jungen von der Front verschenkt. Die haben sich gefreut. Wie lange werden sie keinen Kuchen mehr gesehen haben!

In der Nacht griff der Ami an, ganz in der Nähe, Artillerie – wir sind alle in den Keller gegangen. Nach Siegen haben sie schon reingeschossen, wie es heißt, und heute morgen standen die schon in Burbach. Den ganzen Tag haben wir mit dem Einrücken der Amis gerechnet, dauernd hören wir die Artillerie und immer näher. Gestern und vorgestern gab es hier den Befehl zum Räumen des ganzen Siegerlandes. Aber nach langem Hin und Her, und nachdem wir auch schon gepackt hatten, sind wir dann doch alle geblieben. Die Nachbarorte sind ja auch alle überfüllt, und der nahe Dillkreis soll ebenfalls geräumt werden, wohin also?! Und mit den vielen Kindern? In Marburg seien Luftlandetruppen abgesetzt worden. Gießen sei schon in Feindeshand. In Nürnberg und München seien ebenfalls Truppen abgesprungen und hätten die Städte genommen. Ganz Deutschland wird also eingenommen. Wozu dann noch abhauen!

Wilgersdorf, 2. Ostertag, 2. April 1945: Die Nacht vom Donnerstag auf den Freitag haben wir im Keller verbracht. Ich habe bestimmt schon besser geschlafen als da. Im Morgengrauen, so um 3 bis 4 Uhr herum, hörten wir ganz, ganz nahes Schießen, es kam immer näher. Am frühen Morgen sahen wir noch deutsche Truppen hier im Dorf. Sie haben tapfer um Wilgersdorf gekämpft, aber so gegen 11 Uhr – flatterte die weiße Fahne über dem Ort. Als ich das sah, da wurde mir ganz anders!

Plötzlich fiel mir mein Fahrrad ein. Wenn die Amis das finden würden, setzten sie sich bestimmt drauf und führen damit ab, so dachte ich. Herr B., ein Herr, der im Dorf unten wohnt, weil er ausgebombt ist, aber jetzt auch noch hier oben wohnt, auch Frl. S. – alle schliefen im Keller mit uns, denn sie denken, hier oben auf der Plantage wären sie sicherer als unten im Dorf –, dieser Herr B. also riet mir, das Vorderrad abzumachen. Während ich das tat in der Eile – ich fand die Schraubenschlüssel nicht –, berieten Helmut und Onkel Ferdinand, was sie sagen würden, wenn sie gefragt würden, wer sie seien und ob sie Soldaten seien. Dann kämen sie nämlich noch in Gefangenschaft und wer weiß wohin.

Alfred ging in den Stall und putzte die Pferde – als Bauer war er ja freigestellt. Helmut wollte sagen, daß er eben (was ja auch stimmte) in Siegen ausgebrannt sei und jetzt hier bei seiner Familie wäre, aber er ist noch so jung und kräftig. Sein Paß wär' mitverbrannt. Bei uns hätten wir keinen Soldaten mehr. Das stimmte auch halb, denn er war für eine bestimmte Zeit von seiner Firma reklamiert worden, aber der Termin war eben am Samstag, dem 31.3., abgelaufen. Für mich galt es nun, das Vorderrad zu verstecken. Ich raste rauf und runter durch das Haus und suchte ein Versteck. Natürlich fand ich in der Eile keines. Vater ging auf sein Zimmer, um sich umzuziehen, falls er mitmüßte, daß er wenigstens nicht den Maureranzug vom Häuschenbauen anhätte. Als ich auf dem Speicher auch keinen Ort gefunden hatte, ging ich wieder runter, ach, war ich aufgeregt! Als ich die Treppe runterkam, sagte ich eben zu Hildegard, die ihren Jungen, den Erich, auf den Arm nahm, »Du, das Bollern stammt gewiß von Sprengungen der letzten deutschen Panzer«, da erst bemerkte ich den Amerikaner, der mit vorgehaltenem Gewehr

über den Flur kam. Das war ein Schreck! Erst als er vorbei war, fiel mir mein Vorderrad ein, das ich immer noch in der Hand hielt. Ich lief in Gretes Wohnung, aber die wollte es nicht bei sich haben. Dann lief ich die Treppe rauf und steckte es hinter die Mäntel an der Garderobe von Alfreds Wohnung, jetzt war es mir auch egal. Dann die Treppe wieder runter. Unten auf der großen Glasveranda stand plötzlich ein ganzer Trupp Amerikaner-Soldaten, sie saßen, die Mützen ab, auf den Melkeimern da herum. Als sie alle Zimmer durchforscht hatten, wollte einer von ihnen, ein hagerer Kerl, von unseren Männern die Papiere haben. Vater und Onkel Ferdinand mußten sich gar nicht ausweisen, wegen der weißen Haare gewiß. Mit Herrn B. und Alfred, der beim Pferdeputzen war, waren sie zufrieden. Das waren ja auch keine Soldaten, wenigstens Alfred war zur Landbestellung kurz vorher entlassen worden. Aber Helmut sah ihnen zu wehrfähig aus, und er hatte keinen Paß. Die Kerls konnten ganz schlecht Deutsch. Sie wollten nicht glauben, daß Helmuts Paß verbrannt war. Herr B. erklärte aber dann einem, der auch französisch sprach, die Sache. Das half. Sie gaben sich zufrieden. Jetzt dachten wir, daß alles vorbei wäre. Da brachte ein Ami ein Bündel alter Uniformen an, die er in irgendeiner Ecke im Stall gefunden hatte. Die stammten von durchziehenden Soldaten, die sich nach Hause absetzen wollten. Da grinsten die Amis unverschämt und dachten, sie gehörten Helmut. Er mußte die Uniformen anprobieren. Aber zum Glück waren sie viel zu groß für ihn. Er sollte sich aber trotzdem fertig machen und mitkommen. Es waren schlimme Minuten. Dann tat Herr B. alles und überredete die Amerikaner. Da blieb Helmut nun hier. Dann kam auch noch ein deutscher MG-Beschuß, und wir mußten in den Keller; da wurde die Sache von den Amerikanern fallengelassen. Dann gab es aber noch eine Sache mit Alfreds altem Wehrmachtspaß – der lag irgendwo, und wenn sie den fanden, was dann? Nun konnte niemand aus dem Keller, und die Kerle ließen einen nicht raus. Da kroch Hildegard beherzt durch die Tür vom Notausgang in den Stall und holte heimlich den Paß. Wenn die Amis das gesehen hätten! Sie zogen aber dann endlich ab, nachdem sie vorher Johann, den polnischen Kriegsgefangenen, der schon lange bei P.s auf dem Hof arbeitet, noch ausgequetscht hatten. Johann sagte, er hätte erklärt, wie gut P.s immer zu ihm gewesen wären, und daß sie keine Nazis wären.

Dann schossen unsere Deutschen noch so doll, daß wir immer noch nicht raufgehen konnten. Die Mittagssuppe haben wir im Keller gegessen. An dem Tag war noch viel Aufregung, dauernd deutsches Feuer, das auf die Amis schoß. Dieter hatte vor den Amerikanern schreckliche Angst. Er hat geschrien, als wenn er am Spieß steckte. Gegen Abend kamen dann noch zwei, die einige Eier wollten. Dagegen tauschte Tante Anna Schokolade für die Kinder. Bei uns haben sie sich recht anständig benommen, aber unten im Dorf sollen viele furchtbar gehaust haben. Am Samstag haben sie uns auch dann in Ruhe gelassen. Abends, als die Kinder im Bett waren, denn sie schliefen da zum erstenmal wieder in ihren Betten, haben wir in Hildegards Küche noch Eier gefärbt und sie in buntes Papier gewickelt, war das ein Spaß und eine Entspannung! Ich ging dann erst lange nach den Eltern ins Bett.

Donnerstag, den 26.4.45: Bei Metzger J. stand ich neulich wegen ein bißchen Fett pro Person und etwas Fleisch an, von morgens ½ 8 h bis mittags 12 h. Allerhand, wie weit wir gekommen sind! Wenn die Amis uns bloß nicht verhungern lassen. Ja, jetzt erst glaube ich, daß alles verloren ist und der Führer auch betrogen worden ist. Die Russen stehen auf der einen und die Amis auf der anderen Seite Berlins. Dort fließt entsetzlich viel Blut. Was wird nur alles werden! Werden wir unser Eigentum behalten? Die arme Mutter, sie bangt so um die Kinder. Was man hört, alle Soldaten kommen in Zivilkleidung zurück und haben sich durchgeschmuggelt, wo nun doch alles verloren ist. Ob Werner und die Mädchen das wohl auch machen!

Unter den vielen Landstreichern, die jetzt auf der Straße sind, sind bestimmt der größte Teil deutsche Soldaten. Nicht alles Ausländer. Russen laufen in Scharen herum und machen alles unsicher. Sie plündern jetzt noch die Keller unter den Trümmern aus. Dabei so frech, und in solchen Scharen! (Sie sind ja auch die Kompagnons der Amis, die uns besiegt haben.) Hier in der Straße hängt jetzt an der Gaststätte B. ein riesenhafter Gong, auf den wird geschlagen, wenn jemand Russen im Umkreis hat plündern sehen. Dann ziehen alle Männer los, mit Knüppeln, und hinter ihnen her, so ist schon manche Schlacht geschlagen worden, wo die Russen blutig abzogen und mancher um sein Leben gebettelt hat. Unser Vater ist natürlich dann immer an der Spitze. So, jetzt aber gute Nacht, ich bin so müde und will in mein schönes weißes Bett.

»Schlaf süß, mache ins Bette kein Gemüs!«

Sonntag, den 29.4.45: Seit Freitag ist dauernd Regenwetter, mitunter gießt es in Strömen, wie gut, daß ich am Donn. den

Garten noch fertig gemacht habe! Am Freitag ist Mutter erzählt worden (am Rosterberg ist ja Strom und folglich auch Radio), daß im deutschen Wehrmachtsbericht der Führer selbst gesprochen habe, nur kurz, aber es war genug. Er sei von allen seinen Getreuen verlassen worden und kämpfe jetzt mit nur noch einigen Hitlerjungen. Als ich das hörte, da war für mich alles aus. Ich hatte bis dahin immer noch geglaubt, sie könnten uns doch nicht so belügen, es käme doch noch die Geheimwaffe, aber jetzt ist alles aus. Ich mußte alleine ins Eßzimmer gehen, dort habe ich mich aufs Sofa geworfen und bitterlich geweint. Sollte denn so alles vorbei sein? Der Traum ausgeträumt, alles zerschlagen, was glücklich wieder aufgebaut war, sollte das das Ende sein, auf das wir 5 volle Kriegsjahre hingearbeitet und entbehrt hatten, wo so viele blühende Jugend gefallen ist im Kampf für eine närrische Idee - nicht im Kampf fürs Vaterland, das war frei und einig. So viele Witwen und Waisen haben wir jetzt, so viele haben ihre gesunden Glieder verloren, viele haben Hab und Gut verloren, fünf Jahre lang haben wir fest an den Sieg geglaubt, und jetzt soll dies das Ende sein! Orden und Ehrenzeichen sind verliehen worden. Wofür? Jetzt begeht einer nach dem anderen von der Regierung Selbstmord. Zuerst konnte ich keinen Groll gegen den Führer empfinden. Ich sah ihn immer noch als den Mann, dem das Volk zujubelt, den die Kinder anstrahlen, aber jetzt, jetzt habe ich mich zu der Meinung durchgerungen, daß der Führer es nicht wert ist, daß man ihn bedauert. Sein anfängliches Kriegsglück ist ihm zu Kopf gestiegen, und er wollte mehr und immer mehr. Der Ruhm hat ihn so gierig gemacht. Jetzt hat er ein 90-Mill.-Volk auf dem Gewissen, das er ins tiefste Elend gestürzt hat, jetzt können wir uns nicht mehr erheben, es ist schlimmer als 1918. 6 Mill. Soldaten hat er auf dem Gewissen und 3 Mill. Zivilisten durch Bombenterror. Jetzt werden wir immer unter der Knute leben, ein Volk, das eines der kulturreichsten Völker der Welt war, ein Volk, aus dem so viele große Männer hervorgegangen sind wie Goethe, Schiller, Beethoven, Bismarck usw. Solch ein Volk soll zerrissen werden! Himmelschreiend ist es, und das alles haben wir dem einen Mann zu verdanken. Was haben wir, die Jugend, die doch schließlich auch einen Anspruch auf Lebensglück und -erfüllung hat, denn

noch vom Leben zu erwarten? Verschickung nach Sibirien oder Ähnliches? Oder noch Schlimmeres? Wenn ich daran denke, daß ich mal in einen BDM gegangen bin, geglaubt habe, daß dieser Mann der rechte Führer Deutschlands sei und ihm voll und ganz vertraut habe! Daß sich Männer von ihm haben betrügen lassen wie kleine, unvernünftige Kinder. Wie war man damals über die Verräter des 20. Juli empört! Ja, Herr A. hatte recht, der damals gesagt hatte, jetzt ist auch die letzte Chance futsch. Und den ich ob seiner Worte so verachtet hatte. Die Männer vom 20. Juli hatten erkannt, daß des Führers Tod für Deutschland die einzige Rettung sei. Diesem Mann, der besinnungslos deutsche Menschen hinmorden ließ,

mußte Einhalt geboten werden. »Wir kapitulieren nie«, hat Adolf Hitler gesagt, und als er sah, daß alles verloren war, hat er gedacht: »Jetzt kann das deutsche Volk auch mit mir sterben!« Wir Narren haben geglaubt, da Gott den Führer am 20. Juli bewahrt hat, habe er ihn dazu bestimmt, Deutschland doch noch siegen zu lassen. Uns ist nicht der Gedanke gekommen, daß Gott den Führer vielleicht nur deshalb am Leben ließ, damit er Deutschland in noch tieferes Elend stürzen sollte. Jetzt müssen wir uns ergeben in Gottes Willen, und wir müssen die Strafe mittragen für alle die, die dachten, ohne Gott fertig zu werden. Jetzt können wir nur noch beten, uns vor allem persönlich Entsetzlichem zu bewahren.

Dienstag, den 1.5.1945: Nun ist der Augenblick gekommen, nach dem wir uns nun Jahre hindurch gesehnt hatten:

Es ist Frieden!

Aber was für einer! Seit dem 1. Mai 1945 mittags ist Waffenruhe. Der 1. Mai sollte doch der Nationalfeiertag des deutschen Volkes sein – und nun; am 1. Mai haben wir den Krieg verloren und sind so total besiegt worden, wie lange kein Volk mehr. Das ist nun der zweite verlorene Krieg! Wer hätte das gedacht. Die ganzen Kriegsjahre hindurch haben wir uns den Augenblick, wo der Krieg zu Ende sein würde, vorgestellt mit Glockenläuten und Fahnenwehen, und jetzt so sang- und klanglos und – verloren! Lieder sind gedichtet worden »Wenn Fahnen flattern und der Krieg zu Ende…« Jetzt ist er zu Ende, aber Glocken können keine läuten, denn alle Kirchen sind zerstört, und wehe dem, der eine Fahne flattern ließe! Aber dazu ist ja auch kein Grund vorhanden. Hier erzählt man sich, der Führer sei gefallen, andere, er sei mit Göring und Goebbels verschwunden, andere, er habe sich das Leben genommen.

GEFANGENSCHAFT UND FLUCHT

Urlaub vom Weltkrieg Tagebuch in Texas

Walter D., Kerpen-Buir

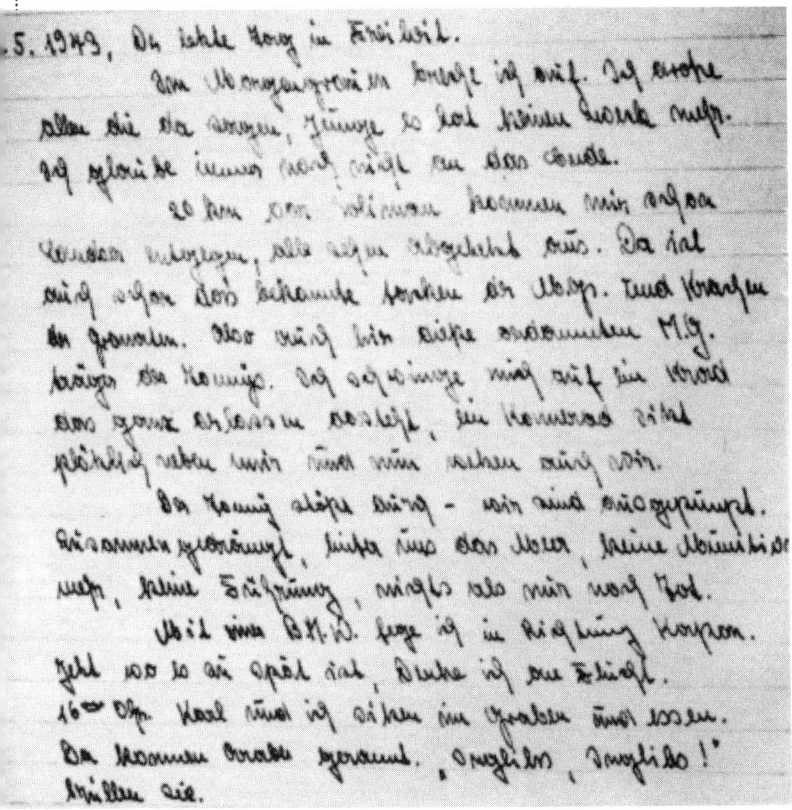

Der Afrikafeldzug ist zu Ende. Deutschland hat verloren. Ich bin in Gefangenschaft.

Vor mir liegt eine Zeit, die ich mir überhaupt nicht vorstellen kann. Was wird sie mir bringen?

In den vergangenen Wochen und Monaten habe ich meine Erlebnisse regelmäßig tagebuchähnlich nach Hause zur Mutter gesandt.

Die letzten Aufzeichnungen schickte ich am 17. April 1943. In den folgenden turbulenten Tagen ging keine Post mehr.

Was ich begonnen, will ich weiterführen.

So will ich dir, mein Buch, meine Gedanken anvertrauen. Sei mein Freund in Freud und Not. Gib, lieber Gott, mir die Kraft zu überstehen. Laß mich die Mutter, mein schönes Rheinland, meine Heimat wiedersehen. Verlaß mich nicht!

Medsches el Bab [gemeint: Medjez el Bab] 16. Mai 1943, mein erster Geburtstag in Gefangenschaft.

Am 12.5.1943: Von weitem sehen wir mächtige Rauchfahnen. Es scheint, als brennen Panzer. Näher an die Rauchfahnen herangekommen, sehen wir, daß es wirklich brennende Panzer sind. Deutsche Panzer.

Rechts und links der Straße haben die Tommies für ihre Kameraleute Panzer aufgeschleppt und heizen nun gründlich mit Treiböl ein. Tolle Rauchfahnen winden sich aus den Wracks. Durch diese Sperre fahren nun langsam die vollgeladenen Fahrzeuge hindurch. Die Kameraleute fangen mit kühnen Schwenkungen die Einbringung der Gefangenen ein.

Die Landser tippen an die Stirn, schneiden Grimassen, strecken die Zunge heraus. Der Engländer muß uns für richtige Teutonen halten, wenn man das in London zeigt.

»Medsches el Bab«. Wir biegen links ab. An den Straßen stehen französische Soldaten. Es sind Soldaten des Generals

Breloer: Wie kam es zu diesem Tagebuch?

Walter D.: Als unsere Panzerjägerkompanie Berlin verließ, sollte ein Kriegstagebuch geführt werden.

Ich dachte bei mir, das kannst du auch für dich selbst machen. In wenigen Monaten, so sagte man, sollte der Krieg zu Ende und wir alle wieder zu Hause sein.

Bald fand ich, daß Stichworte nicht aussagten, wie mir zumute war. So schrieb ich ausführlicher, was ich fühlte und erlebte. Ich sandte diese Aufzeichnungen meiner Mutter – im festen Glauben, daß diese auch zu Hause ankommen würden.

de Gaulle. Ihre Uniformen sind schlecht. Die Karabiner haben sie mit Kordel umgehängt. Es ist eine Gruppe Menschen aller Rassen. Wenn sie uns sehen, fahren sie mit dem Finger über die Gurgel. Diese Geste des Halsabschneidens sehe ich hier zum ersten Mal. Ich glaube, hier stehe ich zum ersten Mal in Afrika blankem Haß gegenüber. [...]

Am 10.6.1943: Mittags. Ein Aufseher geht durch unser Camp. »Haut ihn! Haut ihn!« Immer mehr brüllen es. Keiner weiß warum, aber alle brüllen wie am Spieß.

Einen engen Kreis hat man um eine Gruppe Männer geschlossen, welche furchtbar auf einen Kameraden einschlugen. Dauernd stoßen weitere Landser zu dem Kreis, aus dem es kein Entrinnen gibt. Alle brüllen wie die Irren. Es ist gräßlich. Ich quetsche mich aus diesem infernalischen Kreis. Nach einer Weile läßt das Toben nach. Ich frage herum.

Und nun höre ich, ein Fallschirmjäger wollte zum Tommy überlaufen. Er habe bei dem Tommy gesagt, er sei zur deutschen Armee gepreßt. Er sei Pole.

Anscheinend hat diese Rede beim englischen Posten einer mitgehört. Diese Leute lösten dann diese entsetzliche Reaktion aus. Jetzt, wo ich dieses schreibe, ist es wieder ruhig. Vorn auf einem freien Platz liegt der geschundene Kamerad. Er stöhnt nach Wasser. Niemand bringt ihm welches. Der englische Posten ist uninteressiert. Landser, welche Wasser

In den letzten Tagen des Feldzuges geriet ich in englische Gefangenschaft. Ich war ganz allein, fremd, ohne vertraute Kameraden. Ich führte meine noch vorhandenen Aufzeichnungen weiter, vielleicht um mich von dem lastenden Druck der Ereignisse zu befreien.

Ich bekam mein Spießbuch durch alle Filzungen bis nach Amerika.

Auf der Feuerwehrstation Camp Maxey las mein Chef, W. Ben van G., in meinem Buch und riet mir, weiter zu schreiben und das Ganze zu ordnen. Als ich Camp Maxey verlassen mußte, nahm er mir das Versprechen ab, meine Erlebnisse weiter aufzuzeichnen.

Das geschriebene Buch wollte er behalten und mir nach dem Kriege schicken. Ich hielt mein Wort und schrieb weiter.

W. Ben van G. hielt sein Wort und brachte mir 1956, bei seinem ersten Besuch in meiner Familie, das Tagebuch mit.

bringen wollen, stellen ihr Vorhaben schleunigst ein, wenn sie das Rollkommando sehen.

[...] In der Nacht erlebe ich das Entsetzlichste. Wieder dieses unmenschliche Brüllen: »Haut ihn!« Ich zittere am ganzen Körper. Es ist kein Wort zuviel, das sind losgelassene Teufel. Zurückkommende Landser frage ich: »Was ist los?« – »Junge, sei froh, daß Du hier geblieben bist«, sagt ein älterer Zeltnachbar. »Da haben sie eben den armen Teufel totgeschlagen!«

In den frühen Morgenstunden sah ich ihn. Tot. Gerichtet von seinen eigenen Kameraden. Zu Hause weint eine Mutter mehr um ihren Sohn.

[...]

Am 25.6.1943: Nein, war das ein Tag! Heute früh im Morgengrauen wurden Hundertschaften zu neuen Transporten zusammengestellt. Ich stelle mich zu einer fremden Hundertschaft und werde nach altem Rezept mit abgezählt. Es ist zum Lachen: mit einem Brotbeutel, einem Stück Seife, Feldflasche und Kochgeschirr reise ich durch Afrika. Neben Knaurs Blitzlexikon und meinem Taschentagebuch und meiner geschenkten Tommyzeltplane habe ich keinen Ballast zu schleppen. Meine Habe ist in zwei Minuten zusammengeschnürt. Wohin es mal wieder geht, ist auch heute unbekannt. [...]

Wir merken, daß wir aus Tunesien heraus sind. Kein Araber bringt uns mehr Brot an die Fahrzeuge oder Eier. Man steht an den Straßen und schaut dem Gefangenentransport unbeteiligt zu. Ab und zu macht einmal ein Weißer die Bewegung des Halsabschneidens. Die Reaktion der Landser ist ein An-den-Schädel-Tippen oder ein Die-Zunge-Herausstrecken. [...]

In einer Stadt standen an den Straßen Araber, Franzosen, Legionäre. Man warf, man brüllte. Legionäre schrien auf Deutsch: »Hitler! Hitler! Wo ist Euer Hitler? Wir hängen Euch auf! Bringt uns Hitler! Wo ist Hitler?«

»Bei uns bestimmt nicht, Ihr Arschlöcher!« schrie ein Oberfeldwebel wutentbrannt. Dann flogen Steine.

Nach der Pause ging unsere Fahrt weiter. Es dunkelte schon, als wir die ersten Häuser von Constantine sahen. Welch große Stadt! Hier hat der Tommy sein erstes, festgefügtes Camp. Hohe, beleuchtete Stacheldrahtzäune trennen

Lager für deutsche und italienische Kriegsgefangene bei Mateur, westlich von Tunis.

die einzelnen vollgepackten Lager voneinander. Der äußere Doppelzaun ist mit Wachtürmen umgeben.

[...]

Am 5.7.1943: Der Zug setzt sich in Bewegung. Traurig, zerschlagen hängt der Posten unseres Waggons am Bremserhäuschen.

Die Umgebung von Algier ist ein einziger grüner Garten. Welch fruchtbares Land! Und doch will mir scheinen, als liege die Hand der weißen Herren schwer auf Menschen und Land. Nie habe ich vorher erlebt, wie erwachsene Menschen geprügelt wurden. Wie oft sehen wir allein an diesem Tag dieses unwürdige Bild! So streng trennt hier der Franzose den Araber. Ich weiß nicht, ob das richtig ist oder ob alle Kolonialmächte so mit den Eingeborenen umspringen. Aber wenn das so ist, dann bin ich froh, daß wir keine Kolonien haben. Warum muß der Stärkere immer die Rute schwingen?

Am 6.7.1943: Wir rollen weiter. Es heißt, es geht auf Casablanca zu. Beim Morgengrauen finde ich, daß sich die Landschaft völlig verändert hat. Das satte Grün ist einer Steinwüste gewichen. [...]

Es geht auf die marokkanische Hauptstadt »Fès« zu. Ich bin gespannt auf die Stadt. Gewiß, wir sind Gefangene und sind eng in einem Viehwaggon gesperrt und sehen von allem nur das, was uns die schmale Luftluke schauen läßt. Aber trotzdem finde ich alles interessant. Ich will es eben erleben und nicht diese Fahrt, wie viele meiner Kameraden, einfach verschlafen.

Alle Bahnhöfe, auf denen der Zug hält, sind schon bei unserer Ankunft mit schwarzen Soldaten umstellt. [...] In der Nacht leuchten die Posten neuerdings mit starken Lampen die wohlverrammelten Waggontüren und Luftlöcher ab. Trotz all dieser Vorsichtsmaßnahmen brechen Landser aus. [...]

Am Morgen des 7.7. treffen wir in Casablanca ein. Hier werden wir von schwerbewaffneten Amerikanern in Empfang genommen. MP führt uns in ein doppelumzäuntes, mit Türmen bewachtes Camp. Zum ersten Mal geraten wir in amerikanische Organisation.

In einem besonders abgeteilten Camp werden wir genauestens untersucht. Alles wird uns abgenommen. Messer, Scheren, Dolche, Füller – und das Tollste –, Pistolen. Ja, ein Trupp hatte noch ein auseinandergenommenes MG-41. Die Amerikaner standen kopf. [...]

Am 18.7.1943: Wer gibt in diesen Tagen schon groß auf den Kalender acht? Die Tage vergehen, und meine Nächte sind lang geworden. Im Grunde geht mir die neue Tätigkeit besser von der Hand, als ich erwartet hatte. Ich glaube, nicht allein die brutale Gewalt ist hier für die Geisteskranken Hilfe; sie brauchen auch ein Herz des Betreuers. Diese armen Kerle sind zu bedauern. Die große Hitze und bei etlichen das Heimweh haben ihnen den Verstand geraubt. Bis jetzt befindet sich unter fünf Italienern ein Deutscher. [...] Den jungen deutschen Kameraden – er kann achtzehn Jahre alt sein – verzehrt ein unbändiges Heimweh nach seinem Vater. Dieser soll, dem Vernehmen nach, im Osten eingesetzt sein. Er ißt und trinkt nicht und lehnt jede Nahrungsaufnahme mit einem gequälten Gesichtsausdruck ab. [...]

Ein italienischer Kamerad bildet sich ein, Kommandant von Libyen und Sizilien zu sein. Unaufhörlich redet und prapelt er vor sich hin, erledigt Telegramme von Rom nach Berlin, fordert Panzer, Geschütze, Flugzeuge und Mannschaften an. Der helle Wahnsinn leuchtet aus seinen Augen. Pechschwarz sind sie, mit einem eigentümlichen Glanz. Als Bruder von König und Kaiser Viktor Emanuel von Italien lebt er in einer Welt, in die wir nicht folgen können.

[...]

Am 9.9.1943 um 11.30 Uhr: Neueste Parole: »Italien hat kapituliert!« Die Wirkung bei Italienern und Deutschen ist groß. Tiefe Niedergeschlagenheit bei den Italienern. Bei vielen deutschen Landsern bricht die alte Antipathie durch. Meine italienischen Freunde und ich können diese bis jetzt unbestätigte Meldung nicht fassen.

Soll Italien diesen schweren Schritt getan haben? Und warum? Aber wissen wir überhaupt genug hinter dem Stacheldraht, um uns ein genaues und richtiges Bild über die eigentlichen Zustände machen zu können?

Meine italienischen Kameraden sind bedrückt. Man stelle sich in ihre Lage! Drei Jahre ohne Urlaub in Afrika. Mit uns gekämpft und gelitten als gute Kameraden. Sie stehen vor einem Scheideweg und wissen nicht, was ist recht und was ist schlecht.

»Wenn das wahr ist, Walter, gehe ich nicht mehr nach Italien zurück!« sagt ein Kamerad, und Tränen stehen ihm in den Augen.

Viele meiner deutschen Kameraden stehen auf dem Standpunkt, daß es jetzt mit der Freundschaft zu italienischen Kameraden aus und vorbei sei.

Am 9.9.1943 um 19.50 Uhr: Noch einmal muß ich heute schreiben. Es ist zum Verzweifeln. Eine Parole jagt die andere. – Es heißt jetzt: »Italien hat kapituliert! Italien hat Deutschland den Krieg erklärt!«

Ich weiß nicht, ob es nur Parolen sind oder ob sie als Meldungen bestätigt wurden. Zermürben tun sie jedenfalls gründlich. Ein guter Freund von mir, Sergeante C., ist fast am Zusammenbrechen. Wir sitzen in seinem Zelt auf seinem Bett, und er schlingt seinen Arm um meinen Hals und weint. »Wofür? Warum hat man uns durch diese Hölle gejagt, wenn doch alles für nichts war?«

[...]

Was wird aus Deutschland werden?

Am 11.9.1943 um 16.00 Uhr: Revolution in Italien! Der Duce marschiert erneut. Die faschistische Miliz empört sich gegen Marschall Badoglio. [...] Bei den italienischen Kameraden sind die Meinungen geteilt. Es spalten sich zwei Gruppen. Die Faschisten sind für den Duce und damit für den Bürgerkrieg. Die Königstreuen wissen nicht, wie sie entscheiden sollen. Auf jeden Fall sind sie gegen einen Krieg mit Deutschland.

Am Mittag kommt Gabriele und erzählt mir, deutsche Truppen hätten Rom besetzt. Was ist wahr? Was soll man glauben?

Am 15.9.1943: Die Gerüchte reißen nicht ab. Hartnäckig hält es seine Stellung. Alle Kranken, Schwerverwundeten und

Irren sollen ausgetauscht werden. Im Hospital soll eine »Rote-Kreuz-Kommission« sein. Es scheint was Wahres dran zu sein. Plötzlich machen auch Sanis im Verrücktenzelt Wache. Wie es heißt, sollen die Verrückten mit beglaubigtem Personal ausgetauscht werden.

Heute früh bewegen sich wieder schier endlose Landserschlangen aus den einzelnen Lagern. Amerikaner haben uns erklärt, daß diese nicht nach Amerika kommen, sondern an Frankreich abgetreten werden. Diese Landser kämen in die Salzbergwerke von Marokko. Hoffentlich komme ich nicht zu den Franzosen! Was man hört, ist nicht gerade schön.

[...]

Am 17.9.1943: Es heißt, die Hälfte des Hospitals wird versetzt. Wohin?

Am Abend bestätigt Hauptfeldwebel L.: »Die Hälfte des Hospitals wird morgen früh nach den Vereinigten Staaten verschifft.«

Am 18.9.1943 um 16.00 Uhr: Jetzt sind wir an Bord. Ich hatte mir eine Verschiffung ganz anders vorgestellt. Hier ist alles geregelt. Für jeden ist eine Koje, eine Decke, eine Schwimmweste, Handtuch und Löffel vorhanden. Der Raum ist sauber und ordentlich.

Um 15.00 Uhr müssen wir unter Deck. – Wir laufen aus. Nach einer halben Stunde dürfen wir wieder auf Deck.

Hinter uns liegt Afrika im hellsten Sonnenschein. Ich empfinde das Ganze, als ginge mich die Sache nichts mehr an. Als führe ein ganz anderer auf diesem Schiff. [...]

Am 4.10.1943: Auf Fahrt zu einem unbekannten Ziel, um 20.30 Uhr. Wir sitzen in einem Schnellzug, welcher mit hoher Geschwindigkeit durch das uns unbekannte Land rast.

[...]

Am 6.10.1943: Weiter rasselt und dröhnt der Zug. Wohin? Wohin? Der Tag vergeht – immer wieder das gleiche Bild, Autos, Holzhäuser, Weiße, Neger.

Wieder senkt sich die Nacht herab, dunkel liegt das Land. Wir aber rasen rastlos und heimlos weiter.

Um 2.00 Uhr nachts kommen wir auf einem Bahnhof an. Sind wir da? Draußen ist eine gewaltige Wachmannschaft aufmarschiert. Mit festem Schritt marschieren wir in das Lager. Das war am 6.10.1943, um 4.00 Uhr morgens, im Camp Maxey, Texas.

[…]

Am 8.11.1943: Ein Monat ist fast vergangen, an dem wir in Camp Maxey angekommen sind. Nun sind wir eingewöhnt, und wenn dem Landser die Umgebung vertraut geworden ist, dann beginnt er, sich auch zu mausern.

Eben sind wir von unserer Abendzählung zurückgekehrt. Die einzelnen Kompanieführer, so heißen unsere Hundertschaftsführer, hatten uns die Frage gestellt: »Feiern wir morgen den ›neunten November‹ oder arbeiten wir?« Lager und Kompanieführer hatten mit der amerikanischen Lagerleitung über diesen Feiertag verhandelt. Die Amerikaner lehnen ab. Am neunten November sei zu arbeiten. Wenn die POWs nicht arbeiten, dann wird eben die Verpflegung gesperrt.

Am 9.11.1943: Die vier Lagerküchen sind geräumt und verplombt. Die meisten Landser schlafen sich über die gestrichene Verpflegung hinweg. In den späten Abendstunden marschieren die einzelnen Kompanien in Marschkolonnen auf dem Lagerplatz auf. Auf diesem steht verloren ein junges Bäumchen, welches vor einigen Wochen als »Adolf-Hitler-Eiche« gepflanzt worden war. Der deutsche Lagersprecher hält eine kurze Ansprache, in welcher er an den Krieg im Osten erinnert, daß wir hier im fremden Land treu zur Heimat stehen sollten. Wir sollten unser Lagerleben so deutsch aufziehen, wie es eben möglich sei, auf daß wir gesund in die siegreiche Heimat heimkehren können.

Aus tausend Kehlen klang dann das Lied vom guten Kameraden in die hereinbrechende Nacht. Der Abschluß der Feierstunde war ein dreifaches »Sieg Heil«, wie es in Texas wohl noch nie zu hören war.

[...]

Am 17.1.1944: Heute erwartet uns bei der Rückkehr in das Camp eine böse Überraschung. Sieben Männer unseres Camps waren zu den Amerikanern übergelaufen.

Ich schäme mich, es schreiben zu müssen.

Am Nachmittag wurden etliche Leute von der Arbeitsstelle geholt. Zur gleichen Zeit fuhr ein Lkw mit sechs Posten in unser Camp. Die Posten hatten scharfe Waffen. Unter ihrem Schutz ging Major S. in die Baracke vier. Zwei Mann kamen mit gepacktem Seesack heraus und sprangen auf den wartenden Lastkraftwagen. Genau wie in Baracke vier wiederholte sich das Verfahren in verschiedenen anderen Unterkünften.

Bevor sich die Landser von ihrer Verwunderung erholt hatten und bevor die Männer überhaupt begriffen hatten, was hier geschah, waren die Überläufer in Sicherheit.

Jetzt aber ging ein Wutschrei durch das Camp. Es war ein Fluchen und Toben. Als wir zurückkehrten, stehen die Posten mit schußbereiten Gewehren um das Camp. Die Überläufer sind außerhalb des Lagers. Die Landser versuchen, ihrer habhaft zu werden. Von den wenigen Landsern, die während des Abtransports im Camp waren, sind etliche verhaftet worden.

Sie hatten in ihrer Wut gebrüllt: »Schlagt die Lumpen tot!«

Im Augenblick ist eine gefährliche Atmosphäre im Camp. Keiner traut dem anderen. Man muß sehr, sehr vorsichtig sein, was man sagt.

Wir sind in unseren Unterkünften. Die alte Kameradschaft ist gestört. Jeder mißtraut jedem. Der Lagersprecher sagte: »Sollten Angriffe auf verdächtige Männer ausgeführt werden, dann werden die alarmierten Posten zuschlagen.« Folglich, so diskutieren die Männer, sind noch mehrere unter uns, welche überlaufen wollen.

[...]

Am 23.1.1944: Der heutige Sonntag ist ein wunderschöner Sonntag. In Lager eins ist alles wie gewohnt.

Lager vier hat seinen dritten Hungertag.

Auf dem Sportplatz ist das übliche sonntägliche Fußballspiel. Viele Landser, welche zum Sportplatz gehen, haben Brot und Schokolade eingesteckt, um sie den Kameraden aus Lager vier heimlich zuzuwerfen.

Die verstärkten Posten finden alles. Bei jedem, der das Lagertor passiert, wird eine Leibesvisitation vorgenommen. Kübelweise stehen Brot und Schokolade am Tor. Am späten Abend erhält aus heiterem Himmel Lager vier Verpflegung. Wir wissen bei den Amerikanern nie, woran wir sind. Am Abend erlebe ich ein paar schöne Stunden.

Unteroffizier S., im Zivilleben Studienrat, gestaltet einen Goetheabend. Ich durfte mitwirken. Mit einfachen, klaren Worten führte er uns das Leben Goethes vor Augen.

Unteroffizier M. sang: »Sah ein Knab' ein Röslein stehn« und »Wanderers Nachtlied«. Kameraden, welche sich zu einem Quartett zusammengefunden haben, sangen »Der König von Thule«. Ich selbst trug »Prometheus«, »Erlkönig« und »Hochzeitsnacht« vor. Ich glaube, es war ein gelungener, schöner Abend. Alles kann man uns wegnehmen, das geistige Gut unserer Dichter und Denker nie. [...]

Am 6.2.1944: Im Zeitungskasten hängen Bilder aus einer amerikanischen Zeitung. Der Text der Bilder ist übersetzt und mit Schreibmaschine von dem Lagerdolmetscher unter diesen angebracht.

Das erste Bild: »Deutsche Kriegsgefangene auf dem Weg zur Arbeit. Stolz marschieren sie in Reih' und Glied, immer mit einem frohen Gesang. Statt der Gewehre tragen sie nun Spaten und Schaufel.«

Das zweite Bild: »Deutsche Kriegsgefangene sind stur, anmaßend und stolz. Allerdings gehorchen sie der Gewalt und anderen Befehlen mit der größten Nachgiebigkeit.«

Das dritte Bild: »Deutsche Kriegsgefangene auf einem Erdnußfeld. Sie haben für das Kind des Farmers ein Kaninchen gefangen. Ihre Gesichter strahlen große Freude über den gelungenen Fang aus.«

Das vierte Bild bringt eine Kriegsgefangenenbaracke, in welcher die Gefangenen die Wände über ihren Betten mit Bildern amerikanischer Filmstars geschmückt haben.

»Anscheinend gefallen den deutschen Gefangenen ihre Frauen nicht mehr. Kriegsgefangene berauschen sich an den schönen Körpern der Amerikanerinnen.

Ihnen genügt nicht ein Bild. Sie müssen eine ganze Sammlung unserer Stars haben.«

In den Unterkünften ist was los. Die Landser sind wütend.

»So was schreiben die offen über uns!«

Es gibt auch bei uns Kameraden, welche mit solch herzigen Mädchen die Wände tapezieren. Nach der Zählung hängt nirgendwo mehr eine Filmschönheit.

Am 7.2.1944 um 21.30 Uhr: Die dreizehnte Kompanie ist eine ausgesprochene Unteroffizierskompanie. Sie wird heute in ein Nichtarbeiterlager versetzt. Laut Genfer Konvention brauchen sie nicht zu arbeiten. Daran halten sie sich.

Wir alle sind gespannt auf die neuen Kameraden. Sie müssen jeden Augenblick eintreffen.

Vor einer ganzen Weile ist ihr Zug mit langgezogenem Heulen auf dem Nebengleis eingelaufen.

Es ist nach 22.00 Uhr, als die ersten Männer das Lagertor passieren. Jubelnd werden sie begrüßt. Wir stehen am Zaun und starren zu ihnen hinüber und können in der Dunkelheit doch keinen erkennen.

Der Zapfenstreich ertönt. Der Trompeter gibt als Zugabe »Guten Abend, gute Nacht«.

Wir müssen in unsere Unterkünfte.

In Lager vier werden ganze Unteroffizierskompanien versetzt. Wir hören ihren Gesang und ihre Kapelle. Eben erklingt: »Muß ich denn, muß ich denn zum Städtle hinaus«.

Wir liegen in den Betten und können nicht schlafen. Wir lauschen in die Nacht. Durch die Fenster können wir die Kameraden aus Camp vier auf dem hell erleuchteten Sportplatz stehen sehen.

Plötzlich vom Sportplatz her: »Unseren Kameraden, die in Camp Maxey bleiben, ein dreifaches Sieg Heil!«

Donnernd braust ein »Sieg Heil« in die Nacht...

Jetzt erklingt vom Sportplatz her das Englandlied. Tausend Männer singen mit einer Begeisterung, als seien sie auf dem Kasernengelände irgendwo in Deutschland. [...]

Am 20.4.1944: Führers Geburtstag in Gefangenschaft. Die Lager sind zu einer Gedenkstunde angetreten. Alle Männer haben mehr oder weniger zerschlissene deutsche Uniform angezogen. Dreitausend Mann stehen, um diese Feierstunde im Feindesland zu erleben.

Vor uns leuchtet, von starken Lampen angestrahlt, der überlebensgroß gemalte Kopf Adolf Hitlers. Mit grünem Laub umgeben, leuchtet die rote Kriegsflagge vom Rednerpult. Neben der Tribüne flackern von hohen Säulen Flammen gegen den nächtlichen Himmel. Vor der Tribüne stehen zwei baumlange Landser in »Habt acht«.

Oberfeldwebel S. nimmt die Meldungen der einzelnen Kompanien entgegen und meldet dann die angetretenen Männer dem Lagerführer.

»Heil Kameraden!« – »Heil Lagerführer!« dröhnt es aus dreitausend Kehlen zurück. Der Lagerführer grüßt das Bild des Führers und tritt zurück. Er läßt rühren. Der Chor singt:

»Oh Deutschland hoch in Ehren.« Ein Sprechchor löst ab, und der Lagerchor singt: »Deutschland, heiliges Wort...« Der Lagerführer tritt an das Rednerpult. »Kameraden!« Hell klingen seine Worte in die Nacht. Er führt unter anderem aus, treu zu sein – auch hinter dem Stacheldraht. Was die Heimat leistet und erduldet, können wir mit dem Leid der Gefangenschaft nicht aufwiegen. Er schloß seine aufrüttelnde Ansprache: »Wir geloben unserer Heimat, unseren Kameraden an der Front und unserem geliebten Führer unverbrüchliche Treue. Möge der Herrgott uns den Führer noch lange erhalten, denn nur er kann und wird Deutschland zu einem siegreichen Frieden führen!«

Drei »Sieg Heil« donnern in die Nacht, und die Nationalhymnen verklingen. – Mit kernigen Soldatenliedern marschieren die einzelnen Kompanien ab.

Ich spaziere nachher in der dunklen Nacht. Was mögen die Posten denken?

Hier »unser geliebter Führer!« Dort, mein Posten auf meiner Arbeitsstelle. »Adolf Hitler ist der sichtbar gewordene Teufel, glaube es nur, Junge!« [...]

Am 21.7.1944: Das Leben in Gefangenschaft ist schwer. Wir sind losgelöst von der Heimat im fremden Land.

Ja, das Leben ist schwer. Nicht körperlich, aber wer frägt nach den seelischen Depressionen eines Gefangenen? Wir haben keine Nachricht aus der Heimat. Die Post aus Deutschland ist versiegt.

Überall an allen Fronten sind wir in die Defensive gedrängt. Überall gehen wir, wenn auch zäh kämpfend, zurück.

Aber das, was uns auf die Freiheit wartende Gefangene das Furchtbarste ist, ist Verrat! Ja, der Verrat in Deutschland. Es ist schwer, es ist schwer, es ist schwer! Am Abend wird die amtliche Meldung durchgegeben: »Das Attentat auf Adolf Hitler.«

Oberst Graf von Stauffenberg legte im Führerhauptquartier zwei Meter von dem Führer entfernt eine Bombe. Bei der Explosion wurden einige Personen verletzt. Der Führer hatte, wie gemeldet, nur einige Kratzer und Prellungen davon gehabt. Adolf Hitler sprach zwei Stunden später zu dem deutschen Volk.

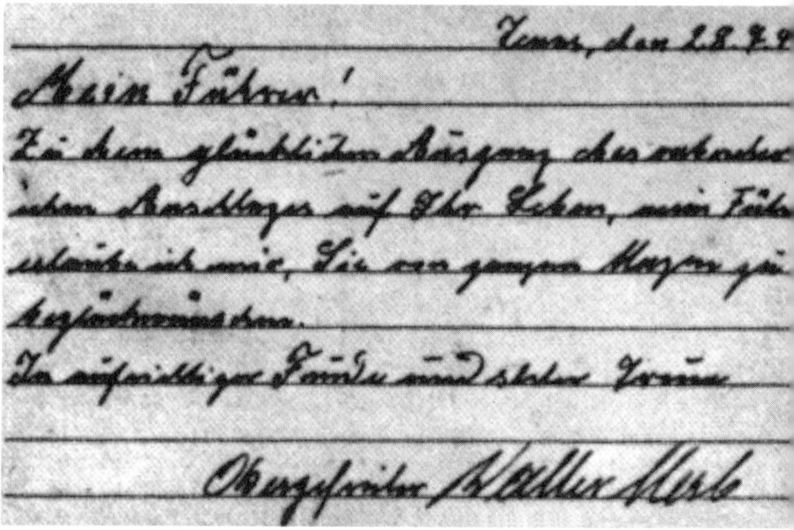

Mein Führer!
Zu dem glücklichen Ausgang des verbrecherischen Anschlages auf Ihr Leben, mein Führer, erlaube ich mir, Sie von ganzem Herzen zu beglückwünschen.
In aufrichtiger Freude und steter Treue
Obergefreiter Walter

Wir alle sind von dieser entsetzlichen Nachricht erregt. Könnte doch die Heimat nun auf seine Männer hinter dem Stacheldraht sehen!

Mich selbst hat dieser Anschlag auf Adolf Hitler stark gepackt. Was tut sich in Deutschland?

Ich bin jung, und vielen Kameraden wird es auch so gehen. Auf alles hatten wir gerechnet, alles durfte in diesen kritischen Stunden unserer Geschichte kommen, alles, nur keine Uneinigkeit, die durfte nie kommen. Jetzt, wo es zum Endkampf geht, muß die Regierung stark sein, oder das Volk ist betrogen und verloren. Ich glaube nicht fehlzugehen, wenn ich in dieser für uns alle so traurigen Stunde sage: »Mit der Person Adolf Hitlers steht und fällt in diesem Ringen Deutschland. Gebe der Himmel, daß wir ein solches Ende nicht erleben müssen.«

Wäre dieser Anschlag auf Adolf Hitler geglückt, ich bin überzeugt, unsere Heimat wäre jetzt ein Chaos. Mir ist in diesen Stunden manches klargeworden, und ich bin voll Zweifel, ob wir uns von diesem Schlag erholen können.

Es tut weh, wenn man an all die Millionen Väter und Mütter denkt, die ihr bestes, was sie hatten, ihre Söhne, ohne zu murren, dem Vaterland opferten. Es schmerzt bitter, neu zu erleben, daß dieses kleine Volk jetzt, in der Stunde der

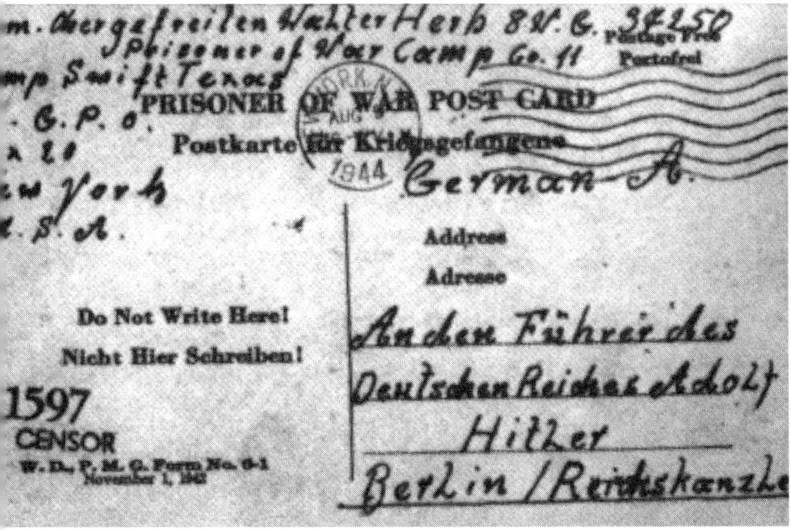

größten Gefahr, einfach übergangen wird. Wer steht alles hinter jener Offiziersgruppe? Wer hat hier die Fäden in der Hand? […]

Ich schreibe dies alles so auf, wie ich es in dieser Nacht in wirren Bildern erlebte. Mein Innerstes ist zerrissen, ist so zerquält, ich habe in dieser Nacht aufgeweint, und meine ganze Seele hat gerufen zu Gott: »Laß unser Volk nicht untergehen – laß es nicht zugrunde gehen. Nein, alles, alles was dieses arme Volk noch hat, nur erhalte uns unsere Einigkeit in dieser großen Gefahr. Erhalte uns unsere Heimat. Wir haben ja nichts mehr! Dein Volk kämpft nur noch seinen bittren Kampf. Gib ihm den Sieg und den Frieden!

Am 22.7.1944: Draußen konnte ich Näheres über das Attentat auf Hitler aus den Zeitungen erfahren.

Generaloberst Guderian wurde Generalstabschef des Heeres. Wie wird die deutsche Reichsregierung diesem unerwarteten Geschehen gegenüberstehen? Wird sie fallen?

Die Landser können in den Parolen wühlen.

Am Abend erfahren wir Neues. Die deutschen Truppen stehen an allen Fronten, sie gehen keinen Schritt zurück. Ganz genaue Parolen wissen, das deutsche Volk gibt seiner Freude über den mißglückten Mordanschlag überschwenglichen Ausdruck. Ich glaube dieser letzten Meldung nicht mehr. Der Kreis der Attentäter muß groß sein. Ein einzelner Mann kann das nicht alles organisiert haben. In Deutschland stimmt was nicht. Wir werden es erleben.

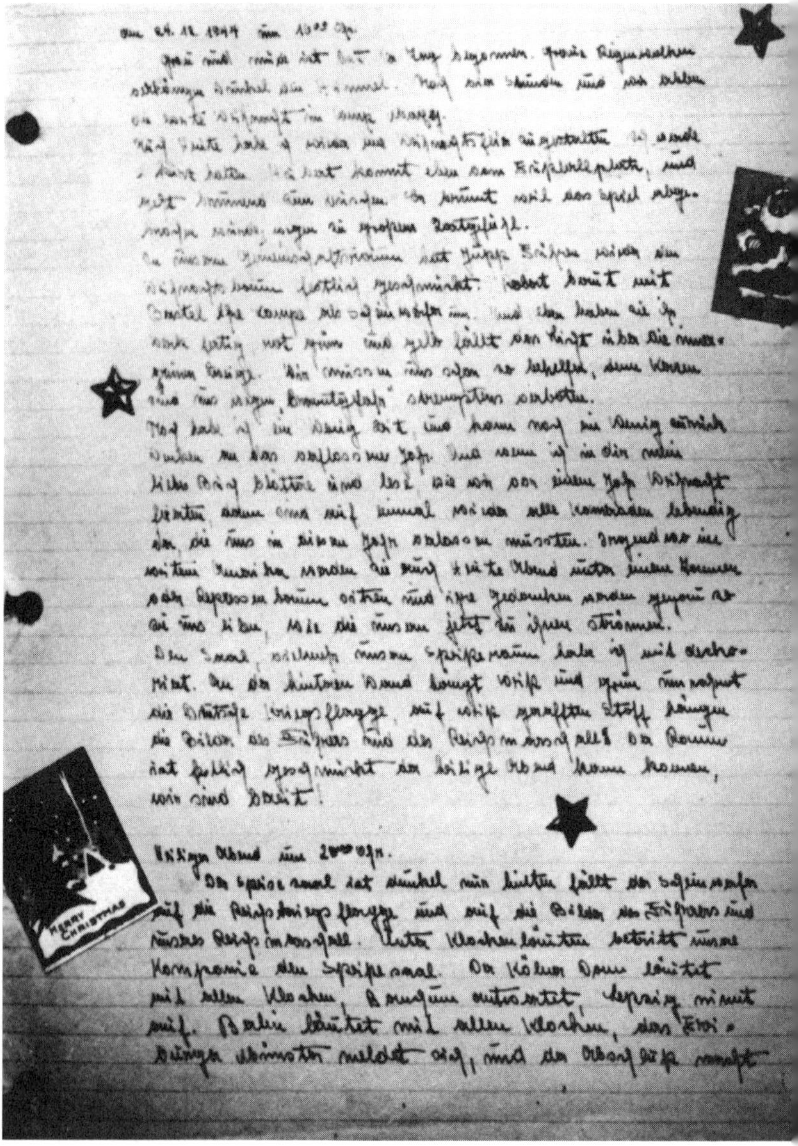

Am 5.12.1944: Die Tage und Wochen vergehen. Die Nachrichten aus Europa sind für uns deutsche Kriegsgefangene entmutigend. Die Landser sind oft gereizt. Kommt das Gespräch auf die Politik, so gehen unvermittelt die Wogen hoch. Übergriffe und Schlägereien oder gar Morde, wie sie aus Camp Herne berichtet werden, hat es bei uns Gott sei Dank noch nicht gegeben. In Camp Herne sollen drei Landser ermordet worden sein, weil sie am Sieg Deutschlands zweifelten und Hitler als einen Verbrecher bezeichnet hatten. Ich bin glücklich, wenn ich auf der Station bin. Hier wird sich nicht über Politik gehässig ausgelassen. Mit keinem bösen Wort wird das Zurückgehen der Deutschen kommentiert. [...]

Am 30.1.1945: Vor zwölf Jahren übernahm Adolf Hitler die Macht. Er übernahm zwar einen armen, aber geordneten Staatsapparat. Er stellte sich an die Spitze eines guten, tüchtigen Volkes. »Gebt mir vier Jahre Zeit, und Ihr werdet Deutschland nicht wiedererkennen!«

An diesem Tage befindet sich die Rote Armee siebzig Meilen von Berlin. Es klingt wie ein Hohn, wenn ein Radiosprecher in seinem heutigen Kommentar fragt: »Was plant Hitler, wenn er die Russen in den deutschen Raum vorstoßen läßt?« Was kann Hitler noch planen, wenn seine Fabriken im Osten und Westen gleich tödlich getroffen sind?

Walter D. (rechts) mit den Kameraden von der Feuerwache.

Nein, Wunder werden keine geschehen. Deutschland ist am Zusammenbrechen, ob wir es wahrhaben wollen oder nicht. Wir können uns noch so wehren, noch so erbittert sträuben bei dem Gedanken. Er wird von der Geschichte realisiert werden.

Es muß etwas geschehen. Jeder fühlt es. Wenn wir die Russen nicht stoppen können, liegt nur dunkelste Zukunft vor uns. [...]

Am 15.2.1945: Es ist so schwer zu schreiben. – Die Russen stehen dreißig Meilen vor Berlin. Vor Küstrin toben schwere Kämpfe. Im Westen stehen die Alliierten vor einer großen Offensive. – Wie wird das alles enden?

[...]

Am 6.3.1945: Der Rhein, Deutschlands Schicksalsstrom? Die Amerikaner stehen am rechten Ufer des Rheins und werden auf die linke Seite kommen, obgleich man alle Brücken sprengt. Für das gewaltige Kriegsmaterial der Amerikaner sind Flüsse und Ströme keine unmöglichen Hindernisse mehr. Wer über den Atlantik, wer über den Kanal kommen konnte mit einer nie dagewesenen Invasion, der läßt sich vom Rhein nicht mehr aufhalten.

Was stellt man sich denn in Berlin noch vor? Man soll mit den Alliierten verhandeln, oder unser Volk geht zugrunde.

Was werden wir tun?

Ich bin seelisch fertig. Alles war umsonst. Jetzt sollte man doch zu retten versuchen, was zu retten ist. Die arme Bevölkerung! Nun wird sie den Krieg erleben, wie alle Völker ihn erleben mußten.

Ich muß so oft an meine Mutter denken. Die Mutter hatte Angst vor dem Wort »Krieg«. Sie malte uns dann immer ihre Jugendzeit aus, und gerade mir hat sie den kleinen Hof über dem Rheinland bei Oberwesel geschildert. Sie hat mir diesen Hof mit seiner Arbeit, den Großvater und Großmutter in ihrer Rechtschaffenheit so lebendig und so oft geschildert, daß sie mir ganz vertraut waren, obgleich sie doch schon lange tot waren. Sie hat mir oft erzählt, wie der Großvater winterabends am Herd saß, seine sieben Kinder um sich; draußen fegten die rauhen Hunsrückwinde ums Haus. Er las uns aus der Bibel vor. Er soll noch ein besonderes Buch gehabt haben, in welchem Weissagungen gestanden haben sollen.

Ich weiß nicht, wie ich dazu komme. Heute abend fallen mir diese Reden meiner Mutter fast wortwörtlich ein.

So hat es mir die Mutter von ihrem Vater erzählt:

»Es kommt ein Kaiser mit einem kurzen Arm, der nicht allein aufs Pferd steigen kann. Der Himmel wird in Flammen stehen. Rot wird im Westen der Himmel und das Abendrot brennen. Er wird sein Reich verlassen. Eine bittere Zeit wird kommen. In dieser Zeit wird ein Mann kommen, der den Adler und das Kreuz als Zeichen führt. Es wird eine Zeit kommen, welche viel schrecklicher sein wird als die vergangene. Völker werden Kriege führen und sich morden.

Furchtbar wird diese Zeit am Rhein werden. Es wird die Zeit kommen, in welcher der Rhein rot von Blut sein wird. – Überall wird das Land verwüstet werden. Feuer wird vom Himmel fallen. Dörfer und Städte werden zerstört sein. Kein Stein wird auf dem anderen stehen. Menschen werden sich hinter Hecken und Ruinen begegnen und sich aufweinend in die Arme sinken, und sie werden sich fragen: ›Bruder, Schwester, wo hast Du Dein Leben gerettet?‹«

Soll das Wahrheit werden?

Was ich jetzt geschrieben habe, erzählte die Mutter ja vor 1933 und hat es bis zum Kriege oft wiederholt. Oft habe ich heimlich darüber gelacht. Und nun? Oh Jammer!

[...]

Am 2.5.1945: »Der Führer Adolf Hitler ist tot!«

Diese Nachricht geht um die Welt. – Wie ist er umgekommen? Hat er gekämpft wie ein Soldat? Oder ist er im Bombenhagel gefallen? Wir wissen es nicht.

Am 3.5.1945: Berlin ist gefallen! Die Russen haben Berlin genommen.

An der gesamten Westfront finden keine Kampfhandlungen mehr statt. Das ist das Ende.

[…]

Am 30.5.1945 um 20.00 Uhr: Die Welt erscheint mir hoffnungslos und grau. Ich bin des Schreibens müde. Nirgend mehr ein Ausweg, nirgend mehr eine Hoffnung für unser Volk.

Ein General schiebt dem anderen Vernachlässigungen und Sünden in die Schuhe: Hermann Göring gibt vor der Welt Erklärungen ab, die uns kleinen Soldaten die Schamröte in das Gesicht treiben. So sieht der Mann aus, der sich einmal der treueste Deutsche nannte.

Die Welt ist grau: Enthüllungen können und müssen geschluckt werden. – Und ich will sie schlucken – aber ich werde sie in mir verarbeiten. –

Die Welt ist grau! Die größten Schreier, die noch am letzten Tag vor dem Zusammenbruch mit Phrasen um sich geworfen haben. Diese Leute waren heute immer gegen den Krieg gewesen, ja, nun nach dem Zusammenbruch, da wußten sie, daß schon 1939 der Krieg verloren war. –

Ja, die Welt ist grau! Die größten Schreier, die schon in der Partei waren, als noch keine bestand, sie sind heute nie in der Partei gewesen. Diese Leute, die, wenn man einmal anderer Ansicht war, die dann beteuerten, »wir kommen nach Hause, dich nehme ich…«, sind nun immer Kommunisten gewesen.

Ja, ich lerne, lerne Menschen kennen. Lerne die Menschen kennen, daß ich aufschreien könnte. – Zu Leuten, zu denen ich glaubte aufschauen zu müssen, über die ich glaubte, diese sind echte, gerade… sehe ich nun in einem Zustand, über den man verzweifeln könnte.

Ja, ich lerne – lerne bittere Weisheiten und zahle – zahle mit meinem Glauben, muß zahlen mit einer zerbrochenen Ideenwelt. In mir ist es grau, grau, wie ich es nie erahnen konnte. Nun sehe ich das rechte Bild. Phrasen – Phrasen –, hohl und leer, alle, die so große, ja heilige Wörter in den Mund nahmen.

Jammer, Jammer von keiner Menschenseele zu erfassen, daß Tausende junger Menschen in der Heimat, in der Gefangenschaft – zerbrochen an der Hohlheit ihrer Vorbilder und Kameraden.

Ich bin einmal ein Idealist gewesen – heute bin ich es nicht mehr. – Was ist der Mensch doch elend. – Ich denke voll Schmerz an alle jungen Kameraden, die sich in diesen unheilvollen Wirrwarr nicht finden, sie müssen der menschlichen Gesellschaft ja verlorengehen, wenn keine rettende Hand ihnen hilft.

Wird sich jemals ein Glauben für sie finden?

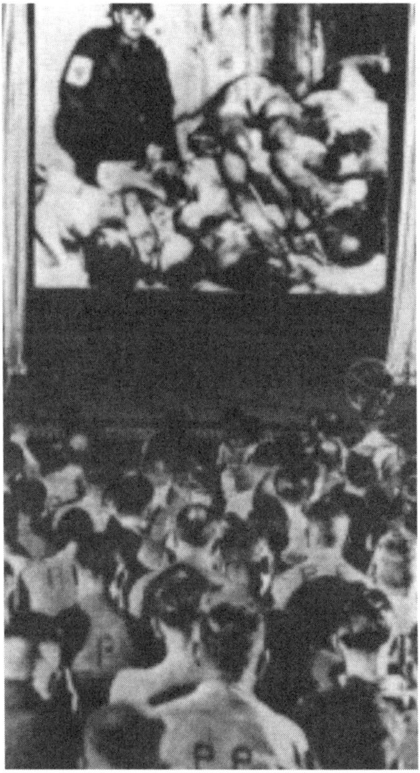

Im Sommer 1945 wurden alle Gefangenen im Camp zur Kinovorführung befohlen. Das Programm: Dokumentarszenen aus deutschen Konzentrationslagern.

Hochzeitsfoto von Kurt S., Hannover.

Drei Jahre Flüstern
Leben im Versteck

Kurt S., Hannover

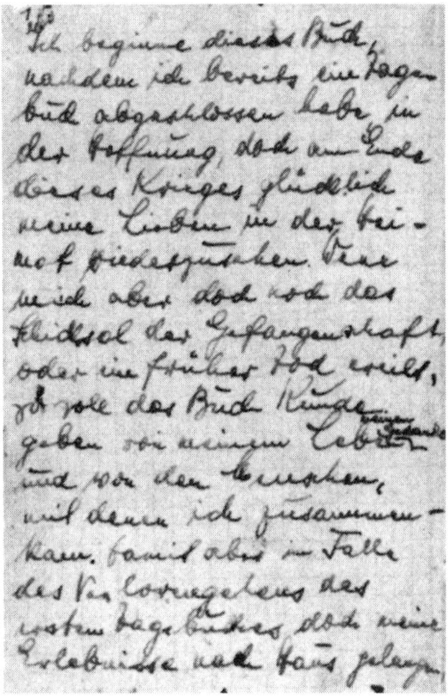
Ich beginne dieses Buch, nachdem ich bereits ein Tagebuch abgeschlossen habe in der Hoffnung, doch am Ende dieses Krieges glücklich meine Lieben in der Heimat wiederzusehen. Wenn mich aber doch noch das Schicksal der Gefangenschaft oder ein früher Tod ereilt, so soll das Buch Kunde geben von meinem Leben meinen Gedanken und von den Menschen, mit denen ich zusammenkam. Damit aber im Falle des Verlorengehens des ersten Tagebuches doch meine Erlebnisse nach Haus gelangen,

Ich beginne dieses Buch, nachdem ich bereits ein Tagebuch abgeschlossen habe, in der Hoffnung, doch am Ende dieses Krieges glücklich meine Lieben in der Heimat wiederzusehen. Wenn mich aber doch noch das Schicksal der Gefangenschaft oder ein früher Tod ereilt, so soll das Buch Kunde geben von meinem Leben, meinen Gedanken und von den Menschen, mit denen ich zusammenkam. Damit aber im Falle des Verlorengehens des ersten Tagebuches doch meine Erlebnisse nach Hause gelangen, wiederhole ich sie nochmals stichwortartig in diesem Buch. Im übrigen soll das Buch ein Andenken für meine Kinder an mich sein. Mein größter Wunsch und meine größte Freude wäre, nochmals für meine Familie sorgen zu können. Mein zweiter Wunsch ist der, daß all meine Lieben diesen schrecklichen Krieg gesund überstehen.

Covaszna, mein derzeitiger Zufluchtsort,
im Dezember 1944, Kurt S., Obltn.

Heute, am 16. Dezember abends, blicke ich auf eine aufregende Zeit zurück. Ich muß immer in dem Gedanken leben, daß ich doch noch in Gefangenschaft komme oder daß ich erschossen werde, wie man dies mit verschiedenen Soldaten machte, die man hier entdeckte. Die bisher geschilderten Erlebnisse sind nur aufs kürzeste beschränkt. Ich habe jedenfalls meine Flucht nicht zu bereuen, denn in der Gefangenschaft wäre ich womöglich schon gestorben. Schon allein wegen meiner Ruhr oder sonstigen Magenkrankheit. Jetzt bin ich wieder aufgefuttert und körperlich wieder etwas widerstandsfähiger. Selbst wenn ich doch nicht nach Hause kommen sollte, hätte ich keinen Tag meiner jetzigen Freiheit zu bereuen. Der liebe Gott hat mir bisher in wunderbarer Weise geholfen, und ich bete jeden Tag, daß er mir seine Hilfe weiter angedeihen läßt.

17.12.44: Sonntagvormittag. Draußen ist es sehr kalt. Ich erfreue mich noch bis jetzt eines warmen Zimmers und hoffe, daß ich diesen Winter nicht zu frieren brauche. Die armen Kameraden im Gefangenenlager haben wenig zu essen und frieren außerdem.

Ich kann Herrn B. nicht genug danken, daß er mich, trotz aller Gefahren für sich, noch behält. Er ist in diesen 2 Monaten meinetwegen richtig alt geworden. Vor allem bereitet ihm die Angst viel schlaflose Nächte. Nachts höre ich ihn immer stöhnen.

Was mag in Deutschland los sein? Keine Nachricht, nichts über die Heimat. Wie einmal meine Reise nach Hause vonstatten gehen soll, ist mir ein Rätsel. Überall Russen, die Jagd auf Deutsche machen. Der Haß auf uns ist zu groß. Na, kommt

Breloer: Es gibt bereits im Tagebuch Hinweise, daß Sie Hoffnung und Pläne haben, nach Deutschland zu kommen.

Kurt S.: Also, aus dieser damaligen Sicht war es unmöglich. Aber es ist so – wenn man die Hoffnung aufgeben würde, dann ist es aus. Dann kann man gleich einpacken. Ich habe auch erlebt und gehört, daß sich manche einzelne Soldaten, die allein waren, daß die sich freiwillig gestellt haben, weil sie dieses Alleinsein gar nicht ertragen konnten. Ich war also einmal darauf ausgerichtet, daß ich jedes Opfer gebracht hätte. Wenn mir jemand gesagt hätte: »Du mußt dir die Hand abhacken, du kommst einmal nach Deutschland!«, dann

Zeit, kommt Rat. Hoffentlich trifft das auch auf mich zu. In einer Woche ist Heiligabend. Wie wird er zu Hause verlebt werden? Ich darf nicht daran denken.

18.12.44, Montag: Ich habe Mittag gegessen. Hier zu essen ist ein Genuß. Das Essen ist wahrhaftig gut. Wenn ich jetzt noch draußen die Kälte hinzurechne, so kann ich es zur Zeit aushalten in der warmen Stube. Zur Zeit sind viel Russen im Dorf. Es ist nur gut, daß Covaszna nicht an einer Verbindungsstraße liegt. Sonst wäre wohl überall russische Einquartierung. Im hiesigen Gefangenenlager sind inzwischen 30 Soldaten untergebracht. Zur Zeit geht es ihnen ganz gut. Wenn nur kein Abtransport nach Rußland bevorstände. Ich habe hier eine ungarische Karte großen Maßstabs. Die sehe ich mir immer an. Ich bin doch über 1000 km von Deutschland entfernt. Wenn ich ungehindert marschieren könnte, so wäre mir vor der Entfernung nicht angst. Zum Geburtstag meiner Irmgard wäre ich zu Haus. Aber so sind die Russen überall. Vielleicht kommt doch noch mal ein überraschendes Ereignis, das die Möglichkeit gibt, ungehindert nach Hause zu kommen. Wenn ich nicht diese Hoffnung hätte, wäre ich schon verzweifelt.

---

hätte ich mir die Hand abgehackt. Ich war zu allem entschlossen, und dazu gehört natürlich auch eine geistige Vorbereitung. Ich habe versucht, auf Biegen und Brechen Ungarisch zu lernen, das heißt, das Primitivste, was ich überhaupt anfangs lernte, war, als ich noch in den Karpaten lebte, daß ich also lernte zu sagen: »Ich habe großen Hunger, könnten Sie mir nicht etwas zu essen geben?« Und wenn ich das zu Leuten sagte, dann hab' ich immer Essen bekommen.

[...]

...Ich wußte ja, daß die Russen und die dortigen Behörden dauernd plakatiert hatten, »Wer einem deutschen Soldaten hilft, wer ihn versteckt, wer ihm Kleidung gibt, wird mit dem Tode bestraft«. Das wurde also nicht nur ausgerufen durch solche Trommler, sondern es wurde auch an Plakaten aufgehängt, und natürlich war jetzt meine Angst, daß ich durch mein Dortsein natürlich die ganze Familie ins Unglück brachte. Der Herr B. hätte also einen Zuchthausaufenthalt, der war obligatorisch im günstigsten Fall, der hätte das nicht über-

26. Dezember 44 (2. Feiertag): Gestern war hier großer Weihnachtsball, veranstaltet von den hiesigen Kommunisten. Viel russische Soldaten waren dazu eingeladen. Russische Soldaten mit ihren Flintenweibern laufen jetzt viel am Hause vorbei. Überhaupt habe ich sehr viel russische Frauen mit Karabiner oder MP gesehen. Genauso 10–14jährige Jungs, die mit einer Maschinenpistole herumliefen. Alle machten einen vollkommen verrohten Eindruck. Mich hat z. B. ein russischer Soldat in Craiova in den Hintern getreten, obwohl er wußte, daß ich ein Offizier bin, daß mir Hören und Sehen verging. Gerade auf die Offiziere hatten sie es abgesehen. Als der Zug, in dem wir Offiziere transportiert wurden, immer auf den Stationen halten mußte, weil andere Züge entgegenkamen, mußten wir uns einfach still verhalten, damit die anderen russ. Soldaten nicht merkten, daß da Offiziere transportiert wurden. Zum Beispiel verlangte eine russische Panzerabteilung, daß wir ihnen ausgeliefert würden. Sie wollten uns gleich an Ort und Stelle erschießen. Ein andermal wurde einfach blindlings in die Waggons durch die Wand geschossen. Ja, die Russen haben kein Mitleid.

Sonnabend, 30.12.44: Herr B. brachte schlechte Nachricht mit nach Haus. Die Russen sind in Budapest und in Eszter-

---

standen, der wär' also praktisch durch mich zum Tode verurteilt worden.

Breloer: Mir kommt das so ein bißchen vor, als ob Sie einen seelischen Machtkampf mit Herrn B. geführt haben, daß er den Mut nicht fand, Sie rauszuschmeißen.

Kurt S.: Ich habe seine Angst gesehen, habe natürlich erkannt, daß ihm aufgegangen ist, was er sich aufgeladen hatte mit mir. Sie müssen sich vorstellen, daß er mich, wie ich glaubte, haßerfüllt angesehen hat, und ich versuchte, die Schwelle, daß er mich wegschickt, immer weiter hinauszuschieben. Aber ich mußte dann den nächsten Tag – es war eine mörderische Kälte da draußen – nun abschieben. Und zwar hat man mich als Frau verkleidet mit einem Rock, denn man wußte nicht, ob dieses Haus beobachtet wurde. Da hat mich dieser Herr B. in eine Feldscheune gebracht, die nach allen Seiten offen war. Und deshalb traute ich mich nicht, eingom. Das ist freilich böse. Also waren die anderen Nachrichten, nach denen die Deutschen in Ungarn vorgehen, falsch. Ich hab' es mir gleich gedacht. In Nagyvarad (Großwardein) ist eine neue ungarische Regierung, die Deutschland den Krieg erklärt hat. Obwohl ich gern Neues höre, ist doch das gerade nicht geeignet, meinen Mut zu heben. Ich hoffe doch, daß auch diese Nachricht z.T. übertrieben ist. Wir werden wohl immer noch etwas in Reserve haben, was den Krieg entscheidet. Wenn wir den Krieg verlieren, wären die Leiden, die uns noch bevorstehen, nicht zu beschreiben. Da kann man nur immer sagen »armes Deutschland«! [...]

5.1.45: Gestern, an einem ziemlich ereignisreichen Tag, kam ich nicht dazu zum Schreiben. Der Morgen fing besonders freudig an. Ich bekam Radioteile und freute mich sehr, gleich den Detektor anfangen zu können. Ich habe den ganzen Tag daran gebastelt. Abends sah mir noch Herr B. zu. Um 6 Uhr auf einmal ertönt die Glocke im Zimmer. Ich kann Herrn B. nur noch schnell zurufen »Radio weg« und sprang sofort über den Geldschrank in die kleine Ecke. Unglückseligerweise stand auch noch ein Schachspiel da, was angefangen war. Das mußte Herr B. auch noch wegräumen. In diese Tätigkeit herein platzte schon ein bewaffneter Bolschewist. »Suchen

---

zuschlafen, in der Angst, daß ich erfriere und ich überhaupt nicht mehr aufwache.

Herr B. – er hat mir eine Karte gebracht. Ich wußte genau die Richtung, wo ich hinwollte. Aber ich hatte damals noch keinen Kompaß. Ich mußte nach dem Nordstern sehen. Und eine Nacht war also trübes Wetter, und da war ich ohne Nordstern aufgeschmissen. Ich bin zwar ungefähr nach dem Gefühl marschiert, aber ich bin dann, wie ich merkte am nächsten Tag, fast im Kreis marschiert. Und allein das Gefühl, heute weiß ich ja, daß ich dort in Siebenbürgen auch wieder was gefunden habe; aber sie werden jetzt herausgestoßen und wissen nicht, wie es endet. Und müssen nun losmarschieren in der Hoffnung, daß sie vielleicht dort jemanden finden, der sie auch wieder versteckt und der sie ernährt, und das ist so ein schreckliches Gefühl, daß ich also unter dem Eindruck dieses Gefühls diese Zeilen geschrieben habe. Denn es hätte ja das

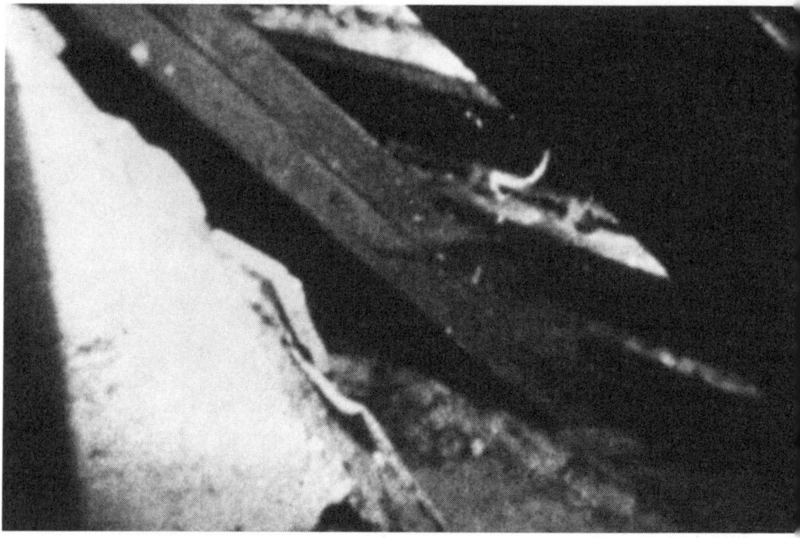

den föhodnagy« (Oberleutnant). Er riß alle Schränke usw. auf. Draußen durchsuchten noch 2 weitere das Haus und die Nebengelasse vom Boden bis zum Keller. Ich muß sagen, daß ich – vor allem nachher – anständig gezittert habe. So vom Traum in die rauhe Wirklichkeit gerissen, war doch etwas zu plötzlich. Nach und nach erfuhren wir erst den Sachverhalt.

gleiche geschehen können, wie es übrigens einem Kameraden passiert ist, der in diesem Ort, was ich jetzt inzwischen weiß, auch überwintert hat. Aber der ist im nächsten Dorf schon geschnappt worden. Der ist ungefähr um die gleiche Zeit marschiert. Er hat gedacht: Der Krieg ist fast zu Ende, jetzt marschiere ich also Richtung Deutschland los – und natürlich war er im nächsten Dorf schon gescheitert. Während ich also konsequent keine Brücke benutzt habe, die Bäche und die Flüsse waren damals ziemlich…, das war ja die Schneeschmelze – so Ende April – in den Karpaten. Ich habe also jeden Bach durchwatet, oder jeden Fluß, den ich da angetroffen habe, habe ich durchschwommen. Und zwar in das eiskalte Wasser rein, auf der anderen Seite wieder angezogen. Ich bin also auf absolut Nummer Sicher gegangen und habe mich kurz vor Kronstadt, also vor Braşov, in der Silhouette eines Berges getäuscht. Ich wollte also nach, der Ort heißt deutsch Zeiden, rumänisch Codlea.

Herr B., 1972 in Hannover.

Meinetwegen war extra aus Braşov (Kronstadt) ein Auto mit Russen gekommen, um mich bei B. festzunehmen. Im Gefangenenlager in Kronstadt hat mich ein deutscher Soldat, der sich früher hier aufgehalten hat und nach seiner Festnahme sofort abtransportiert wurde, verraten. Er gab an, daß ich bei B. versteckt bin. Nun gibt es aber in Covaszna ca. 20 B.-Familien, was er aber nicht wußte. Sofort ordneten hier die Russen an, daß sämtliche B.-Häuser sofort durchsucht werden. Es wurde gleich eine große Anzahl Kommunisten mobilisiert. Man kann sich den Schreck hier im Haus vorstellen. Alle haben noch den ganzen Abend gezittert. Herr B. wurde gleich wieder schlagartig krank. Es war zu erwarten, daß sie nachts noch einmal wiederkamen. Draußen war eine furchtbare Kälte. Da kam Frau E. auf folgenden Gedanken. Ich kroch im Kinderzimmer unter die Bettcouch und liege, von allen Seiten unsichtbar,

In diesem Ort war ich mal früher ganz kurz im Quartier. Und ich wollte eben diesen Ort erreichen, in der Hoffnung, daß mir geholfen wird.

Das Haus war innerhalb einer Gärtnerei. Und die Ungarin hatte einen Siebenbürger Sachsen zum Mann, und der war verschleppt worden. Und ich war in dieser Gärtnerei 1943, Anfang '44 mal im Quartier. Man wurde also aufgeteilt, wenn man da durchfuhr, und man konnte nicht mehr weiter. Und es war eben die Hoffnung, daß ich in dieser Gärtnerei bei diesem Deutschen irgendwie Hilfe finde. Wenn ich einmal diesen Ort erreicht habe. Und als ich dann – ich glaube, es muß der 3. Mai 1945 gewesen sein – angekommen bin, natürlich vollkommen abgekämpft, wirklich abgekämpft, bis zum Letzten, dann brachte mich der Heizer, bei dem ich mich vorstellte, nachts in diese Gärtnerei, zu dieser Frau. Die kannte mich vom Aussehen, weil ich eben im Quartier war und dort nun herumlief auf der bloßen Erde. Emmuschka liegt wie immer auf der Kautsch. Mit Hangen und Bangen haben wir 4 Erwachsenen die Nacht verbracht. Nun ist zu erwarten, daß von dem (wahrscheinlich) Feldwebel in Braşov nähere Informationen eingeholt werden. Es ist deshalb leider nicht mehr möglich, daß ich im Hause des lieben Herrn B. bleibe. Nun soll versucht werden, daß ich bei einer alten Frau bleiben kann. Herr B. will monatlich 500 Pöngö (ca. 400 M) zahlen. Ich gehe nun einem neuen Schicksal entgegen. Sollte mir doch die Gefangenschaft bestimmt sein, dann will ich mich nicht mehr auflehnen. Andere müssen es erdulden, und da muß ich mich halt drein schicken.

Heute abend werde ich, als Frau verkleidet, in mein neues Quartier gebracht. Es hört sich fast an wie in einem spannenden Kriminalroman, aber die Gefühle, die mich beherrschen, lassen sich nicht beschreiben. Mir ist furchtbar elend zumute. Heute nacht im Halbschlummer träumte ich, daß man mich bereits gefangen hätte. Hoffentlich keine böse Vorahnung. Dieses Buch lasse ich hier und nehme es nicht mit. Hoffentlich gelangt es nach dem Krieg in die Hände meiner lieben Frau. Ich baue aber doch auf Gottes Hilfe, der auch gestern den Bolschewisten, der im Zimmer, nur 1 Meter von mir, nach mir suchte, mit Blindheit schlug. Gegen den Willen

usw. Und da kam ich erst in den Keller. Und diesen Keller habe ich mir als ein permanentes Versteck gebaut, was ich eigentlich die ganze Zeit benutzt habe.

Breloer: Wie lange waren Sie in diesem Kellerloch?

Kurt S.: Von Mitte Mai 1945 bis Mitte November 1947 habe ich in diesem Keller gelebt.

Breloer: Was hat für Sie in dieser Situation das Schreiben bedeutet, daß Sie Papier bekamen und einen Bleistift?

Gottes kommt man nicht an und soll man nicht anfechten. Ich wünsche mir eins, daß ich nach allen Schrecken, Mühen und Drangsalen, meine liebe Frau, meine Kinder und meine anderen Lieben in der Heimat wiedersehe.

8.1.45: Wieder sind 2 Tage vergangen. Die alte Frau hat mich vor Angst leider nicht genommen, da die Russen mich sogar dem Namen nach suchen. Vielleicht denken sie, ich will hier Sabotage ausüben. Dann allerdings ist mein Kopf verloren, wenn sie mich kriegen. Ich war nun 2 Tage beim Nachbarn K. Aber überall, wohin ich komme, werden die Leute schreckhaft. Ich schlief im gemeinsamen Schlafzimmer auf der Couch der 19jährigen Adele. Diese wieder mußte in den Ehebetten der Eltern mitschlafen. Sonst aber war der Aufenthalt dort sehr angenehm. Eine Schwägerin wurde auch noch geholt, in der Hoffnung, daß ich, nachdem sie mich gesehen hat, dort unterkommen kann. Ja aber diese, eine feine Dame, sagte aber auch nur, »szeb fiu, szegény fiu« (ein schöner Junge, ein armer Junge). Entschlossen aber hat sie sich nicht. So bin ich heute morgen um 5 Uhr wieder in das liebe B.-Haus zurückgelaufen. Ich bin aber wirklich besorgt, denn jeden Augenblick kann die Hausdurchsuchung von neuem beginnen. Die Kommunisten haben hier die Polizeigewalt. Die

---

Kurt S.: Das Papier, Sie sehen es schon, das hat also keine große Schreibqualität. Das brachte die Frau aus der Gärtnerei, dieses Blumen-Einwickelpapier, mit. Wenn sie arbeiten war, war ja sowieso abgeschlossen, da konnte ich mich natürlich oben bewegen, dann habe ich mit einem Bügeleisen dieses Papier gebügelt, damit die Kapillarität verschwand. Wenn ich also mal Tinte gehabt habe, das ging dann meistens auch, manchmal habe ich auch mit Bleistift geschrieben. Aber es schrieb sich leichter, wenn das Papier gebügelt war, weil ich es mir dann auch, wie Sie hier sehen, zusammengeheftet habe später. Ich hatte also nicht mal genügend Papier. Ich hätte gern noch mehr geschrieben, weil ich ja genügend Zeit hatte.

Breloer: Es gibt diesen ungeheuren Angriff aus dem Radio auf Sie. Ich hab' das so gelesen, als ob Sie sich danach stark angegriffen gefühlt haben durch diese fürchterlichen Nachrichten: Kapitulationen, Deutschland liegt danieder. Sie fühlen, daß die Feinde Sie

Russen aber haben ausdrücklich festgelegt, und zwar schriftlich, daß für jeden Deutschen, den die Russen fangen müssen, ein Kommunist erschossen wird. Deshalb sind auch hinter mir alle so sehr her. Es fehlte nur noch, daß auf meinen Kopf eine Prämie gesetzt wird.

Ja, das Leben ist tatsächlich sehr schwer. Zu den Sorgen über Zuhaus kommt die dauernde Angst. Im hiesigen Gefangenenlager halten sich inzwischen schon wieder 12 Deutsche auf. Man hat sie zum Teil in den großen Karpatenwäldern gestellt, und z.T. sind sie halb verhungert und fast erfroren selbst gekommen. Sie werden wohl aber bald den Marsch nach Rußland antreten. Manchmal habe ich eine dumpfe Ahnung, als wenn ich dabei bin.

Draußen regnet es heute morgen sogar. Der Schnee taut. Aber bald wird es wieder kalt kommen. Hier im Haus B. haben alle wieder meinetwegen nicht geschlafen. Sie wußten, daß ich früh um 5 Uhr komme. Gestern abend habe ich übrigens Gelegenheit gehabt, Radio zu hören. Die Nachrichten haben mich zwar nicht ganz befriedigt, aber es schien ganz gut zu sein. Dann aber habe ich die Filmillustrierte gehört. Viele Melodien aus Filmen, die ich mit meiner lieben Frau gesehen habe, zogen vorüber. Zugleich die wehmütigen Erinnerungen. Ich höre immer den Sender Breslau, denn der

---

dafür verantwortlich machen werden. Wie kann man alleine damit fertig werden? Ohne daß man sich in Wiederaufbau-Aktivitäten stürzt, wie das die anderen zu Hause machen konnten.

Kurt S.: Ja, Sie bringen mich auf ein Gleis, mit dem ich an sich überhaupt nichts zu tun hatte; ich gehörte zur Luftwaffe, und ich habe mit Sicherheit nichts gewußt von diesen Greueltaten, die also jetzt auf mich einstürmten, nachdem das natürlich forciert über die Sender gelaufen ist. Da wird das deutsche Volk erst mal aufgeklärt – was richtig war – und auch mit einer gewissen Kollektivschuld konfrontiert. Das war damals der Trend, aber ich war ja, wie gesagt, so machtlos in meiner damaligen Situation und natürlich auch machtlos in der Zeit, wo ich noch aktiv sein konnte. Ich fühle mich also auch heute frei davon.

Breloer: Immerhin steht da: »Mir krampft sich das Herz zusammen, wenn ich Radio höre, ich weiß nicht, was ich denken soll.«

erinnert mich am meisten an meine Heimat. So, nun wären die letzten 2 Tage auch nachgetragen. Jetzt werde ich schnell meine Strümpfe stopfen und mich dann in mein Versteck unter der Kautsch oder hinter den Geldschrank [begeben]. Körperlich fühle ich mich sonst wohl. Bloß meine Haare sind unverschämt lang. Aber das macht ja nichts. Jetzt im Winter halten sie warm.

9.1.45: Ich sitze auf dem Geldschrank, um gleich in die Ecke zu springen, wenn jemand kommt. Herr B. ist schwer krank. Er hat 40° Fieber und stöhnt vor Schmerzen im Magen. Der Arzt war schon da.

Ich glaube fast im stillen, daß das die Reaktion von den Schrecken der letzten Tage durch mich ist. Ja, jetzt werden durch mich noch andere Leute krank. Zumal er nur ⅓ Magen hat, ist er nicht widerstandsfähig.

Jetzt habe ich meinen Platz gewechselt. Ich liege auf dem Bauch auf der Erde unter der Couch. Eine sehr unbequeme Lage. Ich kann mich kaum drehen, aber es hilft halt nichts. Die kleine Eva ist noch im Zimmer, aber sie weiß von meiner Anwesenheit nichts. Ich muß mich noch besonders ruhig verhalten. Heute ist noch ausgerechnet hier Schweineschlachten und deshalb viel Arbeit im Haus.

Sie haben sich auf irgendeine Weise damit auseinandersetzen müssen, denn all die Nachrichten, Kapitulation, Kriegsverbrechen stürmten auf Sie ein. Ist es gleich abgeprallt, in einem Satz erledigt gewesen? Konnten Sie es, um überleben zu können, gar nicht tief eindringen lassen?

Kurt S.: Also, ich konnte mir gar nicht erlauben, so feinfühlig zu sein. Ich war in diesem Fall schon wieder konfrontiert mit der allgemeinen Lage in diesem Dorf.

Da waren zeitweise 5000 Russen einquartiert, und da war meine Sorge, daß ich den nächsten Tag überhaupt unentdeckt erlebe und daß ich nicht wieder von dieser Ungarin weggeschickt wurde. Was diesen Sektor unseres Kriegsgeschehens anbelangt, habe ich mir noch keine großen Gedanken gemacht. Ich habe zwar geschrieben und habe es sehr bedauert, aber ich habe mich nicht damit so identifiziert, daß ich jetzt in Sack und Asche gehe, nur weil irgend-

Ich kann leider nicht helfen, denn nach den Ereignissen darf mich niemand sehen.

11.1.45: Iduka ist nun bei allen ihren zuverlässigen Bekannten herumgelaufen. Alle haben Angst. Auch nicht für viel Geld nehmen sie mich auf. Nun wird noch bei einer deutschen Frau in der Nachbarschaft versucht. Dort kann ich wahrscheinlich unterkommen. Allerdings kenne ich das Zimmer schon. Dort wohnte früher der Oblt. H. Es ist auf dem Boden, nett – aber eine Mausefalle. Wenn dort Haussuchung ist, dann bin ich auf jeden Fall geliefert. Herr B. zahlt für das Zimmerchen – nur für das Wohnen – im Monat ca. 140,– RM. Für die Verpflegung sorgt die Mutter der Iduka. Auch sie bekommt für den Monat 200 Pöngö, ca. 140,– RM. Der gute Herr B. hat tatsächlich ein gutes Herz. Nun bin ich halt heute noch im alten Quartier, wo es mir ja sehr gut, trotz aller ausgestandenen Gefahren, gefällt. Wenn es sein müßte, ginge ich auch wieder in das dunkle Loch. Hauptsache die Freiheit erhalten. [...]

Ein anderer Oberleutnant, den ich auch kenne, und ein Unteroffizier hausen hier auf dem Friedhof in einer Gruft bei 5 Toten. Was tut man nicht alles, um nicht in Gefangenschaft zu kommen.

welche verrückten Verbrecher nun solche fürchterlichen Dinge getan haben. Denn ich war damals 27 Jahre, und das war auch noch kein großes Alter. Da hat man also noch nicht so große Überlegungen, die ich jetzt habe, die ich in Ruhe haben kann und die ich aufgrund der Informationen, die man inzwischen bekommen hat, auch haben muß.

Breloer: Und dann sind Sie auf Ihren letzten Weg gegangen?

Kurt S.: Ja. Den hatte ich versucht auszukalkulieren, und zwar mußte es möglichst Neumond sein. Es mußte zeitig finster sein, es mußte möglichst, wenn ich über die Grenzen kam, regnen. Ich habe mir allerdings natürlich dazu auch Kartenmaterial beschaffen können. Das war wieder über andere Bekannte, die ich in Bukarest kennengelernt hatte, denen ich geschrieben habe. Ich war auch mit anderen in Briefwechsel, und ich habe dort Kartenmaterial bekommen. Vor allen Dingen von der Grenze nach Ungarn. Ich versuchte

16.1.45, Dienstagabend: 3 Tage und 3 Nächte im Dunkeln. Es war eine verdammt lange Zeit. Meine Gedanken waren wieder so intensiv, daß ich von gestern zu heute wegen Kopfschmerzen nicht schlafen konnte. Die Nachrichten sind auch nicht besser geworden. Herr B. hat tatsächlich allen Grund, Angst zu haben. Der Russenterror beginnt hier jetzt auch. Gestern sind in diesem Ort 16 ungarische Familien, die aber einen deutschen Namen haben, deportiert worden. Alles, war nur etwas nach Deutsch klingt, wird ausgerottet. [...]

So, nun habe ich mich gewaschen und fühle mich gleich wohler. Ich warte nur noch auf Herrn B., dann ist der Tag abgeschlossen. Es ist wieder mal ein Genuß, sich richtig auszustrecken. Dieses Loch gleicht einer mittelalterlichen Folterkammer. Wenn man lange drin sitzen muß, schlägt sich's aufs Gemüt, glaube ich. Wie lang wird ein Tag und wie lang erst eine Nacht. Das einzige Gute ist das Essen. Frau E. sorgt wie eine Mutter für mich. Sie ist unermüdlich. Sogar den Nachttopf vergißt sie nicht, denn ich muß ja meine Notdurft im Loch verrichten. Darüber kommt die Klappe und darauf Sägespäne und ein Hackklotz. Niemand kann vermuten, daß darunter jemand steckt. Bloß die Mäuse setzen mir nachts zu. Sie laufen mir sogar übers Gesicht. Aber lieber dort runter, als gefangen. [...]

---

also, bei Großwardein über die Grenze zu gehen, und zwar kaufte ich mir Fahrkarten. Ich bin also an einem Sonntag dort losgefahren. Erst nach Braşov. Dort hatte ich mir eine Fahrkarte gekauft nach Großwardein, die Rumänen sagen: Oradea. Diese Stadt war 14 Kilometer von der Grenze nach Ungarn entfernt. Und ich glaubte, daß das die schwierigste Grenze ist. Ja. Diese 2000 Kilometer, die ich dann schaffen mußte, die sind natürlich ohne Tagebuch vorübergegangen. Ich habe also relativ schnell die rumänisch-ungarische Grenze erreicht, habe sie überschritten. Habe mir dann Fahrkarten gekauft in Ungarn und bin bis kurz vor die ungarisch-österreichische Grenze wieder gefahren und bin dann auch über diese Grenze gelaufen. Bin dann bald in der russischen Zone gewesen und dann mit einer Hilfe in das amerikanisch besetzte Österreich gekommen. Und dann über die Grenze nach Bad Reichenhall. Und Piding, da war das Entlassungslager. Und als ich dann dort war, da bin ich also,

22.1.45: Gestern abend brachte Herr B. die Nachricht mit, daß sogar im deutschen Rundfunk gesagt wurde, daß Posen umkämpft wird. Als ich das vernahm, da bekam ich einen richtigen Schreck. Wenn es schon so weit ist, dann armes Deutschland. Grünberg ist nicht mehr weit von Posen, und meine Mutter und meine Schwester werden in größter Angst schweben. Frau T. in Posen wird auch wohl fliehen müssen. Ich habe wieder die ganze Nacht an diesen jetzigen Zustand denken müssen. Die Hoffnung, daß Deutschland siegt, schwindet immer mehr. Meine Hoffnung, meine Lieben wiederzusehen, verliert immer mehr den Untergrund. Hier macht sich so langsam auch der Haß gegen die Deutschen unter den Ungarn breit. Sie lieben alle ihre Hauptstadt Budapest, die jetzt vollkommen zerstört ist. Die Schuld geben sie den Deutschen. Hitler ist hier allgemein sehr verhaßt. Auch Herr B. hat ihn gefressen. Er sagt, er müßte nach Afrika und dort in einen großen Ameisenhaufen gesetzt werden. Auch Stalin, Roosevelt und Churchill. Ich selbst versuche, ihn wohl umzustimmen, muß aber sehr vorsichtig sein, denn in einen direkten Gegensatz zu ihm darf ich mich nicht bringen. Zumal ich schon selbst zu der Erkenntnis gekommen bin, daß furchtbar viele Fehler gemacht wurden. Der größte Fehler

das weiß ich noch genau, so erschüttert gewesen, daß ich vor Aufregung weinen mußte. Dann bin ich eben in Zeulenroda angekommen. Ich weiß, es war abends, dunkel, es war Schnee, und der Schornstein der Lokomotive machte ungeheuer viel Funken. Ich dachte: Na, das habe ich schon lange nicht mehr gesehen, eine solche Lokomotive. Naja, und dann bin ich also vor der Tür gestanden. Ich hab' mich erst gar nicht reingetraut. Das war eine Wohnung innerhalb einer Fabrik, wo meine Frau damals als Maschinenstrickerin arbeitete. Und sie wohnte mit ihrer Schwester und ihren Eltern und mit den beiden Kindern in dieser kleinen Wohnung. Ich weiß noch, wie ich die Treppe hochgegangen bin und dann geklopft habe. Dann kam sie raus. Na ja, und das Weitere können Sie sich denken. Man ist so erschüttert, da kann man nichts sagen. Da habe ich auch das erste Mal meinen Sohn gesehen. Der hat mich umarmt und stellte dann fest, daß ich zwei Arme hatte. Meine Frau hatte ein Foto von mir. Und da fehlten meine Arme. Und er war aber war der Krieg mit Rußland. Man kann trotz aller Tapferkeit und Opfermutes nicht gegen eine ganze Welt anrennen. Auch unsere Diplomatie hat versagt. Ich bin zwar nicht maßgeblich in meinem Urteil, allein ich habe diese Meinung von so vielen Offizieren bestätigt bekommen, daß ich nun bald auch daran glauben muß, zumal die niederschmetternden Ereignisse an den Fronten diese Ansicht bestätigen. Wir haben eben den Mund zu voll genommen. Vor allem unsere Führung. Na, ich kann nichts dazu tun, als abzuwarten und mich versteckt zu halten. [...]

Sonntag, 28.1.45: So ratlos wie jetzt war ich schon lange nicht mehr. Die Russen sind in Gleiwitz, Hindenburg. Da Herr B. diese Namen am Radio aufgeschrieben hat, kann kein Zweifel herrschen. Die ganze Nacht habe ich kein Auge zugemacht und habe mir die schrecklichsten Vorstellungen vor Augen geführt. Jetzt habe ich auch endgültig die Hoffnung fallen lassen, daß der Krieg gewonnen wird. Was hat da Hitler für eine Riesenschuld auf sich geladen. Wenn ich meine Familie nicht wiedersehen kann, dann will ich auch nicht mehr leben. Vor allem soll sie lieber bald einen schnellen Tod erleiden, als deportiert oder sonst gequält zu werden. Ich

immer der Meinung, daß ich keine Arme hatte. Und da sagte er auf einmal: »Der hat ja doch Arme!« Dieser Augenblick ist nur einmal im Leben. Man kann ihn nicht mehr nachvollziehen oder nacherzählen, wie das ist. Meine Frau war damals noch so schlank, daß ich sie über die Treppe getragen habe, so wie im Film. Unsere kleinen Zimmer, die waren 2 m breit und ungefähr 4 m lang. So haben wir angefangen. Aber wir waren glücklich. Ich möchte sagen, zu keiner Zeit habe ich soviel Freude empfangen und gemacht, wie in dieser wirklich ganz schweren Zeit, die ja noch vor der Währung lag.

Breloer: Kann man das überhaupt verstehen, was Sie erlebt haben, wenn man diese Papiere hier liegen sieht?

Kurt S.: Nein, man kann es nicht verstehen. Man kann einfach diese Zeit nicht mehr zurückrufen oder rekonstruieren. Und deshalb ist es ein persönliches Erlebnis, und deshalb habe ich auch diese Tagebücher bisher noch nicht weitergegeben. Nur ich selbst habe hin und wieder mal hineingeschaut.

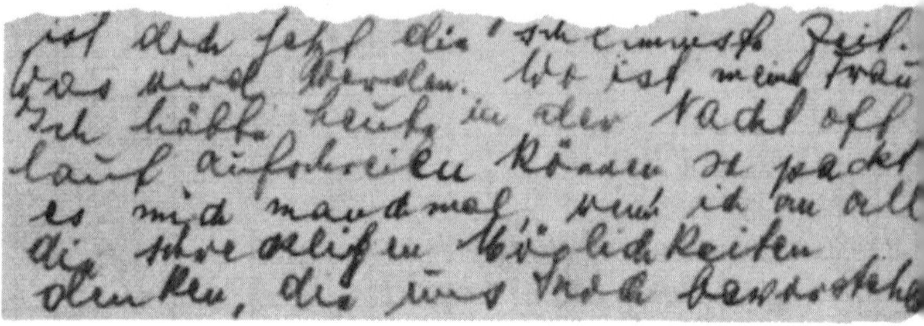
ist doch jetzt die schlimmste Zeit.
Was wird werden. Wo ist meine Frau
Ich hätte heute in der Nacht oft
laut aufschreien können so packt
es mich manchmal wenn ich an all
die schrecklichen Möglichkeiten
denken, die uns noch bevorsteh

habe so in diesem Krieg eine Hoffnung nach der anderen begraben. Aber das ist doch jetzt die schlimmste Zeit. Was wird werden? Wo ist meine Frau? Ich hätte heute in der Nacht oft laut aufschreien können, so packt es mich manchmal, wenn ich an all die schrecklichen Möglichkeiten denke, die uns noch bevorstehen. Vor allem aber meiner Frau in ihrem jetzigen Zustand. Lieber ginge ich sofort freiwillig nach Rußland, als daß die Russen nach Breslau kommen. Wohin ich sehe, ist eine Tragik, wie sie nicht größer sein kann. Was hat der ganze Krieg für einen Zweck gehabt? Millionen Menschen sind dafür gestorben. Die Verantwortlichen dafür werden wohl in diesem Leben keine Ruhe mehr finden. Ich weiß genau, daß ich, wenn ich meine Familie nicht mehr zu Hause antreffe, ich mir das Leben nehme. Zu was hätte ein weiteres Leben noch für Zweck. Bis ins hohe Alter in Fronarbeit für Rußland zu leben. Nein, lieber bald tot. […]

Freitag, 2.2.45: Die Russen kämpfen an der Oder. Mir ist wieder jämmerlich zumute. Und ich habe die ganzen Jahre eine stille Ahnung gehabt, daß es so kommt. Ich habe auch oft mit meiner Frau darüber gesprochen. Ja, wenn ich doch in Deutschland wäre. Ich wollte schon für meine Lieben sorgen. Aber all mein Klagen und Jammern hilft nichts.

Hier hat man gestern eine alte Frau und ein junges Mädchen deportiert, weil sie einem deutschen Soldaten Essen und Unterkunft gegeben haben. Die kommen aber nicht zurück. Und dieser Soldat, dieser Idiot, hat die Frau bei seiner Festnahme verraten, statt zu sagen, daß er aus Rumänien kommt. Ja, so dumm sind die Menschen in ihrer Angst. Herr B. ist seit einer Woche verstimmt. Ich weiß, er hat es schon oft bereut, daß er mich aufgenommen hat. Aber er muß halt jetzt noch in den sauren Apfel beißen. Mir graut schon davor, wenn ich hier weg muß. Hoffentlich habe ich dann wieder Glück. Oder ich komme doch noch in Gefangenschaft. Ich weiß gar nicht, was gut ist. Man ist gehetzt und verfolgt wie ein großer Verbrecher. Wenn der Krieg in dieser Weise verlorengeht und wenn meine Familie dabei leidet, dann hasse ich Hitler von ganzer Seele, denn er hat das große Unglück in dieser Weise heraufbeschworen. Ich sitze ohnmächtig hier und weiß nicht, was kommt. Vor allem, was die Zukunft bringt. […]

Sonnabend, 3.2.45: Es ist 17.00 Uhr. Den ganzen Tag habe ich keine Ruhe gehabt. Wohl bin ich den ganzen Tag allein, leider, denn nur allein und sich mit niemanden unterhalten ist auch nichts. Abends um 1.00 Uhr kommt Herr B. ins Zimmer. Dann seufzt und stöhnt noch jeder für sich ½ Std., und dann ist der Tag endgültig vorbei. »Gute Nacht, und schlafen Sie gut«, beendet regelmäßig den Tag. Heute habe ich mir besonders oft die Karte angesehen. Der Weg nach Deutschland macht mir auch Tag und Nacht Kopfzerbrechen. »Ein Mann will nach Deutschland« hieß ein früherer Film. So genau geht es mir jetzt. Ich weiß nicht, was ich machen soll. Genau am anderen (östlichen) Ende von Ungarn bin ich zur Zeit. Ich glaube, ich muß nochmals nach Rumänien wandern und von Kronstadt aus versuchen, mit dem Zug über Arad zu kommen. Der Gedanke an die kommenden heiklen Situationen läßt schon jetzt mein Blut schneller fließen. Es ist bald Mitternacht. Ich habe keine Ruhe. Es ist zum Verzweifeln.

Freitag, 9.2.45: Heute, am Abend, nach 6 Tagen, komme ich wieder dazu zu schreiben. Von Sonntag früh bis heute abend habe ich wieder in dem kleinen, finsteren Loch gesteckt. Ich will nicht alles haarklein beschreiben, aber 6 Tage und fünf Nächte in Dunkelhaft und in gekrümmter Stellung nur liegend hinter sich bringen, ist schon eine Strapaze. Als ich heute das Loch verließ, mußte ich fast wieder laufen lernen. Jeden Tag einmal abends bekam ich zu essen, und zugleich wurde der Nachttopf geleert. In was für Stellungen ich meine Notdurft verrichten mußte, kann ich nicht beschreiben. Und die vielen Gedanken, die über einen kommen. Es ist furchtbar! Diese Zeit, jetzt unter diesen Umständen, wie ich sie verlebe, ist wohl die schrecklichste meines Lebens. Ich bin mit meinen Gedanken nur zu Haus, und dort kann ich mir keinen Trost holen. In der Heimat kämpft der Russe gegen uns, und meine Lieben können sogar auch schon tot sein. Ich kann machen, was ich will. Ich komme nicht von dem Gedanken los, daß meine liebe Frau tot ist, wenn ich nach Hause komme. Ich kann mich dagegen wehren, wie ich will. Immer komme ich automatisch darauf zurück. Hoffentlich ist es nur ein übertriebenes Angstgefühl. Geb's der liebe Gott, daß es nicht so ist. Was würde ich geben, wenn ich meine Lieben wiedersehen könnte. Ich beklage nicht meine jetzigen Leiden, vielmehr meine Ohnmacht gegenüber allem, was zu Haus vorgeht.

Inzwischen hat am 4. Februar meine liebe Großmutter Geburtstag gehabt. Sie hat schon viel verschlafen. Jetzt wäre sie 80 Jahre alt geworden. Ob ich ihr Grab noch mal besuchen kann? Ich war, als ich das letzte Mal zu Haus war, nicht da.

Die Russen haben schon vorgestern über die Oder einen Brückenkopf gebildet. Ich glaube jetzt nicht mehr an den Sieg. Wir sind am Ende. Es hilft auch keine V 3, 4 und 5 nicht mehr. Wir haben zu viele Verluste gehabt. Ich will dieses Thema lieber jetzt gleich fallen lassen, denn sonst muß ich zu vielen bitteren Wahrheiten kommen. Es ist schlimm, wieviel von uns gesündigt wurde. Es ist fast 22.00 Uhr. Mir ist ganz schwach. Alles dreht sich, zittern muß ich auch. Jetzt kommt erst die Reaktion. Ich weiß nicht, was ich dagegen machen soll. Hoffentlich werde ich nicht noch ernstlich krank.

Hier bei Braşov ist ein deutsches Gefangenenlager. Dort herrscht Typhus. Die armen Kameraden sterben wie die Fliegen. Nur nicht im Winter in so ein Lager. Bei allem Unglück muß ich für mein persönliches Leben nicht klagen, im Gegensatz zu den anderen Kameraden.

19.2.45: Im Keller hatte ich mich gut eingelebt. Da bin ich aber, als ich Essen bekam, durch die Holzstall-Latten von einem Nachbarmädchen gesehen worden. Ich bin zwar der Meinung, sie hat mich nicht gesehen. Frau E. glaubt aber ja. Jedenfalls habe ich inzwischen einen Tag auf dem Heuboden bei einer alten Frau verbracht. Dort habe ich vor Kälte gezittert, denn es ist wieder sehr kalt geworden, und der Boden ist nach allen Seiten offen. Der Wind pfeift nur so durch das Heu. Heute um Mitternacht bin ich wieder zurück. Aber wenn ich hier die Angst sehe, dann bin ich niedergeschlagen. Es ist nicht zu beschreiben. Hier hat ein Fräulein 5 Jahre Zuchthaus bekommen, weil sie einem deutschen Soldaten Essen gegeben hat. Ich kann schon die Angst begreifen, die hier herrscht. Ich sehe es auch an ihren Augen, wie sie mich ansehen.

Dienstag, 27.2.45: Es hat seit gestern morgen geschneit. Gar keine Aussicht zum Laufen, bei meinen defekten Halbschuhen. Außerdem ist in Rumänien Revolution. Da werden die Straßen auch besonders bewacht sein. Sonst hat sich nichts ereignet.

Jetzt am Abend sitze ich wie immer auf dem Chaiselongue und döse vor mich hin. Ich muß nun doch mich für den Wald entscheiden. Fast alle Deutschen sind nach Rußland deportiert. Alle, die überhaupt noch arbeiten können. Das passiert mit den Deutschen im Reich genauso. Wenn die Irmgard also nicht aus Breslau ist, dann sehe ich sie und überhaupt alle meine Lieben nicht wieder, wenn ich nach Hause käme. Man schreibt das so einfach hin, weil man bzw. ich alles gar nicht fassen kann, wenn es wirklich der Fall wäre. Immer noch hofft man. Wenn es nicht so wäre, könnte man sich am nächsten Baum aufhängen. Nun also warten, was da kommt.

28.2.45: Der Februar ist überstanden. Jetzt im März kommt der Frühling. Ich mache mich so langsam fertig für meinen Ausflug in den Wald. Das ist wieder eine ganz schöne Umstellung. Wie die Steinzeitmenschen werde ich leben. Wenn ich ein Gewehr hätte, da könnte ich etwas jagen, denn das Essen wird knapp werden. ich weiß überhaupt nicht, von wem wir Naturalien bekommen werden. Und das Hinbringen ist auch ein Problem.

Breslau ist also vollkommen eingeschlossen. Ich hab' doch manchmal schon vor langer Zeit im stillen gedacht, ob nicht Breslau auch noch Kriegsschauplatz wird. Ach Gott, und meine Frau in dem Zustand. Diese schreckliche Angst.

Jetzt am Abend waren zwei Damen hier, um mich zu besuchen. Sie kamen ganz vermummt an, damit sie nicht erkannt wurden. Sie wollen Verbindung mit den zwei Soldaten im Wald aufnehmen. Vielleicht ist es möglich, daß ich zu denen gehe. Sie sind gut eingerichtet. Zwei Mädels bringen ihnen Essen immer für 3 Wochen. Ich bin doch gespannt, was wird. Zugleich hörte ich, daß in Breslau große Straßenkämpfe sind. Nun hege ich nur die Hoffnung, daß meine Frau evakuiert ist. Anderenfalls ist es dann ein Wunder, wenn wir uns doch noch gesund wiedersehen. Ich wage gar nicht mehr, an alles zu denken, und wenn ich pfeife oder singe, denke ich schon, das ist unter diesen Umständen eine Sünde. Ich bin ohne Ruhe.

10.3.45, Sonnabend: Gerade erzählt mir Herr B., daß man von den beiden im Wald einen gefangen hat, den man am Kopf ganz blutig geschlagen hat. Er ist schon abtransportiert. Der andere Soldat konnte fliehen. Ja, was mache ich nun? B. versucht, mich bald zu überreden, ins Gefangenenlager zu gehen. Aber ich sagte ihm, lieber hungern und frieren im Wald, als das. Solange man mich nicht mit Gewalt fängt, gehe ich in keine Gefangenschaft. Aber ab nun werde ich wohl doch daran denken müssen, in den Wald zu gehen, auch wenn die Kälte anhält. Es ist so kalt, daß noch die Fenster gefrieren. Aber es muß ja wärmer werden. Ich hoffe von Tag zu Tag. Ich vertröste halt B. von Tag zu Tag. Bald bin ich 5 Monate hier. Die Zeit kommt mir fast gar nicht so lang vor, weil ich immer in Aufregung war. Es ist eine Zeit, die mich ziemlich verändert hat. Ganz andere Begriffe sind mir gekommen, und Glück und Unglück erscheint relativer.

Sonntag, 8.4.45: Nun hat es sich entschieden: Ich muß weg. Gestern abend war B. hier und sagte es mir. Die Lage hat sich hier so zugespitzt, daß er mich nicht mehr beherbergen kann. Ich habe einen richtigen Schreck bekommen, denn ich werde wohl nicht durchkommen. Hier werden jetzt Razzien größten Stils veranstaltet. Heute nacht haben sie in einem kleinen Dorf in der Nähe 45 Männer, angeblich Faschisten, abgeführt. Eine mir sehr gut bekannte Familie, die Hundert Deutschen und auch mir geholfen hat, ist abgeführt. Diese

Angst ist furchtbar. Nun hat es wieder sehr geregnet und geschneit. Ich kann noch so lange warten, bis es trocken ist, und dann muß es sein. Nachts höre ich immer die Doppelstreifen gehen, und am Tage sehe ich durch einen kleinen Spalt auf dieser Nebenstraße immer 5–6 Gendarmen. Es sind Kommunisten mit Armbinde, die eben hier die Polizei repräsentieren. Es sind, wie alle Kommunisten, ganz rohe Kerle. Gerade jetzt höre ich in der Nähe viele Schüsse und ein Maschinengewehr. Was das zu bedeuten hat, weiß ich nicht. Ich glaube nicht, daß ich, wenn ich ins deutsche Gebiet kommen sollte, dort Unterschlupf finde. Entweder muß ich nun in den Tod oder wieder in Gefangenschaft. Das schreibt sich so leicht hin und ist das Schwerste, was es gibt auf Erden.

Dienstag, 10.4.45: Ich habe die Nacht kaum geschlafen vor Kälte. Außerdem rumort es immer in meinem Kopf, die Gedanken lassen sich nicht verscheuchen. Die Russen sollen in Wien sein. Ich habe nicht mehr die Hoffnung, daß wir den Krieg auch nur einigermaßen zu Ende bringen. Wir bekommen einen Frieden diktiert, daß noch unsere Kinder unfreie Menschen sind. Ich kann mir ja kein Urteil bilden über die jetzige Lage. Aber sie ist für uns katastrophal. Ich denke dauernd an den Marsch. Wie wird es werden? Ich habe nicht die geringste Hornhaut an den Füßen, und meine Muskeln sind auch erschlafft. Früher bedeuteten Hunderte Kilometer für mich nichts, und jetzt machen mir 10 km Sorgen. Heute nacht hörte ich wieder die Streifen laufen. Im Kampf haben diese Kerle nie gestanden. Aber jetzt erschießen sie mit deutschen Karabinern wehrlose deutsche Soldaten. B. hat wahrscheinlich Einsehen, daß ich noch warten muß.

Donnerstag, 12.4.45: Ich studiere gerade meine Karte, die mir B. besorgt hat und [die] von hier aus 30 km weit reicht. Einmal muß es gewagt werden. Allerdings habe ich wieder die ganze Nacht Schießen gehört. Diese Kommunisten machen mir mehr Sorgen wie die Rumänen – gestern habe ich 5 beobachtet. Man muß fast lachen, wenn man sie sieht. Die Hände in den Hosentaschen, das Seitengewehr baumelt auf dem Hintern. Der eine drehte sich bei jedem Geräusch um, als wenn er Sherlock Holmes wäre. Sie wissen vor Aufgeblasenheit kaum zu gehen. Das sind nun die Männer, die jetzt Geschichte machen wollen.

Sonntag, 22.4.45: Wenn man in so einer Lage, wie ich bin, ist, dann kann man fast nicht verstehen, daß Krieg ist. Hier wird auch dauernd ausgetrommelt, daß das und das zu machen ist. Wer die erlassenen Anordnungen nicht befolgt, wird deportiert. Das Wort »deportiert«, auf ungarisch »deportat«, höre ich am besten heraus, wenn der Trommler den Befehl vorliest. »Erschießen« heißt »agyonlöni«, das ist mir auch geläufig. Nur eben wenn ich die Kommunisten durch meinen Spalt beobachte, packt mich die Wut. Diese Proleten ohne Bildung und Gefühl repräsentieren die Staatsgewalt. Na, wenn das in Deutschland so wird, dann herrscht noch lange Bürgerkrieg. Allerdings würden die Russen sofort mit den grausamsten Mitteln jede Opposition niederknüppeln. Na, ich werde nicht mehr den Gedanken weiterspinnen. Es ist auch zwecklos. Es kommt, was kommen muß.

Zeiden (Codlea), Rumänien, Mai 45: Am 28.4. abends marschiere ich los. Alles ist überwacht. Ich muß querfeldein und durch sämtliche Flüsse waten. Besonders jetzt führen die Flüsse wieder Schneewasser, trotzdem werde ich schon in der ersten Nacht entdeckt, und am nächsten Tag, wo ich vor Schwäche kaum stehen und mich rühren kann, sucht mich ein großes Aufgebot von Kommunisten. Zweimal stehen sie fast neben mir, als ich unter einer kleinen Fichte kaure. Ich kann das, daß sie mich nicht gesehen haben, nur als ein Wunder bezeichnen. Die nächsten Tage schleppe ich mich mit der größten Anstrengung nach Richtung Kronstadt. Am 3. Mai, früh um 3 Uhr, treffe ich in dem deutschen Ort Zeiden bei Kronstadt vollkommen erschöpft ein. Ich werde gut aufgenommen. Hier sind alle deutschen Männer von 16–45 und alle Frauen von 16–35 Jahren von den Russen nach Rußland deportiert. Hier in diesem Dorf allein ca. 700 Menschen. Die Leute, die noch hier sind (die Alten), sind vollkommen verstört. In einem Hause werde ich nicht bleiben können. Zur Zeit bin ich – heute am 5. Mai 45 – in einem ungarischen Hause. Ich habe mich wieder erholt, und meine Füße, die auch vollkommen hin waren, heilen wieder. Wie es in Deutschland steht, habe ich hier erfahren. Ich bin erschüttert. Was werden meine Lieben machen? Werden wir uns noch einmal wiedersehen? Ich habe in Covaszna schon 3 Tagebücher geschrieben und meine Gedanken über alles festgehalten. Was kommt, kann man nun wohl voraussagen. Wir sind nun die Sklaven der anderen. Es wird furchtbar werden.

6.5.1945, Rumänisch Ostern: Ich habe mir im Keller unter einem großen Holzhaufen ein Versteck gemacht. Am Tage bin ich dort, und nachts bin ich zuerst oben. Hoffentlich bleibt

es so. Im übrigen denke ich ununterbrochen an zu Haus. Während ich hier in Ruhe sitze, werden meine Lieben verschleppt. Die Zukunft sieht furchtbar aus. Was soll werden? Es ist nicht auszudenken. Jedenfalls werden wohl in den nächsten Tagen die Feindseligkeiten eingestellt werden. Die deutsche Armee ist erledigt.

Montag, 7.5.45: Gestern abend habe ich seit langer Zeit wieder einmal Radio gehört. Allerdings nur Feindsender. Aber ich muß sagen, ich weiß nicht mehr, was ich denken soll. Alles kapituliert! Die deutschen Sender schweigen, nur Graz brachte Tanzmusik. Es ist furchtbar.

Jede Nacht träume ich die schrecklichsten Sachen. Die Elbe ist die Demarkationslinie zwischen Rußland und Anglo-Amerika. Es ist nun so, daß die Deutschen die Sklaven der anderen sind. Meine Gedanken sind bei meinen Lieben. Werden sie noch leben? Unter welchen Umständen? Ich kann fast nicht mehr klar denken. Ja, es ist vorbei.

Dienstag, 8.5.45: Breslau ist gestern gefallen, und 40000 Deutsche gerieten in Gefangenschaft.

Die Angst um meine Lieben läßt mich keine Ruhe finden. Aber vielleicht sind sie schon vorher evakuiert worden. Aber ich kann ja noch nicht nach Deutschland zurück. Da werde ich ja auch sofort gefangengenommen.

Der Krieg ist heute aus. Dönitz hat die Einstellung sämtlicher Kampfhandlungen befohlen. Der Frieden wäre da, aber was für einer? Ich wage nicht, in die Zukunft zu sehen. Ob ich jemals noch mein Kassengeschäft ausüben darf? Das hat mich am meisten in der Zeit, die hinter mir liegt, hochgehalten. Meine schöne Wohnung. Alles hin. Wer weiß, ob ich jemals meine Lieben wiedersehe. Wenn sie tot sein sollten, dann lohnt es sich auch nicht, daß ich noch weiterlebe.

Mittwoch, 9.5.45: Hier läuten die Glocken. Die Fabriksirenen heulen. Der Krieg ist aus und gewonnen für die Alliierten. Wozu sich die Rumänen auch rechnen. Ich komme mit meinen Gedanken nicht von Deutschland los. Was wird werden? Ich glaube fest, daß aus Ostdeutschland nochmals alle nach Rußland müssen. Gestern hörte ich, daß Stalin Wiedergutmachung aller Schäden verlangt. Das dauert ein Menschenalter. Die Russen haben gestern Dresden besetzt. Es ist jetzt nur noch ein Kinderspiel für sie.

Mittwoch, 6.5.45 [vermutlich 6.6.45]: Gestern abend hörte ich die alliierte Deklaration über Deutschland im Radio. Mir stockt der Atem. Diese Abmachung unserer Feinde legt uns

für 50 Jahre in Ketten. Na, darüber zerbreche ich mir nicht so sehr den Kopf wie um meine Lieben. Alle deutschen Soldaten sind Kriegsgefangene. Wie soll ich da nach Hause kommen? Ich komme nicht bis nach Ungarn, da haben sie mich schon wieder fest. Überall Ratlosigkeit, wohin ich sehe.

Sonnabend, 7.7.45: Die Polen reden schon über den Sender Lublin von Westpolen und meinem Schlesien. Sie sagen, daß dort Milch und Honig fließt. Wenn ich so etwas höre, da kann ich dann die ganze Nacht nicht schlafen. Hier ist heute bekanntgeworden, daß das Eigentum der Deutschen beschlagnahmt wird.

Seit 800 Jahren sind die Sachsen hier, und nun sind sie arme Leute. Oh, armes deutsches Volk. Und schuld ist Hitler. Zu dieser Überzeugung bin ich jetzt auch gekommen.

Mittwoch, 11.7.45: Ich bin in einer furchtbaren Verfassung. Vom Londoner Sender kommt: Die Deutschen in Niederschlesien werden schnell vertrieben. Ich fasse mich vor den Kopf und weiß nicht, ob ich wache oder träume. Ich kann nicht essen, mein Kopf ist heiß. Selbst wenn ich meine Lieben noch einmal finde, so stehen wir ohne alles da. Aber die Möglichkeit des Findens ist so gering, daß ich fast verzage. So niedergeschlagen wie jetzt war ich noch nie. Immer hatte ich im Herzen noch eine kleine Hoffnung. Aber jetzt ist alles hin. So eine Ungerechtigkeit hat die Welt noch nicht gesehen. Aus Sudetenland 3, aus Schlesien 6 Millionen und aus Ostpreußen auch noch Millionen. Wo sollen nur diese Menschen im übervölkerten Teil Deutschlands hin, der noch bleibt. Ich kann, solange ich hier sein werde, nie mehr ruhig werden. Es ist eine gigantische Katastrophe. Schuld hat tatsächlich nur Hitler. Diese Tatsache kann nie mehr verwischt werden.

Sonnabend, 22.9.45: In Belsen wurden der Kommandant des dortigen Konzentrationslagers und 48 SS-Lagerwachen beim Eintreffen der Engländer verhaftet. Jetzt findet in Lüneburg der Prozeß gegen Josef Kramer und seine SS-Männer und -Frauen statt. Was man da hört, ist so grausig, daß man es gar nicht fassen kann. Wir Deutschen haben eine ungeheure Blutschuld auf uns geladen. Noch nie war ein Volk so verhaßt auf der Welt wie das deutsche. Und leider auch mit Recht. Unter uns befinden sich wahre Bestien in Menschengestalt. Gestern kam auch über London, daß in Berlin der Zustand der Rechtslosigkeit bald aufhört. Die Russen verschleppen laufend Deutsche. Ich frage mich nur, wie dies erst in Deutschland sein mag. Wo nur Russen sind. Durch Berlin ziehen jeden Tag **nur** noch 10000 Flüchtlinge. Diese aber kommen ausschließlich aus dem von den Polen besetzten Teil Deutschlands. Ich darf erst nicht daran denken, denn sonst bin ich gleich fertig. Die Polen nehmen jetzt an uns Rache wie kaum ein Volk. Sie haben jetzt freie Hand und werden wohl viele Menschen umbringen. Und wenn ich mich frage, wer Anlaß zu den Gewalttaten gegeben hat, so waren wir es.

Der Verantwortliche ist Hitler. Wenn ich jetzt zurückblicke, so finde ich immer wieder, daß systematisch der Krieg vorbereitet wurde und vor allem die SS zur Rücksichtslosigkeit erzogen wurde. Gott sei Dank habe ich ein reines Gewissen, denn ich habe in Bezug Behandlung von Menschen nichts begangen, wessen ich mich schämen müßte. Ich habe niemandem etwas zuleide getan. Ich habe nicht mal während des Kampfes einen Menschen wissentlich erschossen. In Beurteilung meiner soldatischen Qualitäten ist ja dies ein Armutszeugnis. Aber ich weiß, daß im anderen Kriege mein Vater auch niemanden erschossen hat, und daran habe ich immer gedacht. Überhaupt bin ich – ganz meiner inneren Einstellung nach – Pazifist. [...]

Sonnabend, 8.11.47: Nun, lieber Herrgott, hilf mir. Morgen beginnt meine Schicksalsfahrt. Jeden Tag habe ich für ein gutes Ende gebetet. Nun wird sich beweisen, ob der Herr mir seinen Schutz leiht.

So schließe ich nun meine täglichen Eintragungen ab, die ich seit 3 Jahren tätige. Meine Gedanken gehen wie immer zu meinen Lieben und natürlich zu meiner lieben Frau und meinen Kindern.

Es ist mir eigen ums Herz, und ich stehe mit meinen Gefühlen wie in einer Sackgasse, weil ich nicht den Ausgang des Unternehmens, was so sehr schwer ist, weiß. Doch von ganzem Herzen glaube ich an ein Gelingen. Diese Tagebücher sollen einmal nach Deutschland später, und gebe Gott, daß ich sie selbst lesen kann und nicht nur meine Lieben.

Ich grüße alle noch einmal. Besonders meine liebste Frau und meine lieben Kinder.

Kurt S.,
1980 in Covasna.

Die Lebensretterin Frau L. aus Codlea in Hamburg.

DEUTSCHLAND 1945

Reise durchs Chaos Wehrmachtshelferin

Rita H., Kevelaer

22. Januar 1945: Der Chef in München, aber besonders der Leiter unseres Betriebes, der seit Oktober 1944 bei der Wehrmacht ist, werden wohl erstaunt sein, wenn sie meine Post mit der Nachricht von meinem Einzug zur Wehrmacht erhalten. Daran hätten sie wohl im Traum nicht gedacht, daß die kleinste im Betrieb – immerhin bin ich ja nur 1,45 m groß – doch zur Wehrmacht eingezogen wurde.

Um 20 Uhr ging der Zug nach Essen-Kray. Der Abschied von den Eltern und Geschwistern war kurz. Sie hatten mir noch viele gute Sachen zum Essen eingepackt, und Mutter meinte, daß sie um mich keine so große Sorge haben brauche, denn ich käme schon durch und würde schon fertig.

Der letzte Gang, bevor ich zum Bahnhof ging, war zur Muttergottes unseres Heimatstädtchens. Sie wird mich wohlbehalten wieder in die Heimat zurückführen. Das glaube und hoffe ich.

Unser Zug hatte in Krefeld keinen Anschluß mehr; deshalb mußten wir uns bis morgens 5 Uhr im Luftschutzbunker aufhalten.

Oh, wie sah es da aus? Vorn im Raum waren Männer und Frauen jeden Alters und frönten dem Schnaps, den es als Sonderzuteilung gegeben hatte. Schwerer Tabakqualm machte es unmöglich zu schlafen.

Aus einer Ecke hörte man Frauenkreischen und trunkenes Männerlallen durcheinander. – Viel Neugierige scharten sich um die beiden Zankenden. – Andere Weiber buhlten um die Gunst einiger anständig aussehender Offiziere, die scheinbar ebenso wie wir auf den Zug warteten.

Ich hatte das Gefühl, in einer Unterwelt, in Dreck und Unordnung geraten zu sein. Die Neugierde trieb uns in die anderen Abteilungen des Bunkers. Aber welch Elend bot sich da unseren Blicken!

Kinder und Greise lagen zwischen Erwachsenen in Wolldecken oder Lumpen gehüllt auf Holzpritschen oder auf Stühlen und schliefen. Überall müde Gestalten und hagere Gesichter. Man konnte nicht überall hingehen, denn auf den breiten Stufen, die in einen anderen Raum führten, lagen, hingen und saßen meist Männer und Soldaten und versuchten scheinbar, auf den kalten Steinen doch noch ein wenig Schlaf zu erhaschen. Selbst quer über die schmalen Gänge lagen Leute auf dem Fußboden und schliefen. Dieser Raum war schwach beleuchtet, und ein schrecklicher Dunst von ungewaschener Wäsche, Schweiß und verbrauchter Luft raubte einem fast den Atem. Fern aus einer Ecke jammerte leise ein Kind, während man von anderer Seite aus Schnarchen und Stöhnen hörte. Der ganze Eindruck war entsetzlich. Hierüber paßte ein Schild mit leuchtenden Lettern: »Das verdankt das Volk dem Führer.« Es war mir und den Kameradinnen, die ebenfalls zur Kaserne fuhren, wie eine Erlösung, als ein Bahnbeamter morgens gegen 4 Uhr die Ankunft unseres Anschlußzuges verkündete.

– Heraus aus dieser Atmosphäre! –

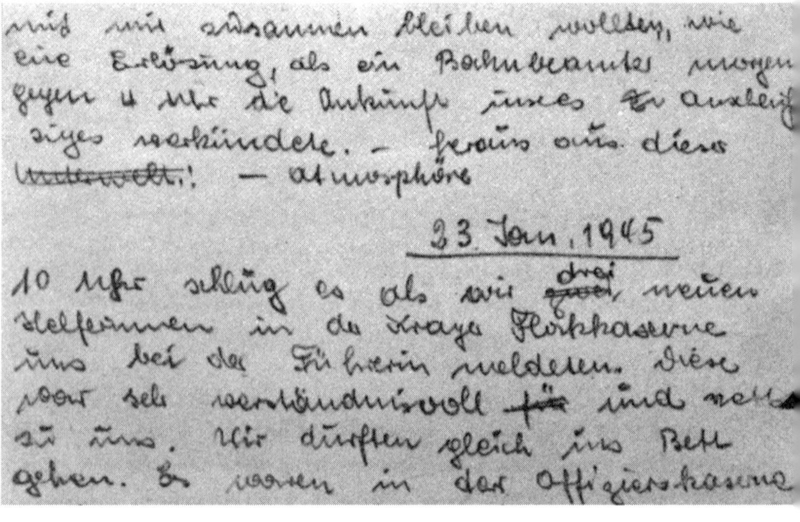
mit mir zusammen bleiben wollten, wie
eine Erlösung, als ein Bahnbeamter morgen[s]
gegen 4 Uhr die Ankunft unseres Anschluß-
zuges verkündete. – Heraus aus dieser
~~Unterwelt~~! – Atmosphäre

23. Jan. 1945

10 Uhr schlug es als wir drei neuen
Helferinnen in der Krayer Flakkaserne
uns bei der Führerin meldeten. Diese
war sehr verständnisvoll ~~für~~ und nett
zu uns. Wir durften gleich ins Bett
gehen. Es waren in der Offizierskaserne

28. Januar 1945: Gestern abend waren wir im Wartesaal Essen Hbf und warteten auf den Anschlußzug nach Hamburg. Es waren da sehr viele junge Mädchen, die als Wehrmachtshelferin zur Ausbildungskaserne unterwegs waren. Ebenfalls saßen überall viele Soldaten herum. Auffallend war, daß diese Soldaten alle schätzungsweise 40 bis 50 Jahre und älter waren. Neben mir saßen drei Soldaten auf ihren Feldtornistern und sprachen vom Krieg.

»Na, und Sie wollen auch zur Wehrmacht?«

»Ja, aber nicht wollen, sondern müssen!«

»Nun, dann werden wir den Krieg wohl bald gewonnen haben.«

»Oder umgekehrt!«

»Wieso, wir gewinnen doch diesen Krieg!«

»Das haben Sie wohl so gedacht! Ja, hören Sie mal, glauben Sie denn tatsächlich, daß wir den Krieg noch gewinnen können? Überall steht der Feind an den Grenzen Deutschlands und auch schon weit im Land drin. Der braucht ja fast keine Infanterie, der macht uns doch durch die Luftwaffe kaputt. Ja, wer hat denn jetzt die Luftherrschaft? Wenn wir zu Hause Alarm haben, dann sehen wir draußen die Flugzeuge zu Hunderten überfliegen, genau wie wenn sie Parade hätten. Kein deutsches Flugzeug läßt sich sehen, und die Flak holt auch keine herunter. Was nützt es da, wenn wir eine Geheimwaffe haben? Was nützt V1, was V2, und was wird V3 machen? Wenn wir keine Waffe haben, die die feindlichen Flugzeuge vollständig ausschaltet, dann kann der Krieg doch nicht gewonnen werden!

Ja, und so eine Wunderwaffe haben wir nicht, denn sonst wäre der Führer doch ganz anders in seinen Reden und sagte nicht, daß die Waffen nicht entscheidend wären. Ja, sogar auf einem Auto las ich in großen Buchstaben: ›Vertrauen ist auch eine V-Waffe!‹

Also, ein solcher Blödsinn! Dafür diese furchtbaren Opfer alle! Wir kämpfen doch nur, damit die ›Herren da oben‹ noch etwas länger leben können. [...] Und dann im Gegensatz dazu: Amerika! Die können arbeiten, wie es ihnen gefällt: Die kennen ja keinen Alarm, nicht einmal Verdunklung.

Nee, den Krieg können wir nicht gewinnen, nur verlängern. Dazu noch diese blöde Aktion mit den Wehrmachtshelferinnen.« Ganz erstaunt schaut mich der Soldat an und meint: »Wie alt sind Sie eigentlich?«

»Dreiundzwanzig!«

»Na, Sie haben ja einen guten Eindruck und urteilen nicht schlecht, aber passen Sie auf, es ist besser für Sie!« Wir konnten nicht weiter sprechen, denn unser Zug nach Hamburg kam.

Als ich mir überlegte, was der Soldat gesagt hatte, bekam ich doch einen Schrecken, denn in meiner Redseligkeit hatte ich doch großes Glück gehabt, daß die Soldaten eben keine »gehässigen« waren. Wie leicht hätte einer aus meinen Reden hören können, daß ich auch »Schwarzhörer« war.

22. Februar 1945: Heute kamen 2 neue Wehrmachtshelferinnen an. Es waren Ostpreußen. Eine heißt Annchen und eine Elli.

Elli erzählte von ihrem großen Erlebnis, das sie am Anfang ihrer Militärzeit in Ostpreußen gehabt hatte:

»Wir waren kaum 3 Wochen Helferinnen und noch nicht vereidigt. Im Pistolenschießen waren wir kaum 14 Tage ausgebildet, als eine Kameradin, die auf unserer Bude schlief, Ehrenwache hatte. Sie mußte, wenn feindliche Flieger kamen, auf ihrem Posten verbleiben und die Meldungen durch ein Telephon zum Fliegerhorst weiterleiten. Als nun die Tiefflieger kamen, ist dieses Mädchen fortgelaufen und hat Deckung genommen. Dafür ist sie dann zum Tode verurteilt worden. Morgens ganz früh wurden wir geweckt und wurden mit Autos zum Feldgericht gefahren. Wir wußten nicht, was da passieren sollte. Auch diese betreffende Helferin war bei uns und hatte ihr eigenes Urteil noch nicht gehört. Sie sagte nicht viel, sondern nur, daß, wenn sie mit dem Tode bestraft würde, eine den Eltern den Sachverhalt schreiben solle und daß sie unschuldig den Tod erleiden würde.

Tatsächlich wurde unsere Kameradin auf dem Feldgericht zum Tode verurteilt und das Urteil auch gleich vollstreckt. Wir wurden alle gezwungen, am Zaun zu stehen und mit anzusehen, wie unsere Kameradin erschossen wurde.

Ich werde den Augenblick nie in meinem Leben vergessen können. Immer noch steht mir die Kameradin vor Augen, wie sie erschossen wird.

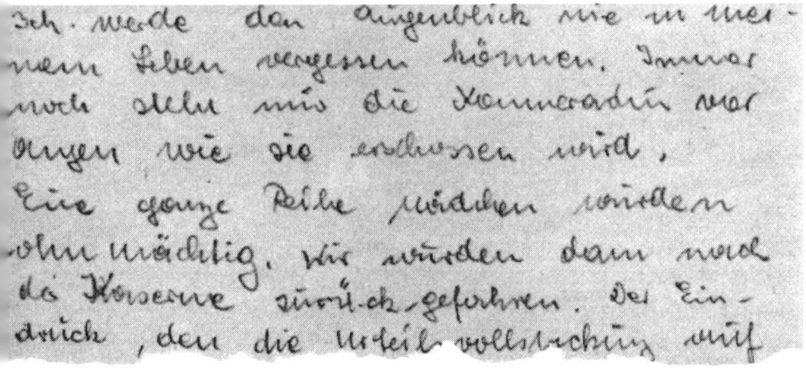
Ich werde den Augenblick nie in mei-
nem Leben vergessen können. Immer
noch steht mir die Kameradin vor
Augen wie sie erschossen wird.
Eine ganze Reihe Mädchen wurden
ohnmächtig. Wir wurden dann nach
der Kaserne zurückgefahren. Der Ein-
druck, den die Urteilvollstreckung auf

Eine ganze Reihe Mädchen wurden ohnmächtig. Wir wurden dann nach der Kaserne zurückgefahren. Der Eindruck, den die Urteilsvollstreckung auf uns gemacht hatte, war unbeschreiblich. Wir haben alle tagelang nur geweint und sind im Bett geblieben. Keine ist zum Dienst gegangen.

Dafür hat man uns in Zellen eingesperrt. Ich war bei den ersten, denn es ging nacheinander, weil nicht genug Zellen da waren. Wir mußten 4 Tage drin bleiben und bekamen nur Wasser und Brot. Eine Bibel oder »Mein Kampf« konnten wir mitnehmen, aber darauf habe ich verzichtet. Ich habe diese Tage wie betäubt in der Zelle gesessen und auch das Brot,

Rita H.: Als ich zum allerersten Mal geschrieben hab'? Oh, das war 1940. Da war ich 18 Jahre alt, und da hatte gerade der Krieg angefangen, in Holland, Belgien und Luxemburg. In der Vorzeit hatten sehr viele Soldaten in Kevelaer gelegen. Und die waren dann fort, der Krieg hatte angefangen, und da war kein Gesprächspartner. Und da habe ich angefangen und praktisch mit mir selber Rücksprache genommen in dem Tagebuch.

Breloer: Und dann haben Sie ein Tagebuch geschrieben in der Zeit, in der Sie als Wehrmachtshelferin gearbeitet haben.

welches es gab, habe ich liegen lassen. Nach 3 Tagen wurde ich freigelassen wegen guter Führung. Es war nur gut, daß wir dann flüchten mußten.«

Was hatten also diese Mädchen nicht alles mitgemacht? Wir waren ganz erschüttert. Ich kann nicht schlafen, immer wieder steht mir dieses Mädchen vor Augen, wie sie erschossen werden soll, und immer wieder will ich dazwischenschreien, daß sie unschuldig ist, und dann versagt meine Stimme vollkommen. Ich würge und strenge mich an, und plötzlich merke ich, daß alles ja nur ein Traum ist. Ganz müde bin ich von dem Träumen und richtig Kopfschmerzen habe ich bekommen.

Und da fragt man sich nur: Ist es in Deutschland besser als in Sowjetrußland? Das ist also die Regierung Hitlers!

Rita H.: Und zwar war ich nur vom 19. Januar bis der Krieg zu Ende ging Wehrmachtshelferin, und dann war ich noch unterwegs mit allerhand Komplikationen und war am 1. Juni wieder zu Hause. Und über die Zeit genau habe ich ein Tagebuch geführt.

Breloer: Für wen haben Sie das geschrieben damals?

Rita H.: Eigentlich für mich selber. Und zwar: Ich fand die ganze Zeit derartig voll von Erlebnissen und voll Geschehnissen, und ich hatte alles so empfunden und selber überlegt gehabt, das war mir alles im Kopf, die ganze Zeit. Und da habe ich nur kurz schreiben können, in einem kleinen Heftchen, jeden Tag, in einem ganz kleinen Büchelchen, in Stichworten nur, was passierte. Denn ich merkte: Jeden Tag kam etwas Neues, das konnte ich gar nicht alles alleine fassen. Und dann habe ich dieses Büchelchen sofort, als ich nach Hause kam, habe ich aus dem Büchelchen das dann so geschrieben, daß es verständlich ist. Ich wollte das festhalten. Einerseits hat es ja auch eine befreiende Wirkung, es abgeschrieben zu haben. Man

Ostermontag, 2. April 1945: In der Kommandantur wurde heute geräumt. Die Wehrmachtshelferinnen haben die Räumung mit durchgeführt, und da ging es furchtbar zu.

Die Geheimakten, die LdV, die Karteien, sämtliche Unterlagen aus allen Abteilungen, ja, außer Möbeln fast das ganze Inventar wurde wüst aus den Schränken und Schreibtischen herausgerissen und vor der kleinen Kaserne zum Verbrennen zusammengetragen. [...]

Nach Beendigung der Räumungsaktion kamen die Wehrmachtshelferinnen zurück in die Kaserne, und zwar mit allerhand Sachen, die sie aus der Kommandantur mitgenommen hatten, darunter Uhren, Stuhlkissen und andere Gebrauchsgegenstände von den Angestellten, die auf Ostern keinen Dienst hatten. Am Nachmittag mußten Marion und ich da draußen Akten verbrennen. Der Regen strömte ununterbrochen, als wir mit den Feuerpatschen der Feuerwehr am Feuer standen und aufpassen mußten, daß nichts fortflog. Trotzdem lagen die angebrannten Papiere und Akten schon im ganzen Gelände herum, denn der Wind durchstöberte immer wieder unser Häuflein Papiere. Es war eigenartig und doch schön, so da zu stehen und gewissermaßen den Untergang einer gottlosen Regierung mitzuerleben. [...]

weiß, man muß das nicht alles behalten. Das kann man gar nicht. Und wenn ich das geschrieben hatte, dann war ich davon befreit einerseits und hatte es auch, um es wieder nachzusehen.

Breloer: Das liest sich hier alles wie ein Abenteuerbuch, diese vier Monate. Haben Sie das auch so erlebt und geschrieben? Wie 'ne abenteuerliche Zeit?

Rita H.: Ja, also so habe ich es erlebt. Die Angst vor der Gefahr war natürlich da, aber andererseits, die Erlebnisse waren tagtäglich so interessant, daß das wieder die Angst verdeckte. Wir haben das Ganze mehr wie ein Theater empfunden.

Also, ich habe mich nie als Soldat gefühlt. Ich habe mich auch nie so in die Pflicht genommen gefühlt. Wir waren da, und wir sind dahin kommandiert worden, aber ich kann nicht sagen, daß ich mich als Soldat gefühlt hätte. Und die anderen auch nicht. Das war ein ganz anderes Leben bei uns in der Mädchenkaserne als bei den Männern.

6. April 1945: Der Feind ist heute in Hameln. [...] Heute bekam jeder eine Büchse Fleisch für den Fall, daß wir flüchten müssen und unterwegs in eine Verpflegungsschwierigkeit geraten sollten. Wir haben also jede eine, und eine habe ich von Herrn S., dem Kompanieschneider, geschenkt bekommen. Das sind schon mal 3 Büchsen als Reserve für unsere Tour nach Hause.

Luftmunitionsanstalt 3/VI (Lenglern)
Lenglern / Göttingen
Eßkarte № 20
Name: W.-Helferin Linssen
Monat: April 1945

7. April 1945: Um 4 Uhr in dieser Nacht soll es losgehen. Ich schlafe bis dahin noch mal etwas. Wer weiß, wofür wir unsere Nervenkraft noch gebrauchen müssen. Die anderen wollen alle aufbleiben. Es ist alles aufgeregt.

Im Halbschlaf hörte ich ein Gespräch zwischen Käthe, Marianne und Else. Die beiden Rheinländerinnen sind froh, wenn bald der Tommy da ist. Else hingegen, noch ein echter Nazi, schimpft dagegen, daß diese beiden keine echten Deutschen seien, sie sollten sich schämen. Sie jedenfalls würde den Tommy, wenn er käme, anspucken, sie wolle ihnen die Augen auskratzen und sonst noch wer weiß was. Ich wollte mir überlegen, zu welcher Partei ich mich verschlagen würde, wenn ich gefragt würde, und kam zu dem Entschluß, daß hier die Mittelbahn die beste wäre. Um den Hals fallen und ihnen mit offenen Armen entgegengehen, ist genauso falsch, wie sie anspucken. Denn auf der einen Seite sind sie eben unsere

Befreier vom Nazijoch, aber andererseits haben sie ja uns bekämpft, unsere Städte zertrümmert und unsere Frauen und Kinder durch Bomben getötet. Natürlich kann da der einzelne Soldat ebensowenig zur Rechenschaft gezogen werden, wie unsere Soldaten für die Schandtaten der Nazis verantwortlich gemacht werden können. Die tun ebenso ihre Pflicht wie unsere tapferen Soldaten.

Käthe und Marianne lernen schon auf Englisch, »Guten Abend« – »good evening, Sir!« zu sagen.

13. April 1945: Unser vorläufiges Ziel ist Weiden in der Oberpfalz. Dort wohnen Verwandte von mir; deshalb bat ich den Hauptmann H., dort aussteigen zu dürfen. Ich wollte mir dort die Adresse von meinen Verwandten in Amberg holen. Weil unsere Fahrt ohnedies über oder nahe an Amberg vorbeiführt, habe ich den Oberstleutnant gebeten, mich und Marion dorthin zu beurlauben. Wir wollten dann zu unseren Verwandten ziehen. [...]

17. April 1945: Am Nachmittag kamen wir unter Alarm in Amberg an. Meine Schwester, die hier als Rote-Kreuz-Helferin im Krankenhaus tätig ist, wohnt auch bei unseren Verwandten, und als wir kamen, war sie alleine im Hause. Die Tante und Cousinen, alle waren auf dem Maria-Hilf-Berg, weil es bei Alarm ihnen unten in der Stadt zu unsicher war.

Meine Schwester war sprachlos, als sie uns in der Türe sah. Nachdem wir unser Gepäck zu dritt vom Wagen geholt hatten, gingen auch wir auf'm Berg, und da sah ich zum ersten Male meine Amberger Verwandten. Sie hatten vor 8 Tagen ihren letzten Sohn beim Bombenangriff verloren. Sechs Söhne hatten sie, davon waren zwei gefallen, zwei vermißt und einer in französischer Gefangenschaft. Der sechste war in der Heimat nun ums Leben gekommen. [...]

22. April 1945: Der Onkel ging aufgeregt vor die Türe und hörte von Nachbarn, daß die Amerikaner im Rathaus wären und Amberg dem Feind ohne Widerstand übergeben würde. Wir rannten die Treppe herauf ins erste Stockwerk und konnten von dort aus direkt zum Kirchturm von der Dreifaltigkeitskirche sehen. Wie freudig ergriffen war ich, als ich dort

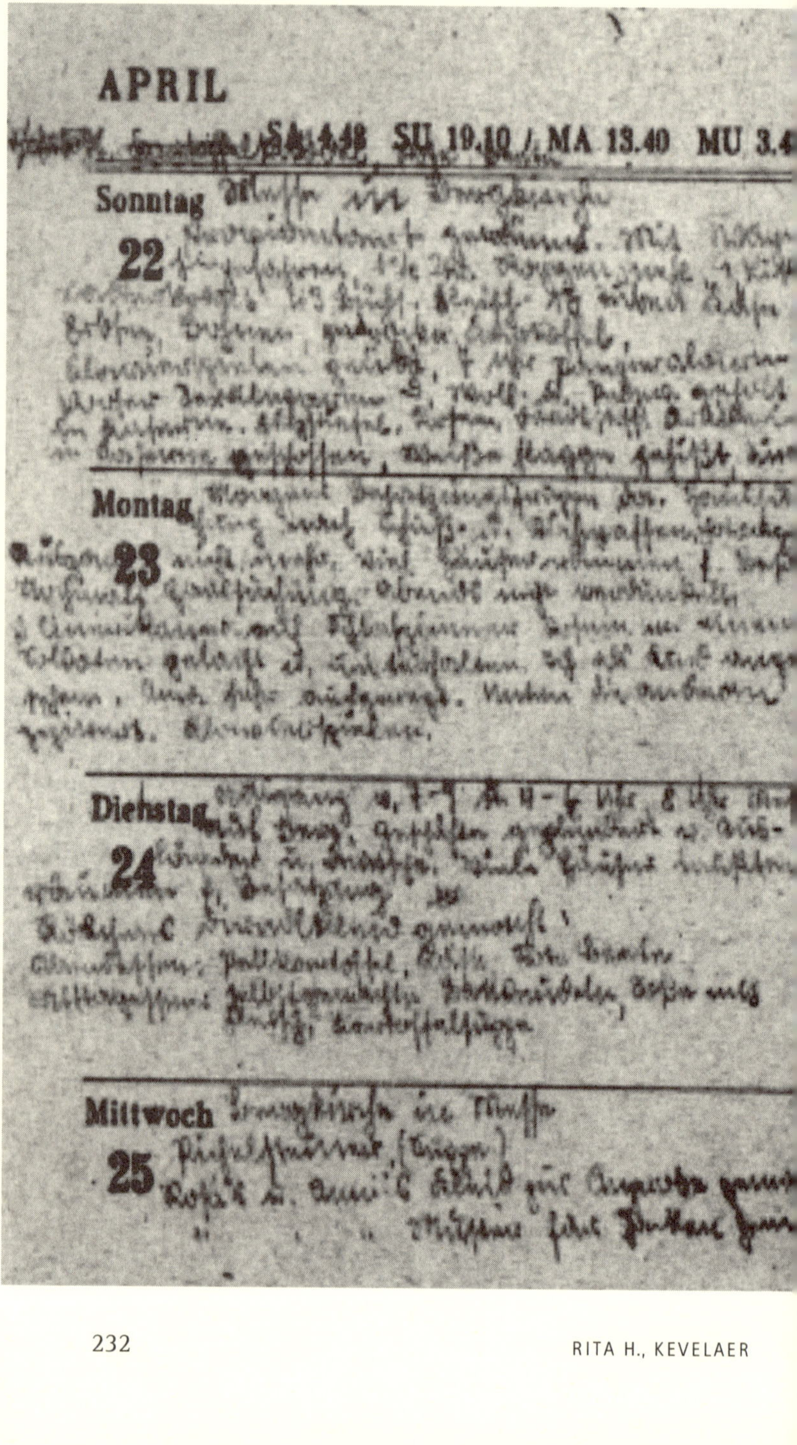
APRIL

SA 4.48 SU 19.10 / MA 13.40 MU 3.4

Sonntag 22

Montag 23

Diehstag 24

Mittwoch 25

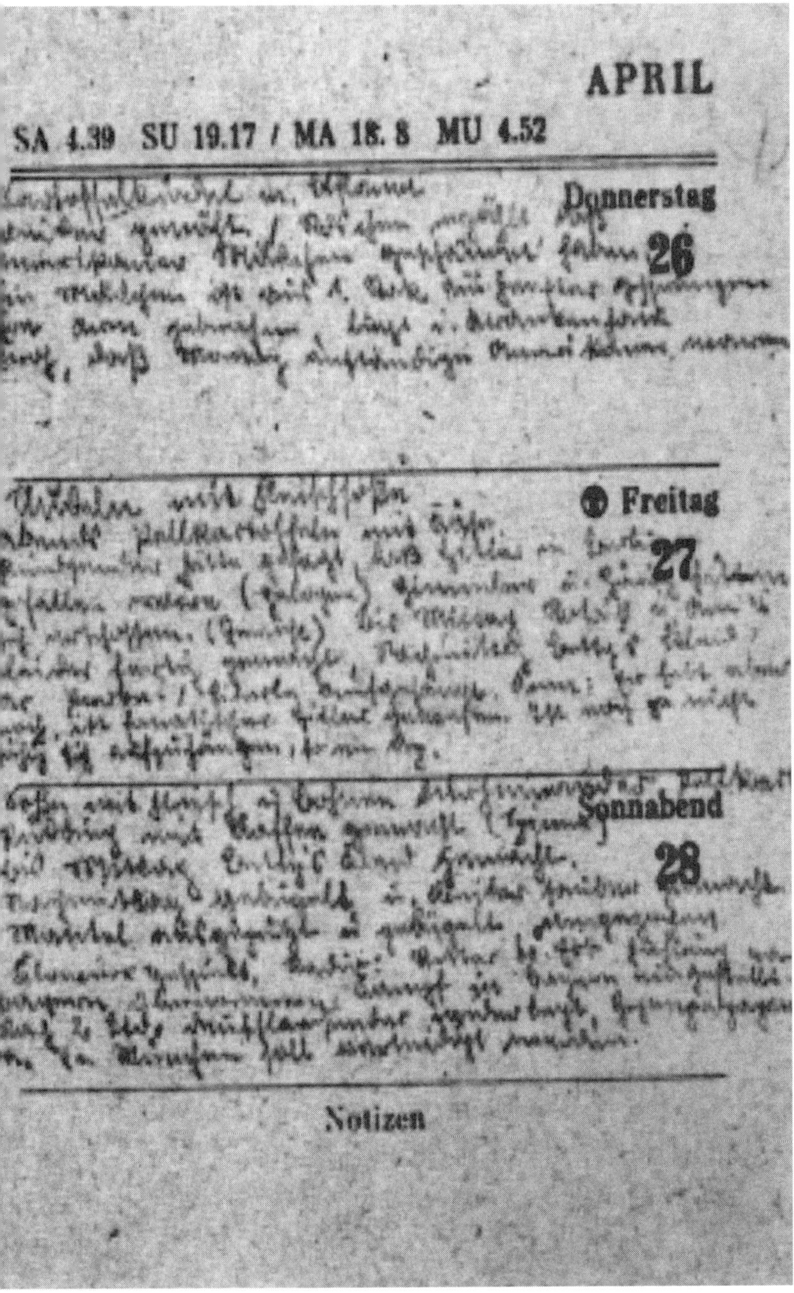
APRIL

SA 4.39 SU 19.17 / MA 18.8 MU 4.52

Donnerstag 26

Freitag 27

Sonnabend 28

Notizen

eine lange, weiße Fahne vom Turm herunterwehen sah! – Die Fahne der Ergebung!

Es soll wirklich aus sein mit den Bombenangriffen? Es soll Frieden werden? Nach sechs Jahren wieder Friede in Deutschland? Richtig Frieden, ohne Alarm und Verdunklung? Und kein Krieg mehr? Ich kann es gar nicht glauben und fassen und betrachte wieder begeistert die Fahne der Erlösung von dem Krieg.

Wie ein Symbol eben nur sein kann – feierlich –, kündete die weiße Fahne uns eine neue Zeit. Ob die anderen auch so dachten wie ich, weiß ich nicht, mir jedenfalls bedeutete dieses alles Erlösung. Mit einem Dankgebet im Herzen schlief ich ein – einer anderen Zeit entgegen! – Ob diese besser wird? – In vielen Dingen bestimmt!

Geliebter Führer

Charlotte L., Helmstedt

20. Jan. 1940: Seit dem 16. Okt. 1939 bin ich nun im RAD. Es macht mir sehr viel Freude.

Heute ist herrliches Wetter. Es ist nicht mehr so kalt, nur noch 10°. Alle Straßen sind verschneit. Wir sind heute eine Stunde eher in den Außendienst gegangen, es war noch dunkel.

Meine Familie ist sehr arm. Die Frau erwartet ihr 13. Kind, sie ist sehr elend. Gerade jetzt ist mir zum Bewußtsein gekommen, daß unsere Hilfe unbedingt notwendig ist. Ich hab' große Mühe, die Leute in ihrer einfachen, primitiven Art zu verstehen. Ihre Interessen sind sehr begrenzt und reichen nicht über das eigene Ich hinaus. Aber alles dieses vermindert unsere Arbeit nicht; im Gegenteil, sie läßt uns erkennen, welche Aufgaben uns noch bevorstehen im Punkte: Weltanschauung und Nationalsozialismus.

5.2.40: Wir haben soeben eine politische Schulung gehabt. 1½ Stunden lang. Ursache zum Weltkrieg, die Stimmung in Deutschland und die Folgen des Judentums.

Mir machte die Schulung recht viel Freude, und ich bin froh, meine Kenntnisse auffrischen zu können.

Nun sind da Lenchen und Renate. (Renate ist ein Mensch, der auch nur eigene Interessen hat und ihren Männe vergöttert. Sie ist verlobt.)

Wir begaben uns also nach der Schulung in unseren Schlafraum zu 3 Kranken und erzählten von der Schulung. Renate sagte dazwischen: »Warum wir nur diese Schulungen haben, es interessiert mich alles gar nicht. Ob wir nun wissen, wann die Schlacht am Skagerrak und die Marneschlacht war. Was hab' ich denn davon, wenn ich das weiß?« Ich war zuerst sprachlos, wie man so etwas sagen kann, dann muß ich wohl etwas in Empörung geraten sein und habe ihr folgendes zur Antwort gegeben: »Wie man für die Geschichte des deutschen Volkes kein Interesse aufbringen kann, ist mir unbegreiflich. Ich bedaure bloß, daß du dann die Zeit herumgesessen hast. Guck mal, du hättest doch in diesen 1½ Stunden etwas anderes anfangen können, was dir mehr zugesagt hätte. Geh hin und melde dich von den politischen Schulungen ab. Dein ganzes Tun und Trachten richtet sich auf den einen Punkt, und der ist dein Männe. Mit ihm steht und fällt für dich alles. Man darf aber über die persönlichen Verhältnisse nicht das große Ganze vergessen. Zur nationalsozialistischen Haltung kann eine Frau nur gebracht werden, wenn sie auch von der Vorgeschichte des Dritten Reiches eine Ahnung hat.

Der Führer steht dir nahe und interessiert dich. Wenn der Führer spricht, hörst du genau zu, aber verstehen kannst du von seinen Reden einen kleinen Bruchteil, weil der Führer in seinen Reden auf die Männer und Taten der Vorgeschichte zurückgreift. Also ist es dir vollkommen unmöglich, die politischen Interessen des Volkes zu verstehen und zu verfolgen.« Ich glaube, wenn sie mich nicht unterbrochen hätte, hätte ich stundenlang weiter geredet. Sie sagte: »Politik sollen andere treiben, aber nicht ich. Die Frau hat ganz andere Aufgaben.« – »Natürlich hast du recht, wenn du sagst, die Frau soll keine Politik treiben, davon ist ja auch gar keine Rede.

Breloer: Sie schreiben: »... geliebter Führer...«.

Charlotte L.: ... Ja, ich kenn's nicht anders.

Breloer: Haben Sie ihn wirklich geliebt?

Charlotte L.: Nein, also von meinem heutigen Standpunkt aus – muß ich sagen, hat das mit Liebe nichts zu tun. Das war eine – ich möchte sagen, es war eine Hörigkeit, die die ganzen Menschen erfaßt hatte. Besonders die Jungen. Wir haben ja in der Jugend, im Jungvolk, im Jungmädeldienst, im Arbeitsdienst – wir haben ja keine Schikanen gehabt, wir

Wir als deutsche Frauen haben die Aufgabe, unseren Männern einmal als Kameradin zur Seite zu stehen. Und das können wir nur, wenn wir Interesse aufbringen den Sachen gegenüber, die Männer insbesondere anregen, und dazu gehört die Politik.« Es hatte wenig Zweck, mich mit ihr weiter zu unterhalten, sie wird es nicht verstehen.

[...]

Am 22. April 1945: Helmstedt. Papier ist geduldig. Lange und schwere Kriegsjahre hat dieses Buch unbenutzt gelegen. Wieviel in dieser Zeit geschehen ist, kann hier nicht alles nachträglich aufgeschrieben werden. Auch hatte ich die Jahre über ja viele liebe Menschen draußen stehen, denen ich meine Gedanken mitteilen könnte, so brauchte ich dieses Büchlein nicht. Nun sind die Zeiten viel ernster geworden, u. es besteht keine Möglichkeit mehr zu schreiben.

Seit dem 12. April ist der Amerikaner in Helmstedt, und somit ist das Leben für uns viel schwerer geworden. Unser Vati steht irgendwo am Feind. Vielleicht ist er auch schon in Gefangenschaft, oder er lebt gar nicht mehr. Wer kann mir jemals Nachricht darüber geben? Fast im ganzen Reich steht der Feind. Im Osten der Russe, und im Westen, in Mitteldeutschland, im Harz und südl. von Bremen der Amerikaner

---

haben ja eine Freizeitgestaltung gehabt, da würden heute die Pfadfinder von träumen.

Breloer: Das klingt so traurig und auch ein bißchen wütend, als ob man Ihnen einen Freund genommen hätte, als ob Ihnen ein Freund gefallen sei, wie Sie ja schreiben, »... aber Hitler hatte ja Selbstmord begangen an diesem Tag«.

Charlotte L.: Ja, wissen Sie, das war wohl auch die Erschütterung. In zehn Monaten beide Brüder verloren, das Zuhause verloren, und wir hockten ziemlich eng aufeinander, meine Eltern waren dann zu uns gekommen, und mein Mann war noch in Kriegsgefangenschaft, und mein Vater war auch noch in Kriegsgefangenschaft, und wir wußten nicht wo.

Breloer: Warum haben Sie es abgeschlossen?

Charlotte L.: Ja, ich denke immer, die Gedanken, die man hier drin schreibt, die kann man nicht zu jeder Zeit offen liegen lassen, denn

u. der Engländer. Der Papusch war zuletzt in Dessau. Auch da sind heute schon Straßenkämpfe. Aus Kiel kam lange keine Nachricht, nachdem 2 schwere Terrorangriffe waren; und Ernst schwimmt irgendwo in der Ostsee. So sind fast alle lieben Menschen verstreut u. ohne Nachricht voneinander. Nur gut, daß mein Mamilein bei mir ist und bei meinen Kindern. Jetzt häufen sich die Gedanken, und alles kann man nicht allein behalten. So will ich denn alles hier hereinschreiben, bis es einmal wieder anders kommt. Seit heute ist Berlin Frontstadt, u. alle Menschen kämpfen in Berlin u. mancher anderen Stadt den schwersten Kampf, den Deutschland bisher bestehen mußte. Wir werden nicht untergehen, und wenn sie Deutschland auch durchtrennen. Nur die Bolschewisten dürfen nicht zu weit Fuß fassen. Der Osten ist die größte Gefahr.

Wie wird die Zukunft für uns u. unsere Kinder sein? Die Gedanken sind ständig da u. wollen eine Antwort. Bald wird ja die Entscheidung fallen. Was da auch kommt. Ich glaube fest an unseren Führer u. daß Deutschland eine Zukunft hat, wie sie uns Deutschen zukommt.

5. Mai 1945: In diesen wenigen Tage hat sich unendlich Schweres für Deutschland zugetragen. Unser Führer war in

---

der, der es liest, ist vielleicht gar nicht bereit, darauf einzugehen, und das ist hier Vorbedingung.

Breloer: Wir haben Sie darauf reagiert, daß nun die ersten deutschen Mädchen mit den Besatzern Kontakt haben? Erinnern Sie das noch?

Charlotte L.: Ja, das war erschütternd. Und ich war so empört, ich wußte gar nicht, was ich sagen sollte. Wir haben ja von Kindheit auf nichts anderes gelernt: daß der deutsche Mensch ein nordischer Mensch ist, ein reinrassiger Mensch ist, ein Herrenmensch ist. Das Wort wurde damals viel gebraucht.

Breloer: Sie haben sich auch als Herrenmensch gefühlt?

Charlotte L.: Also nein, das möchte ich nicht sagen. Das möchte ich nicht sagen, dieses Wort ist an sich bei mir nicht vorgekommen. Ich war eben Deutsche. Und das war eben ein gewisser Stolz, den wir alle hatten. Und dann eines Tages kam eben dann an unserem

Berlin und kämpfte selbst gegen den größten Feind der Deutschen, den Bolschewismus. Er fiel am 1. Mai für sein Volk. Ich wollte es nicht glauben. Unser geliebter Führer, der alles für uns, für Deutschland getan hat. Werden wir jemals ihm all die Jahre danken können! Wie wenige aber sind ihm noch treu auch über den Tod hinaus. Was ist der Deutsche nur für ein Mensch, daß er so unbeständig in seiner Meinung ist. Mir will es das Herz zerreißen, wenn ich sehe, wie die Menschen die Weltanschauung wechseln. Sie tun gerade, als müßte es so sein, daß der Engl. u. Amerikaner jetzt im Reich ist. Seit heute morgen 8 h haben wir Waffenruhe mit dem Feind im Westen. Im Osten wird bis zum letzten gekämpft. Mußte es mit Deutschland so enden? So fragt man sich immer wieder. Der Verrat aus den eigenen u. höchsten Kreisen hat wohl den Anstoß gegeben, im Osten bei Stalingrad u. im Westen beim Ausbrechen der Invasion. Wie waren wir aufs beste gerüstet, wie tapfer hat der deutsche Soldat sich geschlagen, u. wie schmählich wurde er verraten. Jetzt überfluten uns die alliierten Truppen von Dänemark an, die ganze Elbe entlang u. alles, was westlich davon liegt. Sollte das das Ende sein? Niemals! Sie können uns doch nicht einfach überrennen! Nur den Nationalsozialismus u. den Militarismus wollen sie ausrotten! Sonst bringen sie dem deutschen Volk nur Gutes!

Fenster ein Pärchen vorbei, ein Neger, gutaussehender Neger mit einer jungen deutschen Frau, die ich auch kannte. Und die scharwenzelten da lang. Na ja, und wir waren ja empört. Das ist doch gar nicht möglich – die Männer sind noch nicht wieder aus der Gefangenschaft zurück, und, und, und ... So was darf's doch nicht geben. Na ja, und da habe ich eben »Pfui Teufel!« hinterhergerufen, so ganz impulsiv, also unkontrolliert, es mußte raus. Der Neger blieb stehen, und die junge Frau kam zurück, guckte mich nur an, und dann habe ich eine Ohrfeige bezogen, wie in meinem ganzen Leben lang nicht mehr wieder. Da habe ich mich furchtbar erschrocken, und von dem Tage an habe ich einfach angefangen nachzudenken – daß irgendwas doch wohl verkehrt sein muß.

Breloer: Woran?

Charlotte L.: An der ganzen Einstellung, die wir zu anderen Menschen hatten, zu anderen Völkern hatten.

Der reinste Hohn ist das. Gerade das macht ja den deutschen Menschen aus. Niemals werden sie es schaffen. Deutschland muß wieder einmal aus sich selbst heraus zu sich selbst finden. Die große u. größte Not wird uns Wegweiser sein.

3. Juni 1945: Am 12. werden es 8 Wochen, daß der Ami hier ist, und allmählich beginnt das Alltagsleben wieder. Wie schnell der Deutsche sich doch in alles reinfindet.

Ich selbst werde immer nervöser und zerstreut. Je länger das Kriegsende zurückliegt, je schlimmer wird es. Wenn man nur in all diesem Beginnen jetzt einen Sinn finden könnte. Die Ausländer werden bevorzugt behandelt. Wir Deutschen zählen gar nicht mehr. Wir werden gerade noch geduldet. Man behauptet ja, uns von den Nazis befreit zu haben. So schön, wie es unter der Führung Adolf Hitlers war, so wird es auf lange Zeit nicht sein können. Die Zeitungen lügen und steigern ihre Propaganda ins Maßlose. Hinter all diesem steht der Jude. Wird die Welt jemals erkennen, daß der Jude **das** Übel für uns alle ist, insbesondere für die nordischen Völker?

Bestie Hitler
Geheimes Tagebuch
Heinrich B., Kasbach

1914

1948

Sonntag, den 3. September 1939: Schwül und drückend die Luft, heiß (wie in den Augusttagen 1914), die Gemüter in ängstlicher Spannung, die Herzen beklommen, mit fragenden Blicken, ein vorausgeahntes Unglück witternd wurden die Menschen die Tatsache der englischen und französischen Kriegserklärung gewahr, nachdem 2 Tage vorher die Deutschen Polen angegriffen hatten.

Mancher glaubte immer noch, daß der Konflikt lokalisiert bliebe, aber England und Frankreich haben Polen Wort gehalten, und nun ist die Apokalypse über Europa hereingebrochen.

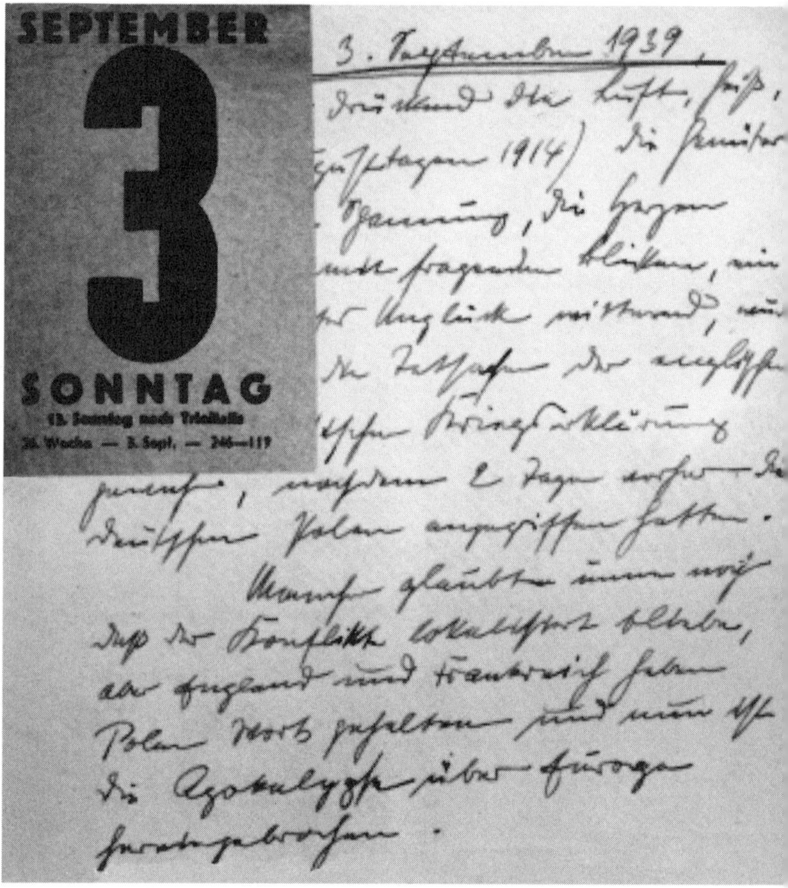

Für mich war das ein sonderbares Geburtstagsgeschenk, und ich bin doch neugierig, wie sich dieses Geschenk am Ende für mich ausgewirkt haben wird. […]

13. September 1939: Die Entscheidung eines Krieges? Lug und Betrug haben sich in einem derartig gigantischen Maße angehäuft, daß der Menschen Sinn für Recht und Gerechtigkeit vollständig erstickt ist, daß sie über diesen ungeheuren Dreckhaufen von Lüge und Heuchelei nicht mehr hinwegsehen können, ihre eigenen Verlogenheiten am Ende für wahr haltend, und ganz am Ende ihres Lateins nichts anderes mehr wissen, als den Krieg zu machen. […]

5. Okt. 39: Heute ein Bild fertig geworden und an Str. abgeliefert. Landschaft, Ansicht von Kasbach mit der gigantischen Linde und der Kirche. Mit der Malerei will es schlecht voranschreiten durch die widerlichen äußeren Umstände.

Seit gestern läuten die Siegesglocken wegen der Beendigung des polnischen Feldzuges. Ob die Russen auch läuten? So billig sind die Russen noch nie zu einem Sieg gekommen.

6. Oktober 39: Merkwürdig ruhig ist der Krieg im Westen. Doch wird er weitergehen, auch nach dem Friedensangebot Hitlers. Es bereiten sich große und furchtbare Dinge vor. [...]

26. Okt. 39: Sonntag, den 22., bei Robert in Köln. Die Ausstellung »Kölner Künstler« war durchaus mittelmäßig. Kein Bild von wirklichem Format. Das Wallraf-Richartz-Museum geschlossen. Trostlos, so ein Krieg. Das beherrschende Bild waren feldgraue Uniformen. In solcher Stadt wird man deshalb viel mehr an den Krieg erinnert als auf dem Lande. Das Fahren abends und nachts in den dunklen Zügen ist ganz fürchterlich. Die Nacht mit der Verdunkelung symbolisiert so recht die Finsternis des Krieges. Wenn man dieses ganze Trauerspiel so besieht, dann ist es ja unglaublich, wie es Menschen geben kann, welche den Grundsatz vertreten, daß Kampf und Krieg ein naturnotwendiges Lebenselement der Völker sei!

Aber Fanatiker sind eben Fanatiker. Es fehlt ihnen die wahrhaftige und wirkliche Weisheit und somit der weite Blick. [...]

Die Hauptrationen im dritten Kriegsmonat sind folgende:
für eine Person und Woche:
5 Pfund und 25 Gramm Brot
1 Pfund Fleisch oder Fleischwaren
112 Gramm Butter
94 Gr. Margarine od. Öl od. Pflanzen- od. Kunstspeisefett
62½ Gramm Schweineschmalz od. Speck
62½ Gramm Käse od. Quark.

Nur Kinder erhalten Milch. Von 6 bis 14 Jahren, ½ l täglich, kleinere Kinder mehr. Weil fast alle Familien noch Vorräte haben, sind die Rationen selbstverständlich noch ausreichend.

Selbstportrait Heinrich B.

27. Okt. 39: Heute Selbstportrait begonnen. Portrait Frau S. geht weiter.

Das Artilleriefeuer an der Westfront ist stärker, als die Nachrichten erkennen lassen.

Mein Sohn ist jetzt draußen in der vordersten Linie, erklärte mir eine Frau mit nassen Augen. Jetzt begreife ich, sagte sie weiter, was die Mütter gelitten haben im vorigen Kriege. Damals begriff ich es nicht, weil ich niemanden dabei hatte.

Die Wahrhaftigkeit dieser Frau ist bezeichnend, und so ist es auch. Diejenigen, welche direkt mit dem Kriege zu tun haben, die Soldaten, welche vorne liegen, und die Angehörigen haben den Krieg. Und für das andere leichtlebige Volk, solange es noch einigermaßen zu essen und zu trinken hat, ist der Krieg nicht da. Dieses Moment erleichtert

Gertrud B.: Als mein Vater 1949 gestorben war, hab' ich seine Unterlagen durchgesehen und dabei auch dieses Tagebuch gefunden. Keiner hat davon gewußt. Auch meine Mutter nicht. Ich war ziemlich verwundert, als ich das las. Er muß das alles in der Nazizeit nachts ganz heimlich geschrieben haben. Und dann hat er das Buch versteckt. Wir haben es vorher niemals gesehen.

Breloer: Tagsüber scheinbar angepaßt, nicht gerade begeistert. Aber nachts, wenn er schrieb, war er ein glühender Feind der Nazis?

Gertrud B.: Ja, das wird ihm sicher geholfen haben, das alles durchzustehen.

Breloer: Woher kam dieser Haß auf die Nazis. Einmal nennt er Hitler die »Bestie«, einen »dämonischen Fanatiker«.

Gertrud B.: Die mußte man doch hassen! Wenn man das sah und hörte, was die anstellten. Mit den Juden zum Beispiel: Unser Hausden Kriegmachern das Kriegführen außerordentlich. Da sind die Maulhelden in den Kaffeepausen, am Biertisch, die Maulhelden der Propaganda und der Presse, die Etappen- und Heimkrieger, die mit Stolz ihre Uniform spazierenführen, das sind die Helfer am Kriege. Wenn diese Bande überhaupt wüßte, was ein Granateinschlag ist oder mit gefälltem Bajonett gegen Maschinengewehrfeuer anzulaufen, wenn das alle gleich intensiv wüßten und miterleben müßten, wäre das Kriegmachen unmöglich.

1. November 39: Lebensraum – mit diesem Argument glaubte jemand, diesen Krieg entschuldigen zu können. Und mit diesem Popanz wird propagiert, provoziert und attackiert. Lebensraum, derartig materiell begriffen, ist sehr dumm und gefährlich; denn wo soll der »Lebensraum« aufhören? Im Gehirn eines Fanatikers und Phantasten hört er natürlich niemals auf und nirgends.

Das wirkliche Leben liegt in der Weisheit und im Charakter der Menschen, nicht im »Raum«. Raum ist immer genug da für Menschen und Völker, so sie klug, weise und bescheiden sind.

arzt Dr. Wolff, dem haben sie in der Kristallnacht die Scheiben eingeworfen, dann wurde das Eingemachte auf die Straße geworfen, und dann haben sie seine alte Mutter sogar aus dem Bett geworfen: »'ne Jud' gehört nicht ins Bett!« Das war doch alles zu sehen!

Breloer: Haben Sie Radio London gehört?

Gertrud B.: Mein Vater immer. Dann wurde alles abgedichtet und das Radio ganz leise eingestellt, damit niemand das verräterische Zeichen von London »Pam Pam Pam Pammm« hören konnte. Die wußten über die Kriegslage genau Bescheid. Und wenn sich die Erwachsenen besprochen haben, wurde ich sogar manchmal als Kind rausgeschickt. Ich erinnere mich noch an einen Besuch von einem Vetter meines Vaters. Der bekam furchtbare Angst, als das Radio mit den Nachrichten aus London lief. Der rannte immer in der Küche rum: »Oh Gott, das kostet mir den Kopf, das kostet mir den Kopf!« Da stand ja auch die Todesstrafe drauf. Aber in so einem kleinen Ort kannten sich die Menschen gut, die haben auch zusammengehalten.

9. Nov. 39: Gestern abend Bombenattentat auf Hitler und seine ersten Führer im Bürgerbräukeller in München. Er entging dem sicheren Tode nur dadurch, daß er sich kurze Zeit früher aus dem Lokal entfernte. Dieses Geschehnis ist als böses Zeichen zu deuten.

[...]

1. Dez. 39: Gestern überfiel Sowjet-Rußland das kleine Finnland. Die Sympathien aller anständigen Menschen sowie der anständigen Länder sind mit Finnland und empört über die verbrecherische Gemeinheit der Bolschewistenbande.

Heute wurden die Kleiderkarten ausgegeben. Man muß gestehen, daß das Kartensystem bis ins kleinste ausgeklügelt ist. [...]

13. August 1940: Drei große Luftangriffe, gestern, vorgestern und letzten Donnerstag, sind auf die englische Südküste erfolgt. Die deutschen Berichte sprechen von großem Sieg, von ungefähr 250 verlorenen englischen und 55 verlorenen deutschen Flugzeugen. Die Engländer behaupten die umgekehrte Zahl. Die Wahrheit über diese Dinge wird einmal an den Tag kommen. [...]

31. August 40: Heute abend vor einem Jahre saßen wir bei unserem Nachbar, dem Pastor, am Radio, um die Rede Hitlers zu hören. Welche uns den Krieg brachte.

Diese furchtbaren Stunden haben sich nun zu einem ganzen Jahre verlängert, und wer weiß, wie lange es denn noch dauern wird. Gelingt Hitler der Einbruch in England nicht, dauert der Krieg noch sehr lange.

Anscheinend will man noch eine provisorische Flotte zusammenstellen, welche die deutschen Armeen hinüberbringen soll.

Täglich fahren jetzt umgebaute Rheinkähne flußabwärts, deren Köpfe abgebrochen sind, dieselben mit einer Klappe verschlossen, worüber aus dem Innern Fahrzeuge aufs Land rollen (abrollen) können.

Wer weiß, was die Vernichtungswut noch alles aushecken wird, um zu ihren wahnwitzigen Zielen zu gelangen.

[...]

Sonntag, 8. September 1940: Diese Woche brachte wieder sehr schwere Luftkämpfe über England, Nachteinflüge nach Deutschland – Berlin, Regensburg, München, Stuttgart, Stettin, Hannover, Ruhrgebiet etc. und die Rede Hitlers zum 2. Kriegswinterhilfswerk. Diese Rede zeigte ihn wieder als Meister der Propaganda, zugeschnitten auf die große Masse des Volkes, und was dessen niederen Instinkten schmeichelte. So eine richtige breiige Masse der oberflächlichen Denkungsart, die Verkündung eines zwangsweisen Sozialismus, welcher eine raffinierte, brutale Gewaltherrschaft verdecken soll. Die Plutokratie der alten Welt wird in Grund und Boden geschmäht und verdammt, mit den gemeinsten Ausdrücken belegt, während sich in Deutschland eine Partei-Plutokratie entwickelt hat, welche sich von der alten nur durch ihre brutalen, parvenühaften Allüren unterscheidet.

Übrigens besteht die alte deutsche Plutokratie auch noch in der Schwerindustrie und bei den Großgrundbesitzern. Nur ist dieselbe erweitert worden. An die Stellen der hinausgeworfenen Juden und anderen unbequemen Genossen sind die oberen Parteigrößen zu Aktionären und Aufsichtsratsmitgliedern geworden. Deshalb blieben auch alle Aktiengesellschaften, Konzerne, Warenhäuser (was ja alles im neuen Staat verschwinden sollte) bestehen.

»Wir erziehen die Menschen zur einheitlichen Lebensauffassung, zu einer einheitlichen, gleichmäßigen Pflichtauffassung«, sagt Hitler in seiner Rede. Das – diese Worte kennzeichnen so recht das ganze Wesen dieser modernen Versklavung eines Volkes.

Jawohl, zu der einheitlichen Lebensauffassung der Kaserne, des Soldaten, zum permanenten Kriegszustand. Das ist die Gleichschaltung der Geister und damit die Verkümmerung des Geistes und zuletzt die Tatwerdung und Planung der Geistlosigkeit, der absoluten Herrschaft einer Partei-Plutokratie über ein geistig armes und willenloses Volk. Die Willenlosigkeit dieser Volksmassen nennt Hitler »Volksgemeinschaft«. Nach außen sieht es dann ja auch tatsächlich so aus.

[...]

9. April 41: Heute ist wieder einmal ein dunkler Tag. Die Vorstöße Hitlers in Jugoslawien und Griechenland erzeugen wieder jene Stimmung, wie wir sie im Mai vorigen Jahres erleben mußten. Eine Sondermeldung jagt die andere. Das widerliche Englandlied tönt wieder aus jedem Hause. Jetzt hat Hitler wieder die Psychose geschaffen, die er für seine dunklen und gewalthaberischen Pläne braucht.

Aber was auch kommen mag, es wird in dem jetzigen Siegeslauf Hitlers wieder ein Halt geben. Es gibt einmal ein Halt für Hitler. So lange wird der Krieg dauern, bis daß dieses Halt und damit sein Untergang kommt.

1 Uhr nachts – aus unruhigen Träumen bin ich erwacht und aufgestanden.

Eine nervöse Spannung und Unruhe ergreift einen, ein Weiterdenken in die Zukunft, was werden könnte, bis wieder irgendeine reale Gewißheit das Herz beruhigt.

Ich dachte im Bette darüber nach, daß ich wirklich nicht mehr leben möchte, wenn dieser Hitler mit seiner mörderischen Bande von Nationalsozialisten endgültiger Sieger in diesem Ringen bleiben sollte. Ich möchte lieber sterben, als das erleben!

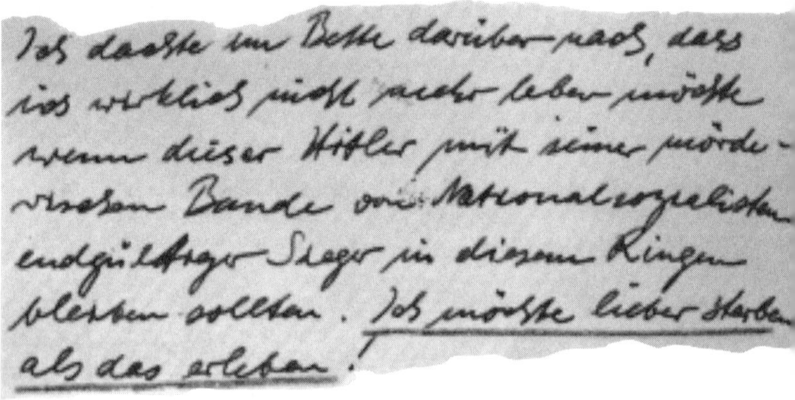
Ich dachte im Bette darüber nach, dass
ich wirklich nicht mehr leben möchte
wenn dieser Hitler mit seiner mörde-
rischen Bande von Nationalsozialisten
endgültiger Sieger in diesem Ringen
bleiben sollten. Ich möchte lieber sterben
als das erleben!

»Aber Gott läßt die Bäume nicht in den Himmel wachsen«, sagte immer mein frommer Großvater Johann Sch., der hochgewachsene Mann mit dem greisen Vollbart, der sein ganzes Alter nur mit Beten und der Vorbereitung auf den Tod verbrachte.

Jesus aber lag im Schiffe und schlief. »Was seid ihr so furchtsam, ihr Kleingläubigen.« So redete der Sieger von Golgatha. So wollen auch wir reden!!! […]

22. Juni 1941: Heute morgen um 5 Uhr griff die deutsche Armee Rußland an.

Diese Drachensaat, der Pakt Sowjet-Rußland und Nazideutschland hat nun ihre Früchte gezeitigt. Dieses verlogenste aller Freundschaftsbündnisse, nur gezeitigt, um Polen und die ganze Welt mit Krieg überziehen zu können, hat nun alle Rachegeister heraufbeschworen. Der Skorpion trifft sich mit seinem eigenen Stachel. Wie kann es auch anders sein? Dieser Moloch Kriegsmaschine schreit nach neuen Opfern, bis zur Selbstvernichtung. Hitlers Kriegsmaschine schlägt wild um sich, immer weiter um sich greifend wie ein gefräßiges Tier. Hunger – Elend – Tod und Vernichtung sind seine Spuren, bis der Käfig fertig sein wird, wo es gefangen und gebändigt ist für alle Zeiten. Wie auch der Kampf ausgehen mag, England und Amerika gewinnen wertvolle Zeit.

6. Juli 41: »Ja, endlich hat unser Führer einmal Klarheit geschaffen, das ist doch ein Glück, nun ist die Front klar gegen den Bolschewismus.« So hört man den ewigen deutschen Spießbürger reden.

Damals, als der Führer erklärte, daß die Freundschaft Deutschland-Rußland etwas Unabänderliches und Ewiges sei, da rieb sich derselbe Spießer die Hände, »ja das ist eine große Sache, so was bringt nur das diplomatische Genie des Führers zustande«.

Unbeschreiblich kritik- und charakterlos ist dieser unentwegte deutsche Spießer.

26. Okt. 41: Die ganze vergangene Woche hielt Moskau stand. Die Russen verteidigen sich mit einer Verbissenheit, welche ihnen alle Ehre macht.

Soll es sich wohl doch verwirklichen, daß Nazismus und Bolschewismus sich gegenseitig vernichten? Wäre das nicht das erhabene Werk der Vorsehung?

In dieser Woche wurden die französischen Gefangenen hier durch Russen abgelöst. Aber was sahen wir, was hier ankam? Bleiche, bis auf die Skelette Verhungerte. Langsam dahergehende Menschen, ohne Fußbekleidung. In deutschen Gefangenenlagern wurden sie derartig zugerichtet. Alles, was noch ein Herz im Leibe hat, war empört über diesen Zustand.

Diese Menschen sollen hier in den Steinbrüchen arbeiten, aber sie sind vorläufig nicht fähig, den kleinsten Stein zu heben.

Wenn einmal die Chronik geschrieben wird, wird auch über diese Gefangenenlager vieles zu berichten sein sowie über Konzentrationslager. Was wird da nicht alles an unmenschlichen Scheußlichkeiten herauskommen. […]

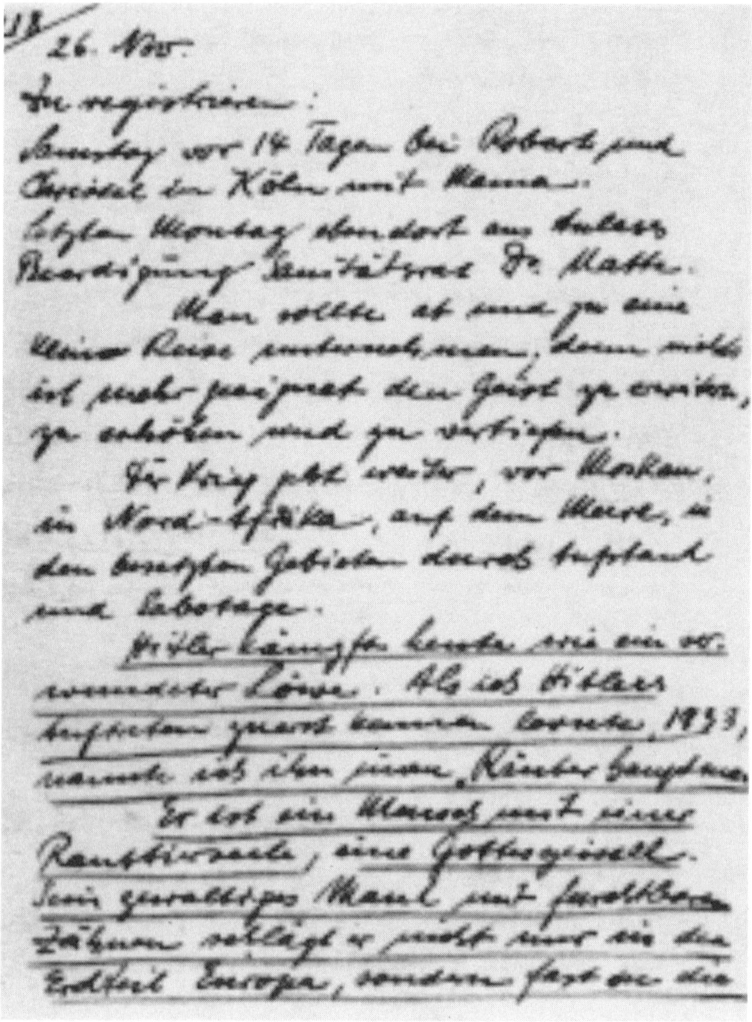
26. Nov.
Zu registrieren:
Sonntag vor 14 Tagen bei Robert und Christel in Köln mit Mama.
Letzten Montag abends dort aus Anlass Beerdigung Sanitätsrat Dr. Matthe.
Man sollte ab und zu eine kleine Reise unternehmen, denn nichts ist mehr geeignet den Geist zu erweitern, zu erhöhen und zu vertiefen.
Der Krieg geht weiter, vor Moskau, in Nord-Afrika, auf dem Meere, in den besetzten Gebieten durch Aufstand und Sabotage.
Hitler kämpft heute wie ein verwundeter Löwe. Als ich Hitlers Auftreten zuerst kennen lernte, 1933, nannte ich ihn einen „Räuber hauptmann".
Er ist ein Mensch mit einer Raubtierseele, eine Gottesgeißel. Sein gewaltiges Maul mit furchtbaren Zähnen verschlingt er nicht nur den Erdteil Europa, sondern fast an die

15. Febr. 43: Nach dem Fall von Stalingrad rücken die Russen nach Westen weiter vor. Die ganze deutsche Donezfront scheint vor dem Einsturz zu stehen. Charkow bedroht, Rostow und Woroschilowgrad gefallen. Es scheint, daß die Russen mit unwiderstehlicher Kraft vordringen. Ein Zusammensturz der Südfront könnte sehr schnell die ganze Ostfront in Gefahr bringen. Mancher glaubt, daß es auf diese Weise viel-

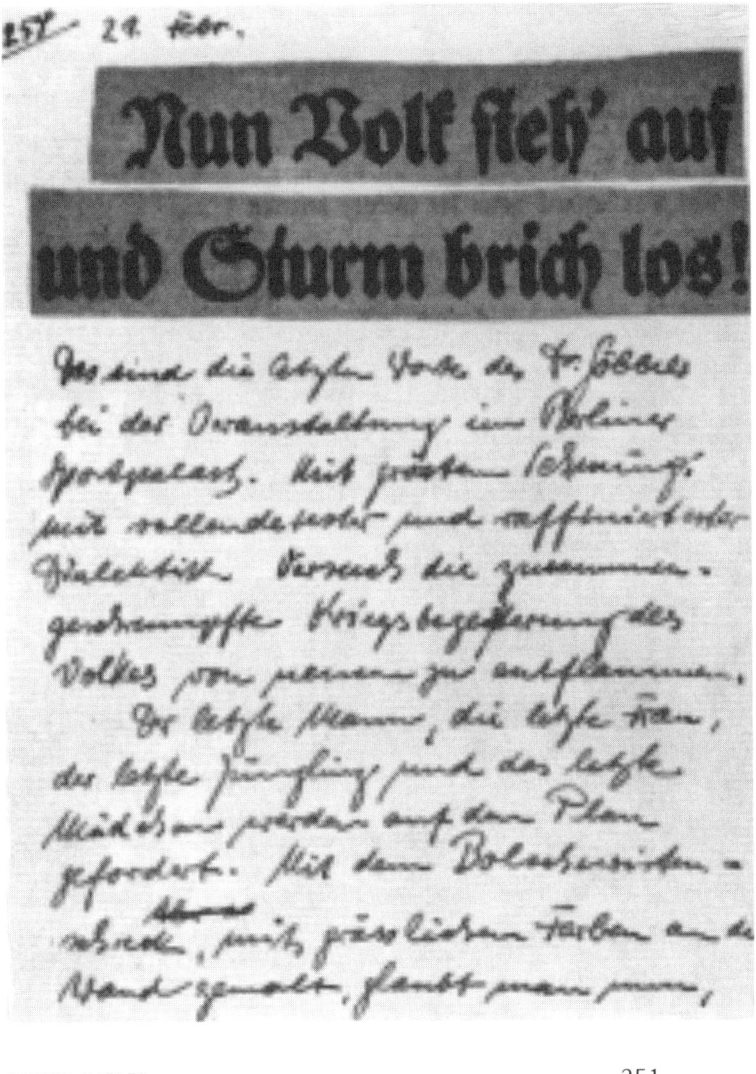
Nun Volk steh' auf
und Sturm brich los!

Das sind die letzten Worte des Dr. Göbbels bei der Veranstaltung im Berliner Sportpalast. Mit größter Erregung, mit vollendetster und raffiniertester Dialektik versucht die zusammengeschrumpfte Kriegsbegeisterung des Volkes von neuem zu entflammen.
Der letzte Mann, die letzte Frau, der letzte Jüngling und das letzte Mädchen werden auf den Plan gefordert. Mit dem Bolschewisten-schreck, mit gräßlichen Farben an die Wand gemalt, glaubt man nun,

leicht dieses Jahr noch zu Ende gehen könnte. Aber das hängt von der Offensivkraft der Engländer und Amerikaner ab.

Stalingrad bedeutet einen ungeheuren Sieg der Russen. Eine Armee von 300000 Mann zu vernichten ist eine große strategische Leistung. Man muß den Russen Bewunderung zollen, mit welchem Geschick und Opfermut sie ihr Land befreien. Bei uns wird Stalingrad geschäftig und geschickt von Goebbels und Rosenberg in ein Heldenepos und Mythos umgedichtet, so nach dem Vorbild der Spartaner an den Thermopylen.

Was sich der menschliche Wahnsinn nicht alles ausbreitet. Für dieses sogenannte Heldentum sollen Millionen von Menschen eines gewaltsamen Todes sterben. »Verteidigung des Vaterlandes« heißt der Vorwand, politische Machtgier ist aber der Grund, und das alles wird heldisch und mythisch verbrämt und verkleidet. Wie heißt es in »Mein Kampf«:

»... um im Osten Land zu gewinnen, nicht für 80 – sondern für 250 Millionen Deutsche.« Wie kann nur ein Mensch sich so wahnsinnig verirren. Ob Hitler denn nicht voraussah, daß er damit eine ganze Welt auf den Plan rief? Nein, dieser dämonische Fanatiker war immer zum Äußersten bereit.

[...]

11. Juli 1943: Amerikaner und Engländer sind auf Sizilien gelandet. Es soll und wird langsam weitergehen, damit der göttlichen und menschlichen Gerechtigkeit Genugtuung geschieht.

Wir vernehmen: Gestern in Köln 4000 Tote beerdigt, einige Tage darauf wieder so viele usw. Grenzenlos furchtbar sind die Zerstörungen in den Städten. Tausende und Tausende verbrannt, verschüttet, zerschmettert. Entsetzt und verängstigt fliehen die Menschen mit ihren Habseligkeiten aus den Städten nach allen Richtungen ins Reich, aufs Land. Zug um Zug, Lastwagen um Lastwagen, Personenautos, mit Hausrat aller Art beladen, fahren rheinaufwärts. Die Dörfer sind angefüllt mit Flüchtlingen. In Köln allein 400000 oder mehr Obdachlose.

Seit 80 Jahren trug der deutsche Militarismus den Krieg in die anderen Länder Europas. Nun wird auch dieses Deutschland gewahr, was Kriegsfurie und Flüchtlingselend ist. Es kann und darf ja auch nicht anders sein. Einmal muß die Rückwirkung auf diesen brutalen und absoluten Militarismus kommen.

Die Engländer machen an Ruhr und Rhein ganze Arbeit – unerbittlich –, grausam. »Die machen das richtig«, sagte eine Frau zu mir, deren Haus und Eigentum in Köln zerstört wurde. Diese Einsicht ist zu bewundern.

Der größte Lügner des Jahrhunderts, Goebbels, schreit Hilfe und Rache. Aber die anderen tun ja nur nach seinem jüngsten Rezept: »Das Totalste kann nicht total genug, das Radikalste nicht radikal genug sein.«

Diese Mixtur wird Herrn Goebbels einmal übel bekommen. Traurig nur, daß Millionen Unschuldiger ihr Leben dafür lassen müssen. Aber das Schicksal geht seinen unerbittlichen Weg. So schwer wie es ist. Dieser blutige Weg muß zu Ende gegangen werden.

Es ist ein Kreuzweg schwerster Art.

24. Juli 43: Wenn ich an Köln denke, überfällt mich ein Gefühl tiefer Trauer. Diese schöne Stadt, die Stadt meiner Jugend nun ein Trümmerhaufen. In der Erinnerung sehe ich mich spielen als Kind in der Moltke-, Aachener- und Brüsselerstraße, meinen ersten Weg zur Schule am Mauritiuswall, dann in die neue Richard-Wagner-Schule, dann die schöne und freie Zeit in dem schönen Lindenthal. All diese Jugenderinnerungen, verknüpft mit der damals noch wachsenden Neustadt, als noch die Pferdebahn ging. Dann, nach zweijährigem Kasbacher Aufenthalt, meine Lehrzeit in der Beethovenstraße. Die sonntäglichen Besuche im Wallraf-Richartz-Museum, im Museum für ostasiatische Kunst. Dann kam Jimmy R. nach Köln, mit mir mein Zimmer in der Ehrenstraße zu teilen. Unsere allabendlichen, schönen Spaziergänge durch die Straßen der Stadt, am Ring und am Rhein. Dann die ebenfalls abendlichen Spaziergänge mit A., durch Alt- und Neustadt, so wechselvoll und anregend. Köln war eine anheimelnde, zutrauliche Stadt, sie war Großstadt und doch zusammenhängend in ihrer Struktur und zu übersehen, nicht etwa ein Häuserkoloß wie Berlin. Und all das heute nur ein Trümmerhaufen. Nur eine Erinnerung ist wach geblieben, die Sehnsucht nach der Jugendzeit.

Eben vernehmen wir die Bombardierung Hamburgs. Man höre und schaudere: 2 300 000 kg Bomben, in 50 Minuten abgeworfen. Also auch diese Stadt in Trümmern – »ausradiert«, wie Hitler sich auszudrücken beliebte. [...]

Pfingsten 1944: Herrlicher Pfingstmorgen. Doch wieder die Nacht nicht ohne Alarm. So ist es jetzt in diesem Frühjahr. Tag und Nacht, ohne Unterlaß fliegen die englischen und amerikanischen Bomber- und Jagdverbände in Deutschland und Frankreich ein, Wohnstätten, Fabriken und Bahnen zerstörend, Trümmer auf Trümmer häufend. Der Krieg geht seinem Endpunkt, seinem endgültigen Entscheidungsstadium langsam entgegen. D. h., die fürchterliche Kriegsmaschine Deutschland wird nun langsam zerstört und erdrückt.

Goebbels spielt seinen letzten Trumpf aus: »Nicht die übermächtige Materie entscheidet, sondern der Geist der Nation, der unbändige Wille zum Sieg, der unerschütterliche Glaube an den Führer, und den hat natürlich Deutschland, das nationalsozialistische Deutschland. Die andern, die korrumpierten Plutokraten, Juden und Demokraten kämpfen ja nur für den Geldsack. – Goebbels selbst weiß, daß das nicht so ist. Der Geist der anderen ist genauso gut und schlecht wie der deutsche, und eine Kampfparole haben die anderen auch. Das ist der Nationalsozialismus in seinen grotesken Auswüchsen, seiner barbarischen Hinschlachtung seiner politischen Gegner, der Juden etc. schon vor dem Kriege, seiner perversen Machtgelüste, ganz Europa, ja die ganze Welt zu beherrschen. »Heute gehört uns Deutschland und morgen die ganze Welt.« So sang die deutsche Jugend auf den Straßen.

6. Juni 1944: Invasion – Beginn des Kriegsendes.

Mit einem Einsatz von 11 000 Flugzeugen wird die dauernd als uneinnehmbar proklamierte Atlantikfront an der Normandieküste zerschlagen. [...]

20. Juli 1944: Mißlungenes Attentat auf Hitler.

Die aufrührerischen Generale und Offiziere, gefangen und aufgehangen. An der Spitze Generalfeldmarschall von Witzleben. Diese Generale, sie erkannten lange den verlorenen Krieg. Wollten Deutschland noch vor der letzten Zerstörung, vor der restlosen Zertrümmerung retten. Leider besiegelten sie ihren guten Willen, ihre gute Absicht mit einem schmachvollen Tode. Aber einst werden sie als Märtyrer gefeiert werden.

Inzwischen wütet die Bestie Hitler und Himmler weiter in Deutschland. [...]

14. März 45: Ende Februar und Anfang März begann der Amerikaner eine Offensive zwischen Emmerich und Euskirchen und stieß schnell vor, gegen Köln-Düsseldorf und Bonn, aber auch weiter südlich gegen das Ahrtal. Die ganze Front kam in Bewegung. Fieberhaft arbeiteten die Pioniere an der Brücke, um die schweren Bombenschäden auszubessern.

So kamen die Tage heran, wo unter dramatischen Umständen die Amerikaner die Rheinbrücke überschritten und rechtsseitig einen Brückenkopf bildeten.

In der Nacht von Dienstag auf Mittwoch, den 7. März, wurde endlich der Bodenbelag der Brücke fertig, so daß Teile der deutschen Armee darüber zurückfluten konnten.

Aber wie sahen diese Truppen aus!

Ich ging Mittwoch früh nach Linz. Mutlos, zerschlagen, verschmutzt und ohne einheitliche Führung schleppten sich Gruppen und Grüppchen von Soldaten über die Landstraße. Dazwischen Lastwagen, einige Kanonen, Panzer, Kolonnen mit Pferdefuhrwerken. Im Dorfe stand ein Panzer, der nicht weiter konnte wegen Benzinmangel!!! Die Soldaten schafften etwas Benzin herbei, womit sie ihn bis vor das Dorf fahren konnten, um ihn dort in die Luft zu sprengen.

Gegen Mittag schon ebbte dieser elende Zug ab. Der Amerikaner war dicht dahinter. Morgens schon war er in Neuenahr.

Die Pioniere unserer Küche sagten, daß die Brücke gesprengt werden würde, sobald der Amerikaner dicht davorstünde.

So war nun von Anfang Januar - Anfang März von Hunderten Soldaten schwere und gefährliche Arbeit geleistet worden, die stark beschädigte Brücke zu reparieren - - - um zuletzt ganze 12 Stunden lang Teile einer geschlagenen deutschen Armee herüberschaffen zu können.

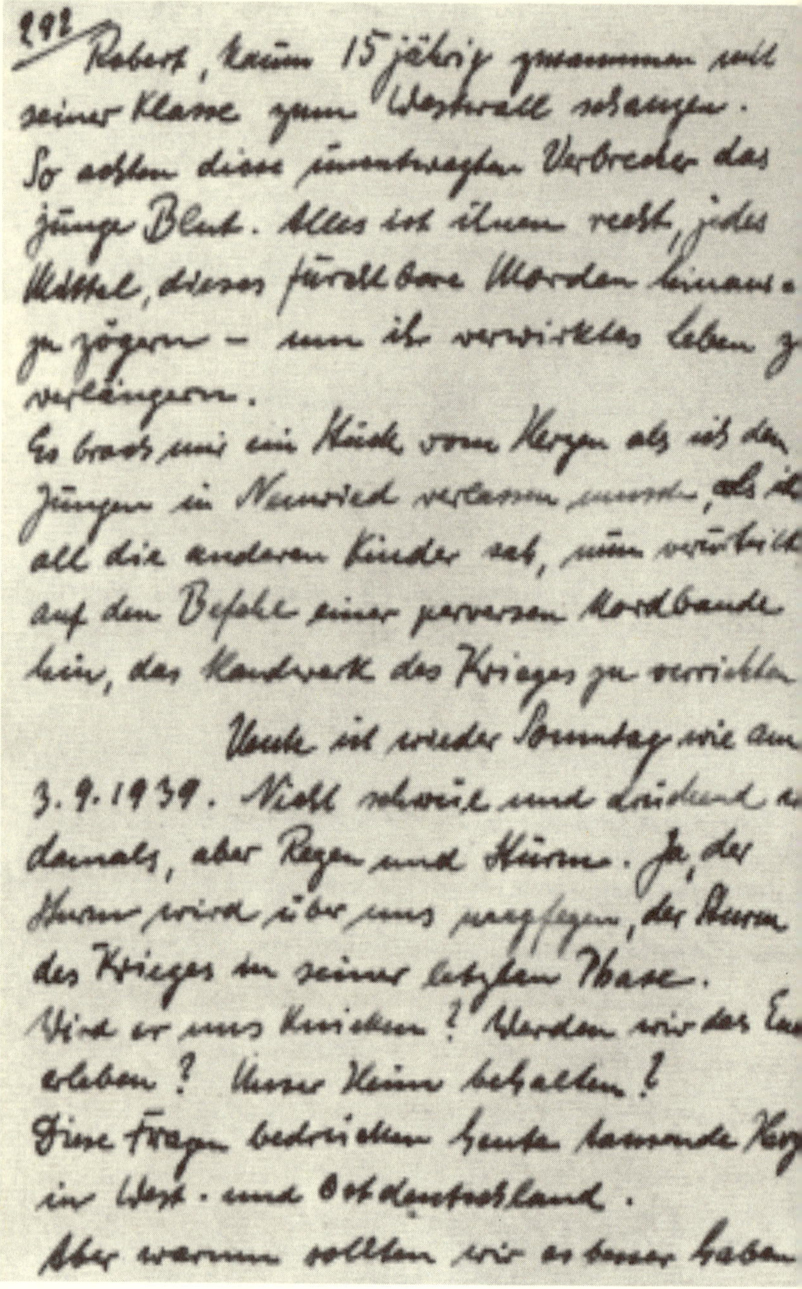
292
Robert, kaum 15 jährig, zusammen mit
seiner Klasse zum Westwall schanzen.
So wollen diese Verantwortungslosen Verbrecher das
junge Blut. Alles ist ihnen recht, jedes
Mittel, dieses furchtbare Morden hinaus-
zu zögern – um ihr verwirktes Leben zu
verlängern.
Es brach mir ein Stück vom Herzen als ich den
Jungen in Neuwied verlassen musste, als ich
all die anderen Kinder sah, zum [illegible]
auf den Befehl einer perversen Mordbande
hin, das Handwerk des Kriegs zu verrichten.
Heute ist wieder Sonntag wie am
3.9.1939. Nicht schwül und drückend wie
damals, aber Regen und Sturm. Ja, der
Sturm wird über uns wegfegen, der Sturm
des Krieges in seiner letzten Phase.
Wird er uns knicken? Werden wir das Ende
erleben? Unser Heim behalten?
Diese Fragen bedrücken heute tausende Herzen
in West- und Ostdeutschland.
Aber warum sollten wir es besser haben

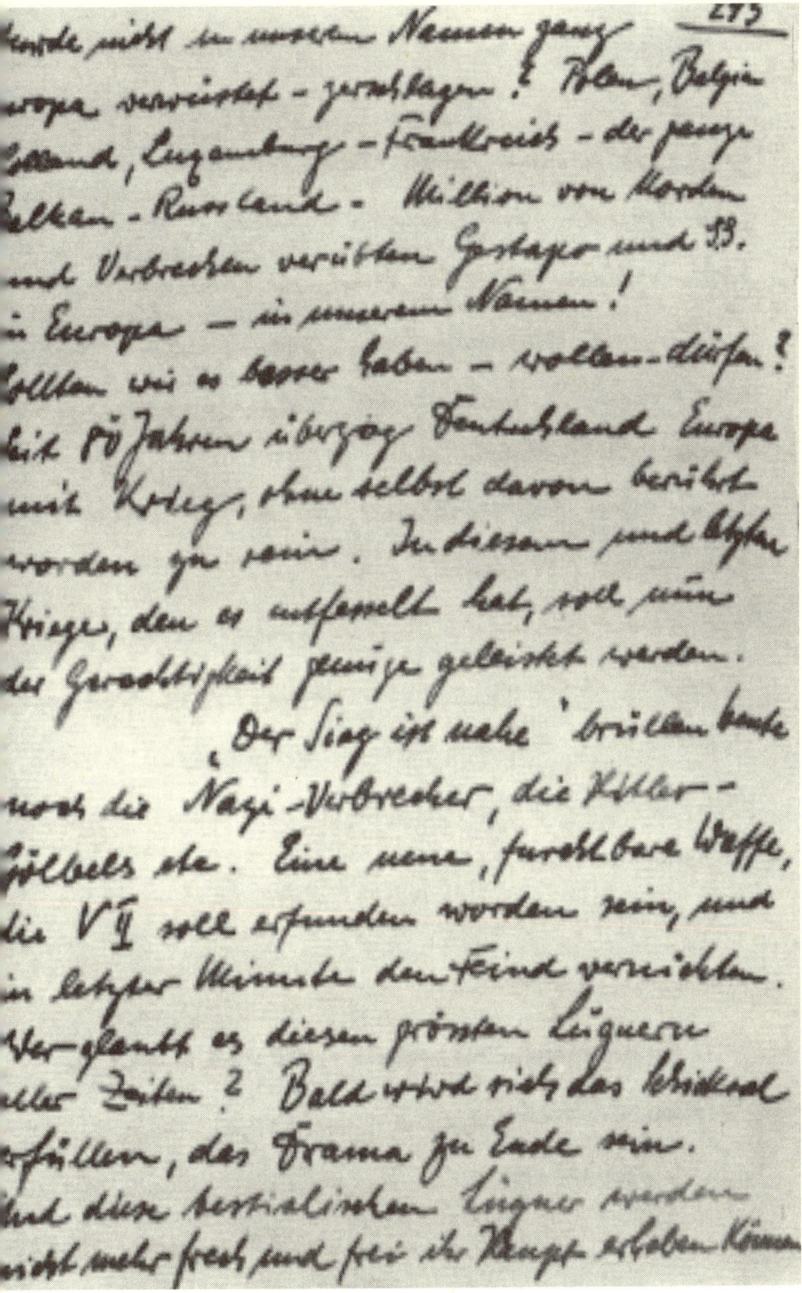
273

werde nicht in unserem Namen ganz
Europa verwüstet – zerschlagen? Polen, Belgien
Holland, Luxemburg – Frankreich – der ganze
Balkan – Russland – Millionen von Morden
und Verbrechen verübten Gestapo und SS.
in Europa – in unserem Namen!
Sollten wir es besser haben – wollen – dürfen?
Seit 80 Jahren überzog Deutschland Europa
mit Krieg, ohne selbst davon berührt
worden zu sein. In diesem und letzten
Kriege, den es entfesselt hat, soll einmal
der Gerechtigkeit Genüge geleistet werden.
„Der Sieg ist nahe" brüllen heute
noch die Nazi-Verbrecher, die Hitler –
Göbbels etc. Eine neue, furchtbare Waffe,
die V II soll erfunden worden sein, und
in letzter Minute den Feind vernichten.
Wer glaubt es diesen größten Lügnern
aller Zeiten? Bald wird sich das Schicksal
erfüllen, das Drama zu Ende sein.
Und diese bestialischen Lügner werden
nicht mehr frech und frei ihr Haupt erheben können

Die Brücke von Remagen fiel den Amerikanern unzerstört in die Hand.

Aber nun sollte das Wichtige kommen. Der Feind sollte doch vor einer in die Luft gesprengten, unbenutzbaren Brücke stehen.

Aber obschon wir nach jeder dumpfen Detonation aus dem Keller nach oben rannten und immer jemand von den Soldaten rief: »Das war die Brücke«, sahen wir, oben angekommen, daß die Brücke noch stand. – – – Also war eine fast unglaubliche Tatsache wahr geworden: »Die Brücke fiel nicht ins Wasser.« Sie stand fest, und der Amerikaner konnte gefahrlos darüber spazieren. – – – Die Ursache war natürlich unbekannt. Die Zündung habe versagt, sagten einige, das Kabel sei durch einen Geschoßeinschlag zerrissen worden, meinten andere.

Nachmittags gegen 4 Uhr, am 7. März, stießen die ersten Amerikaner über die Brücke vor und besetzten den Brückenkopf Erpel, tasteten langsam am Rhein vorbei, gegen Kasbach. Als die wenigen deutschen Soldaten das gewahr wurden, verließen sie fluchtartig das Dorf.

Kasbach bei Remagen – Gemälde von Heinrich B.

Ein Offizier aber, der glaubte noch etwas retten zu können, raffte einen Haufen Soldaten zusammen, um die Brücke zu verteidigen. Wir sahen sie, wie sie hinter dem Bahndamm her schlichen, an unserem Hause vorbei, den Bahndamm besetzten. Aber die Amerikaner gingen nicht weiter vor, so daß es dort am Nachmittag nicht zum Kampfe kam.

Wir alle waren von einer nervösen Spannung ergriffen, in Erwartung der Dinge, die da kommen sollten.

Wir fürchteten in der Nähe unseres Hauses einen heftigen Kampf, besonders als in der Nacht zum 8. März 25 Pioniere ankamen, belastet mit zentnerschwerem Sprengmaterial. Sie hatten tatsächlich den Auftrag, den Brückenkopf Erpel in der Frühe von Amerikanern zu säubern und die Brücke in die Luft zu sprengen. Ein geradezu verrücktes Wagnis, an dessen Gelingen wohl kein vernünftiger Mensch glauben konnte.

Das geheime Tagebuch von Heinrich B., Kasbach.

Flucht ins Reich

Hannelore S., Hamburg

Temeschbg., 27.8.43: Seit ich zum letzten Male geschrieben habe, ist eine lange, ereignisreiche Zeit vergangen.

Hier in Temeschbg. wurde es mir in der ersten Zeit etwas schwer, mich wieder einzuleben. Die schöne Zeit in Ulmbach stand mir noch zu lebendig vor Augen. […]

Wir stehen jetzt wieder mitten im großen Zeitgeschehen. Die Zeitungen bringen jeden Tag etwas Neues:

Badoglios feiger Verrat, der Duce nach Nordafrika verschleppt. Schneller Vorgang der Besetzung Italiens durch deutsche Truppen, Mussolini durch deutsche Fallschirmjäger aus seinem Zwangsaufenthalt befreit…

Man sieht da so richtig wieder den Heldenmut der deutschen Truppen u. die idealen Gedanken unseres unvergleichlichen Führers. Ich kann es nicht verstehen, wie noch so viele Menschen an dem Führer u. dem Sieg zweifeln. Für mich ist unser Sieg eine Selbstverständlichkeit. Wir müssen u. werden siegen!

25.9.43: Nun sind schon zehn Tage vergangen, seit die Schule wieder begonnen hat. Ich habe mich schon so an das alltägliche Schulleben gewöhnt, daß ich mich selber darüber gewundert habe. […]

Es gibt aber sonst auch noch sehr viel Nettes bei uns. Und zwar singen fast jede Pause Schatzi u. Gerti K., unsere Lieblingslieder, diese sind: »Niemand liebt Dich so wie ich«, »Dunkelrote Rosen«, »Es war an einem

Frühlingstag im sonnigen Sorrent«, »Ich hab' eine tiefe Sehnsucht in mir«, »Fern der Sahara«. (Letzteres hat mir besonders gut gefallen, ich werde den Text nächstens einmal aufschreiben.)

Der Text von:

Fern in der Sahara.

Stolz umschwärmt von den Frau'n
steht stumm Leutnant Braun,
gebräunt vom Sonnenlicht.
Ihn, der die Welt durchquert,
hat keine betört,
ihn blendet Schönheit nicht.
»Leutnant Braun, sag' unumschränkt,
wem hast du dein Herz geschenkt?«
Er aber schweigt und denkt:
Fern in der Sahara,

in der blauen Sternennacht
hat eine Fata Morgana
mir eine Frau gebracht.
Da hat ihr glühendes, schwarzes Augenpaar
wunderbar gelacht.
Fern in der Sahara,
in der blauen Sternennacht!

Nachts ist er dann entfloh'n,
und sein Bataillon
fand ihn am Wüstenrand.
Nie erfährt man, warum,
verdurstet u. stumm
liegt er im heißen Sand.

Unter seines Mantels Tuch
fand ein Freund sein Tagebuch,
leer, bis auf einen Spruch:
Fern in der Sahara…

2.10.43: Gestern wurde plötzlich in der Klasse durchgegeben, daß am Nachmittag alle zu der Staffeluntersuchung in die Schule kommen müßten. Das gab natürlich ein großes Hallo

bei uns. Jede hatte schon etwas davon gehört u. wollte nun Näheres erfahren.

Stricki, die selber schon Staffelanwärterin ist, erklärte uns dann alles näher. Es wird nämlich eine Auslese von den Frauen zusammengestellt (so wie bei den Männern die SS). Dafür werden nun auch wir untersucht.

Jede fieberte nun, daß sie in die Staffel käme, denn es heißt, daß SS-Männer nur Staffelfrauen heiraten dürfen.

Nachmittags wurden wir dann untersucht. Viele fielen dabei durch, viele wurden aber auch aufgenommen. Ich glaube, ich bin bis jetzt auch als tauglich erklärt.

Morgen sollen wir nun einiges für das DJV machen. Heute gehen wir trainieren.

Temeschburg, 9.11.43: Heute ist der 9. November, dieser so große, schicksalsschwere Tag des deutschen Volkes.

Gestern abend hörte ich den Führer sprechen. Er hat so großartig gesprochen, daß man wieder vollkommen siegessicher in die Zukunft sieht.

Manche Leute sagen: »Nach der Führerrede hat man wieder etwas Mut gefaßt.« Ja, hat man denn den Mut jemals verloren, hat man jemals an dem Führer und seinem großen Werk gezweifelt? Ich glaube, nur die allergrößten Pessimisten können so etwas sagen. Ich bin als großer Optimist nie auf den Gedanken gekommen. Ich glaube, durch die Führerrede wurde man nur noch mehr an dem Glauben an den Sieg befestigt.

In der Schule hielten wir eine großartige Feier. Prof. B. sprach.

Dieser Tag wird mir lange in Erinnerung bleiben. [...]

Marienfeld, 1.9.44: Während ich diese Zeilen schreibe, scheint der Vollmond und gibt mir das Licht dazu. Es ist zwar spärlich, aber es reicht. Die Natur ist wieder einmal märchenhaft schön. Die Bäume heben sich als dunkle Silhouetten von dem hellen Nachthimmel ab. Man kommt unwillkürlich in eine romantische Stimmung.

Doch hinter all diesem steht das schwarze Gespenst:

Beginn des 6. Kriegsjahres. Was uns dieses neue Jahr nun bringen wird?

Die Zeiten werden schlimmer u. schwerer. Wir sind jeden Augenblick dazu bereit, alles dazulassen und bei Nacht und Nebel über die Grenze zu gehen. Aber das ist auch nicht das Schlimmste, das einem passieren kann. Den Glauben an den Sieg verlieren wir trotzdem nicht.

25.9.44: Ich schreibe diese Zeilen auf den Knien im Zug. Zug ist eigentlich zu gut für diesen Viehwaggon, in dem wir jetzt hausen.

Es hat sich sehr viel ereignet in der letzten Zeit, so viel, daß man fast glauben könnte, das Ganze sei nur ein Traum, ein schwerer, unwahrscheinlicher Traum. Ich will versuchen, alles folgerichtig zu erzählen.

Die letzten Tage in Marienfeld waren sehr schwer. Jeder Tag brachte etwas Neues. Rumänien hatte sich mit Rußland verbündet. Die Deutschen wurden verfolgt, verhaftet und verschleppt. Radios u. Fahrräder wurden den Deutschen weggenommen. Aber das war noch nicht das Schlimmste. Die Russen kamen täglich näher.

Bestimmtes wußte man ja nicht, aber täglich brachten Leute Greuelnachrichten. Die Russen seien in Bukarest, Kronstadt, Hermannstadt, zuletzt sogar in Temeschburg. Mit jedem Zug kamen Flüchtlinge, die über die Grenze gingen.

Und dann, eines Tages, war es auch bei uns soweit. Der Wagen war gepackt, Hildatante und Willonkel wurden aufgepackt, und dann ging es los. Wie traurig das war, Heimat und alles dazulassen u. mit einem Wagen voll Kleinigkeiten bei Nacht und Nebel einer unbestimmten Zukunft entgegenzufahren, das kann man nicht beschreiben.

Über die rumänische Grenze kamen wir ungehindert, da die Grenzler alle schon aus Angst vor den Deutschen ausgerückt waren. Doch beim deutschen Grenzhaus wurden wir aufgehalten. Man riet uns, nicht weiter zu fahren, da die Kosaken nachts auf jeden schössen.

[Neues Tagebuch]

Wismar, 9.11.44: [...] Dann kam der Grenzüberschritt bei Nacht u. Nebel mit Wagen u. Pferd, die drei Tage in Kikinda im Sammellager, die Nacht durch Serbien im offenen Wagen, u. dann kam endlich Ungarn.

Ich war glücklich, als wir Ungarn erreicht hatten, denn in Serbien war es mir doch immer mehr oder weniger ungemütlich gewesen.

Die Russen saßen uns zwar immer noch dicht auf den Fersen, aber nun ging es doch endlich richtig vorwärts.

Das war aber nur die erste Zeit, denn in Mitteleuropa begann dann das Elend erst richtig. Man kann in 18 Tagen unendlich älter u. reifer werden. Ich habe auf dieser Flucht so viel Schreckliches erlebt, daß ich hart wie ein Frontsoldat geworden bin.

Aber manche Stunden waren auch sehr schön. Wir fuhren nämlich in einem Wehrmachtszug mit zwei Unteroffizieren in einem Wagen, und so haben wir manche recht nette Abende verlebt.

Und dann kam der erschütternde Augenblick, als wir deutschen Boden betraten, als wir plötzlich in Deutschland waren. Ich kann das nicht in Worte fassen, man muß das selber erlebt haben.

Nun bin ich in Deutschland. Wie oft hat man sich dieses als Kind erträumt. Deutschland! Dieses Wort allein, was hat das schon für Bedeutung für uns Auslandsdeutsche! Was ist mit dem Wort für Liebe, Sehnsucht, Hoffnung, Verehrung u. Glauben verbunden! Die Reichsdeutschen sind uns gegenüber in dieser Hinsicht eigentlich sehr im Nachteil. Sie wissen nicht, was sie in ihrer Heimat besitzen.

Und nun bin ich in Deutschland, in unserem lieben, schönen Mutterland, u. bin voll festen Glaubens, daß dieses Land mir die Erfüllung meiner großen Sehnsucht bringen wird. –

Wismar, 11. 11. 44: Heute schrieb Hilde. Sie sandte auch einige aus Briefen ihrer Bekannten entnommenen Tatsachen aus Rumänien. Ich habe sie abgetippt und hier eingeklebt. Es sind Dokumente aus der fürchterlichsten Zeit unseres Sachsenvolkes. Vielleicht liest später einmal jemand dieses Tagebuch. Dem sollen sie dann eine Warnung vor der bestialischen Gefahr aus dem Osten sein.

Ich bin den ganzen Tag über schon so erschüttert, daß ich an nichts anderes so recht denken kann. Soll das nun das Ende unseres herrlichen Sachsenvolkes sein? Haben unsere Väter darum 800 Jahre lang für ihre Heimat gekämpft und geblutet? Daß nun die Feinde, diese vertierten Bolschewisten, da ihr Wesen treiben? Mein Gott, man könnte fast den Verstand verlieren!

Das Herz krampft sich einem zusammen, wenn man an all das denkt. Unsere schönen Dörfer u. Städte in Siebenbürgen, die herrlichen alten Burgen u. Festungen u. all das wertvolle Deutschtum, das seit Jahrhunderten den Feinden getrutzt hat; soll das nun alles vernichtet werden? [...]

Lehsen, 30.1.45: Heute ist der Tag der Machtergreifung. Heute vor 12 Jahren ist unser Führer an die Führung des deutschen Reiches gelangt; heute vor zwölf Jahren fing Deutschlands große Zeit an, u. jetzt hat sie ihren Höhepunkt erreicht. An allen Seiten des Reiches steht der Feind u. rückt auf das Herz Deutschlands zu. In kurzer Zeit muß sich das Schicksal unseres Volkes entscheiden: entweder Aufstieg oder Untergang, bedingungsloser Untergang.

Wir müssen siegen, weil wir siegen wollen, weil das ganze deutsche Volk siegen will, mit jeder Faser seines ganzen Seins. Wir wollen siegen, weil wir die Größe unseres Willens kennen u. weil wir von der Richtigkeit unserer Sache überzeugt sind.

Wir hoffen u. bangen für das Gute, für unseren Sieg. Und wir werden siegen u. leben u. glücklich sein, weil wir unser Schicksal in unsere Hände nehmen u. lernen, es zu gestalten. Wir werden in dieser Zeit zu Menschen, wieder zu richtigen, großen Menschen, die den Ursprung des Menschseins kennen u. die gegen alle Lauheit ankämpfen.

Und wir stehen inmitten dieser großen Zeit, bangen u. beben mit jedem Geschehen, hoffen u. beten für unseren Sieg. Werden wir leben dürfen? In Glück u. Erfüllung leben dürfen? Oder ist es Wille der Vorsehung, daß wir für unseren Glauben untergehen?

Wir wollen gut werden! Wir haben unsren festen Willen dazu. Wir glauben an die Güte des Schicksals u. an die Größe der Vorsehung.

In einer Stunde wird der Führer sprechen. Ich warte darauf, weil ich seinen Trost brauche, jetzt, gerade jetzt, in der schwersten u. entscheidendsten Zeit. [...]

Lehsen, 1.4.45: Ostern 1945! Wieder einmal Ostern, u. diesmal fern der Heimat u. in einer Zeit, die einen nur noch von heute auf morgen leben läßt, die einem jeden Tag das Schlimmste oder das Schönste bringen kann, nämlich Sieg oder Untergang.

Der Feind steht bald mitten in Deutschland, eine Stadt nach der anderen fällt, es ist, wie wenn einem jedesmal ein Stück vom Herzen abgerissen wird.

Aber ich glaube an den Sieg, heute mehr denn je, u. wir werden siegen!

Lehsen, 16.4.45: Ich mußte heute wieder mal schreiben; ich habe ein richtiges Verlangen danach.

Inzwischen ist eine lange Zeit vergangen, und es hat sich viel, sehr viel ereignet. Es sieht in Deutschland traurig aus, sehr traurig. Der Feind steht überall mitten in Deutschland. Noch 68 km, u. der Amerikaner ist hier. Ich bin ruhig, Angst habe ich kaum. Lieber tot sein, als in einem geknechteten Deutschland leben zu müssen.

Lehsen, 29.4.45: Heute ist es dunkel u. trübe. Ich glaube, es regnet auch ein bißchen. Ich versuche es mir klarzumachen, was für Stunden das sind, in denen wir jetzt leben, aber so ganz geht es noch nicht. Es ist zu schicksalsschwer, um es so plötzlich fassen zu können. –

Wir erwarten den Tommy in jedem Augenblick. Wir hören das Schießen. Es ist zu grausam. Täglich kommen 3 bis 4 Soldaten durch. Sie sind Reste von Kompanien, die sich so durchschlagen.

Lieber Gott, was soll nun werden? An den Sieg zu glauben wäre Wahnsinn. Ende – Untergang. Was bedeutet »Leben«

noch? Es ist alles so zwecklos, so egal. Warum leben wir noch? Ist es nicht ein Verbrechen, jetzt noch zu leben? Zu leben u. jung zu sein?

Aber wenn wir nun schon einmal dazu bestimmt sind zu leben, ist es da ein Verbrechen, wenn man immer noch an das Gute, an das Glück glaubt? Wenn man sich nach Glück sehnt, mit allen Fasern seines Seins danach sehnt?

Es muß gut werden!

Wittenburg, 9.5.45: Ich sitze am Fenster u. mache die Augen zu, ganz fest zu u. versuche zu begreifen. Ich versuche es nun schon seit einer Woche, seit sieben Tagen, ich kann es nicht fassen.

Am 2. Mai ist der Amerikaner hier einmarschiert. Zuerst rollten die Panzer ein, u. nun ist schon die ganze Stadt voller Soldaten. Unsere Soldaten ziehen kolonnenweise durch die Stadt – als Gefangene.

Wir haben Frieden. Grausamen Frieden.

Wittenburg, 30.5.45: Das Leben ist zu grausam. War all das Beten u. Bangen, das Bitten u. Hoffen, all die Opfer umsonst? Hat das deutsche Volk sein Schicksal verdient? Sind dafür all unsere Männer u. Frauen gefallen? Gibt es eine Vorsehung?

Mit der letzten Frage habe ich mich in der letzten Zeit viel beschäftigt. Kann es einen Gott geben, der das alles so mit ansieht? Gott ist gerecht. Aber ist es gerecht, daß ein Volk, das alles geopfert hat, um zu leben, nur um leben und sauber bleiben zu dürfen, auf diese Weise untergehen muß?

Es ist schwer, weiter Idealist zu sein u. nicht schlecht zu werden.

Wittenburg, 14.6.45: Und die Zeit geht doch weiter, trotz alledem. Man wird allmählich abgestumpft. Es ist einem nun schon fast selbstverständlich geworden u. tut nicht mehr so weh, daß überall Engländer Posten stehen. Was soll man auch dagegen tun? Das Leben geht weiter.

1.7.45: Heute zieht der Russe ein. Herrgott, hilf uns! Hilf uns! Laß uns nicht ganz verderben!

Zwölf Lebensgeschichten

Deutsche Abenteuer – Kriegstagebuch

GERHARD M., geb. 12.1.1914, Flensburg. Beginnt 1932, nach dem Vorbild eines Sportlehrers, auf der Marineschule ein Tagebuch zu schreiben. »Da habe ich gedacht, daß man das auch machen müßte, denn wer weiß, was wir noch alles erleben werden.« Gerhard M. faßt rückblickend seinen Werdegang zusammen, Jugend, die Begeisterung für die SA, Kampf gegen die Kommunisten, die Einsätze im Zweiten Weltkrieg. Als Soldat und Feuerwehrmann hat er widersprüchliche Aufgaben zu erledigen: Einmal muß er Brände löschen und Menschenleben retten, das andere Mal Häuser anzünden und Partisanen töten. Gerhard M. hat sich immer bemüht, alle ihm gestellten Aufgaben nach besten Kräften zu erfüllen. Er hatte immer das Gefühl, für eine gute Sache zu kämpfen. Gerhard M. wurde erst neun Jahre nach Kriegsende wieder als Feuerwehrmann in die Hamburger Feuerwehr aufgenommen und beendete seine berufliche Laufbahn als Brandoberamtsrat.

Letzte Kämpfe

Tagebuch von ERICH W., geb. 12.8.1911, Hannover. Seit 1938 von den Nazis als Lehrer aus dem Schuldienst entlassen. 1949 wieder eingestellt. Hauptfach: Deutsch. 1973 trat er in den Ruhestand.

Erich W., der im Arbeiterviertel von Hannover aufwächst, läßt sich durch Adolf Hitler eine Zeitlang blenden. »Ich vertraue auf Adolf Hitler«, schreibt er in sein Tagebuch. Aber schon bald durchschaut er das armselige Straßentheater des Führers.

Im Zuge seines Studiums lernt er Nietzsche und andere »Heroen des Geistes« kennen. Hier ist eine Welt, an die der schmutzige Alltag des Dritten Reiches nicht mehr heranreicht.

Die hier veröffentlichten Ausschnitte aus seinem Tagebuch erzählen von den Begegnungen eines Mannes, der sich für geistige Abenteuer interessiert, mit der Welt des Alltags: dem Krieg, den Bomben und der Niederlage im Mai 1945.

Hier spricht der Feind – Ein Schüler gegen Hitler

ULLI S., geb. 26.6.1928 in Hamburg. Erzogen in einem sozialdemokratischen Elternhaus. Mit der Lektüre von Remarque, Berta v. Suttner und Ludwig Renn von den Eltern gegen die Kriegshetze, Rassenpolitik und das Herrenmenschentum der Nazis vorbereitet und geschützt, beginnt der Schüler Ulli S. 1942, in Schulheften Kritik an der Nazipropaganda und der Kriegsführung zu formulieren. Seit dem Feuersturm in Hamburg, August 1943, spielt er den verschollenen Schüler und lebt in einem Waldhaus bei Hamburg. Hier entstehen 14 Schulhefte mit dem Titel: »Hier spricht der Feind.« Die Propagandalügen der Nazis werden mit Hilfe der Nachrichten aus London, Moskau und dem Sender Calais in Form von Fotomontagen und Anmerkungen widerlegt. Von 1945 bis 1949 Schulbesuch.

Ulli S., der sich hier – wie Bertolt Brecht in Amerika – seine eigene Zeitung hergestellt hat, arbeitet ab

1950 als Reporter bei der *Hamburger Morgenpost.* 1975 ist er wegen eines alten Herzleidens vorzeitig in den Ruhestand versetzt worden.

Als Hitler tot war

ERIKA S., geb. 9.8.1926, Hamburg. Ausbildung als Lehrerin. Der Vater ist Mitglied der Hamburger Bürgerschaft (SPD), seit 1933 mehrfach im KZ. 1949 wird er Senator der Freien und Hansestadt Hamburg. Das sozialdemokratische Elternhaus bietet eine klare politische Orientierung. Nicht die Briten, sondern die Nazis sind die Feinde des deutschen Volkes. Der englische Sender liefert die Wahrheit. 21.9.44: »Heute steht in der Zeitung, ›Briten bei Arnheim vernichtet!‹. Ja, aber wie viele? Alle? Oder 100? Es ist zum Lachen!!!« Unter dem großen Drama laufen im Tagebuch die vielen kleinen Alltagsstücke. Ihr Herz, »das dumme Ding im Körper«, interessiert sich für jemanden, der dennoch den NS-Sieg vorzieht. Besprechungen mit der »Freundin Tagebuch« über solche Widersprüche, bis Erika, nach einer kurzen Liebe zu einem Engländer, 1946 den Mann fürs Leben gefunden hat.

Parlez-moi d'amour – Ein zerrissenes Tagebuch

LISA S., geb. 13.3.1922, Hamburg, Kontoristin. 1944 lernt Lisa S. während der Verdunkelung Emile, einen belgischen Zwangsarbeiter, kennen. Eine heftige, kurze Liebesgeschichte beginnt in den Trümmern der Hansestadt; eine Liebe, die 1945 mit der Heimkehr Emiles nach Belgien zu Ende geht. Lisa S. mußte die Seiten »mit Emiles Geschichte« aus dem Tagebuch herausreißen. Ihre Mutter wollte nach dem

Krieg die Ordnung wiederherstellen. Lisa S.: »Das war eigentlich reiner Wahnsinn, denn das war ja schließlich mein Leben..., das kann mir keiner mehr wiedergeben.« Ein Stückchen der Geschichte ist trotzdem im Tagebuch hängengeblieben.

Das Fenster zur Seele – Mädchentagebuch

EDELGARD B., geb. 15. 1. 1930, Siegen. Vom Elternhaus her Mitglied einer kleinen, streng religiösen Gemeinde. Ausbildung als Lehrerin. Von 1957 bis 1976 verheiratet. Nach der Scheidung arbeitet sie als Sekretärin an der Universität. Schule, Kirche, Elternhaus und erste Liebe passieren vor dem Hintergrund eines schrecklichen Bombenkriegs gegen Siegen, der Kapitulation und der Hamsterzeit. Ohne politische Orientierung formuliert das BDM-Mädchen Edelgard Hoffnungen und Ängste, wie sie 1944/45 viele Deutsche erlebt haben. Besonders deutlich die Ablösung von der »Vaterfigur« Adolf Hitler. 29.4.45: »Wenn ich daran denke, daß ich mal in einen BDM gegangen bin, geglaubt habe, daß dieser Mann der rechte Führer Deutschlands sei und ihm voll und ganz vertraut habe! Daß sich Männer von ihm haben betrügen lassen wie kleine, unvernünftige Kinder.«

Urlaub vom Weltkrieg – Tagebuch in Texas

WALTER D., geb. 16. 5. 1921, nach dem Krieg Tätigkeit als Kirchenmaler. Walter D. wird im Mai 1943 bei Medjez el Bab als Mitglied des deutschen Afrikacorps von den Engländern gefangengenommen, in Casablanca den Amerikanern übergeben und dann mit dem Schiff nach Texas, Camp Maxey, transportiert. Als Feuerwehrmann für das deutsche Camp und das nahe gelegene amerikanische Lager gewinnt er das Vertrauen von William van Glohn, dem Chef der Feuerwehrleute von Camp Maxey.

Aus seinem Spießbuch überträgt Walter D. Notizen über die Zeit in Afrika und beginnt dann kontinuierlich sein Tagebuch in Texas zu schreiben. William van Glohn nimmt das Buch 1945 in Gewahrsam und bringt es seinem Schützling 1956, bei einem Besuch in Europa, mit.

Drei Jahre Flüstern – Leben im Versteck

KURT S., geb. 11.5.1918, in Grünberg/Schlesien. Angestellter einer Firma für Registrierkassen. Im Krieg Chef einer Fernmeldekompanie in Rumänien. Russische Gefangenschaft. 1.9.1944 Sprung aus dem nach Rußland rollenden Güterwagen. 21.9.1944 Aufenthalt bei einem Schäfer in den Karpaten. Waldverstecke bis 30.10.1944. Trotz Androhung der Todesstrafe versteckt Herr B., ein Ungar, den flüchtenden Kurt S. in seinem Haus: zunächst in einem Erdloch im Stall, im Keller des Hauses, auf dem Dachboden. Am 28.4.45 Flucht nach Codlea (Zeiden, Siebenbürgen). Dort, im Keller der Gärtnerei von Frau L., bis zum November 1947 im Versteck gelebt. Im November 1947 gelingt die Flucht nach Wien. Weitertransport nach Hannover. Im Januar 1948 Zusammentreffen mit seiner Familie in der sowjetisch besetzten Zone. Später Firmenchef einer Verkaufs-Verleihgesellschaft für Registrierkassen in Hannover.

Das Tagebuch schildert den mühsamen Alltag in der Einsamkeit der Kellerverstecke. Die Begegnung mit der militärischen und politischen Wirklichkeit, die durchs Radio zu ihm dringt. Stärkster Antrieb zum Überleben ist die Sehnsucht, seine Frau wiederzusehen. Erst im Juni 1946 kann Kurt S. über die Post ein erstes Lebenszeichen nach Deutschland schicken. Bis zu diesem Moment glaubte Frau S., daß ihr Mann in Rumänien gefallen sei.

Reise durchs Chaos

RITA H., geb. 6.1.1922, Kevelaer. Gelernte Damenschneiderin. Nach dem Krieg Zuschneidefachlehrerin. Leitung einer katholischen Mädchengruppe. 1968 Heirat mit dem Vetter, dem ehemaligen Chef und Witwer, Franz H.

Ihr Tagebuch schildert ihren Einsatz als Wehrmachtshelferin von Januar bis Mai 1945. Rita H. wird von den Nazis, als Strafe für den Protest der katholischen Bevölkerung in Kevelaer, zu einem sinnlosen Einsatz abkommandiert. Auf ihrer seltsamen Reise durch das zerstörte Deutschland lernt sie den lebensgefährlichen Unsinn der sogenannten militärischen Ordnung kennen: das Chaos, in dem niemand mehr weiß, warum welche Truppenteile wohin fahren.

Geliebter Führer

CHARLOTTE L., geb. 24.10.1921, beginnt im Januar 1940 im Reichsarbeitsdienst als Arbeitsdienstführerin ein Tagebuch. Feste Bindung an die »Ideale« der NSDAP. Als sie aus ihrem langen Traum erwacht, notiert sie fassungslos, was vor ihren Augen geschieht: der Zusammenbruch des Dritten Reichs – des Grundpfeilers ihrer inneren Welt. Der Schlüssel für das Tagebuch war in den letzten Jahren verlorengegangen.

Charlotte L. schneidet den Verschluß auf.

Bestie Hitler – Geheimes Tagebuch

HEINRICH B., geb. 1887, Ausbildung als Kunstmaler und Malermeister. Kriegsteilnehmer 1914/18. Nach dem Krieg Heirat mit Florentine, die er als Soldat in Frankreich kennengelernt hat.

Führt ab 1936 ein Tagebuch, in dem sein Widerspruch zu Hitlers Diktatur deutlich wird. Ein geheimes Tagebuch, von dessen Existenz niemand in der Familie etwas ahnt. Mit dem Überfall der Hitlerarmee auf die Völker Europas wird der Gegensatz zu den Nazis zum Haß auf die »Bestie Hitler«, die »Raubtierseele« und »Göttergeißel«. Seine katholische Religion, die Autorität der biblischen Geschichte geben ihm die innere Sicherheit, daß das Böse nicht siegen kann.

Im März 1945 beobachtet Heinrich B. aus seinem Fenster das Drama an der Brücke von Remagen. Den deutschen Pionieren gelingt es nicht, rechtzeitig die Brücke zu sprengen. Den Amerikanern gelingt es, ihren ersten Brückenkopf östlich des Rheins zu bilden.

Flucht ins Reich

HANNELORE S., geb. 9.10.1927, Schäßburg/Rumänien. Sie gehört zur Volksgruppe der Siebenbürger Sachsen. Der Vater hält während des Kriegs als Offizier und Ingenieur Kontakt zur deutschen Wehrmacht, um die Ölförderung aus Rumänien für die Kriegsmaschine Hitlers abzusichern.

Die Familie wohnt in Temeschburg. Hier lernt Hannelore S. auch »reichsdeutsche« Offiziere im Haus ihres Vaters kennen. Diese Männer würde ihr Vater als »gute Wahl« akzeptieren. Im September 1944 beginnt die Flucht nach Wismar. Ausbildung als Krankenschwester. Hier begegnet sie Eberhard. Hochzeit 1947. Flucht mit einem Segelboot nach Hamburg. Scheidung 1950. In der Silvesternacht zieht Hannelore S. ihre Bilanz: all die Jahre eine vergebliche Suche nach dem Glück.

Editorische Anmerkung

Textgrundlage der hier veröffentlichten Tagebücher ist die Ausgabe MEIN TAGEBUCH. GESCHICHTEN VOM ÜBERLEBEN 1939–1947. Herausgegeben von Heinrich Breloer. Köln: Verlagsgesellschaft Schulfernsehen 1984. Von den dort veröffentlichten vierundzwanzig Quellen wurden zwölf für diesen Band ausgewählt, die hier in gekürzter Form wiedergegeben werden. In jedem Tagebuch gibt es einzelne Tage, Beobachtungen und Sätze, die so interessant sind, daß man aus ihnen auch ein großes Mosaik deutscher Geschichte rekonstruieren könnte. Die Tagebücher legen Zeugnis ab von der Vielfalt und Verschiedenartigkeit gleichzeitig erlebter Geschichte. Die wissenschaftliche Auswertung dieser Geschichtsschreibung bleibt den Historikern überlassen.

Heinrich Breloer bemerkt dazu: »Ich habe mich bemüht, die politische Grundeinstellung der Tagebuchautoren nicht zu vertuschen oder abzumildern. Auch an den Sätzen, die mir politisch zuwider sind, habe ich nichts kürzen mögen. Wer sich mit dem Geheimnis der Verführbarkeit von Menschen beschäftigt, wird sich gerade für die Momente im Leben eines Menschen interessieren, in denen Wünsche und Hoffnungen formuliert werden, an die Politiker so erfolgreich anknüpfen können. Die gleiche Aufmerksamkeit galt den Tagebucheintragungen, in denen die Niederlage des Dritten Reichs, das Ende der eigenen Träume, das Erwachen zum Thema werden mußte. Die hier vermiedene oder begonnene Trauerarbeit, die Einsicht in die Beteiligung an der Geschichte der vergangenen zwölf Jahre oder das Sich-Ablenken mit dem ›großen Aufräumen‹ im zerstörten Land, haben maßgeblich die Geschichte der Bundesrepublik mitbestimmt.

Die Edition der hier vorgelegten Texte geschah nach folgenden Grundsätzen: Orthographische Besonderheiten wie z.B. zeittypische Schreibweisen, Fehler in Tagebüchern von

Jugendlichen, aber auch ein mitunter eigenwilliger Umgang mit der Grammatik wurden nach Möglichkeit, solange sie nicht das Textverständnis beeinträchtigen, vom Herausgeber übernommen. In einigen wenigen Fällen wurden – zum besseren Verständnis – einzelne Worte ergänzt. Dies wurde durch eckige Klammern angezeigt.

Die Abschrift der Tagebücher folgt jeweils dem vorliegenden handschriftlichen Original. Lediglich Gerhard M. hatte sein Tagebuch mit Schreibmaschine geführt. Erika S. hatte ebenfalls einige Zeit lang ihr Tagebuch mit der Schreibmaschine geschrieben. Eine leichte Selbstbearbeitung (wie sie bei Abschriften leicht passiert oder auch bewußt vorgenommen wird) ist hier nicht auszuschließen. Dies trifft auch auf den Text von Rita H. zu: Sie hatte ihr stichwortartig geführtes Reisetagebuch noch 1945 zu Hause abgeschrieben und dabei aus ihrem ›Kopf-Tagebuch‹ ergänzt.

Mit der Abkürzung der Nachnamen der Tagebuchautoren bin ich dem Wunsch der meisten Schreiber nachgekommen. Sie wollten nicht so direkt für jeden ihnen unbekannten Menschen erreichbar sein. Ich habe diese Praxis dann auch bei den Tagebuchautoren angewendet, die gegen eine Veröffentlichung ihres Namens nichts einzuwenden hatten.«

Alle persönlichen Fotografien und Faksimiles stammen aus dem Privatbesitz der Tagebuchverfasser.

Abkürzungen

Abt.	Abteilung
AJ	Arbeiterjugend
Ari/Arie	Artillerie
Batl.	Bataillon
Batt.	Batterie
BDM	Bund Deutscher Mädel
DAK	Deutsches Auslandskommando
DJV	Deutsches Jungvolk
DR	Deutsche Reichsbahn
FE-Kräfte	Feuerwehr- u. Entgiftungsdienst
Fw.	Feldwebel
HJ	Hitlerjugend
HKL	Hauptkampflinie
Hptwm.	Hauptwachtmeister
Jabo	Jagdbomber
JM	Jungmädelbund
KLV	Kinder-Land-Verschickung
Komp./Kp.	Kompanie
LBA	Lehrer-Bildungsanstalt
LdV	Luftwaffen-Dienstvorschriften
Ltn.	Leutnant
MP	engl. Abkürzung für Military Police (Militärpolizei)
ns.	nationalsozialistisch
NSDAP	Nationalsozialistische Deutsche Arbeiterpartei
NSLB	Nationalsozialistischer Lehrerbund
NSV	Nationalsozialistische Volkswohlfahrt
OKH	Oberkommando des Heeres
OKW	Oberkommando der Wehrmacht
OT	Organisation Todt (Mithilfe bei der Koordination zur Durchführung von Rüstungsaufgaben)
Pg.	Parteigenosse

POW	engl. Abkürzung für Prisoner of War (Kriegsgefangener)
RAD	Reichsarbeitsdienst
Rgt.	Regiment
SA	Sturmabteilung
SS	Schutzstaffel
UvD	Unteroffizier vom Dienst
V1/V2	Vergeltungswaffe (Raketenbombe)
WuWa	Wunderwaffe (V1/V2)

HEINRICH BRELOER, 1942 in Gelsenkirchen geboren. Studierte in Bonn und Hamburg Literaturwissenschaften und Philosophie, danach Promotion zum Dr. phil.

Seit 1972 arbeitet er als Autor und Regisseur für Hörfunk und Fernsehen. Für seine Dokumentarfilme zu den Themen Medien, Literatur und Geschichte erhielt er zahlreiche Auszeichnungen, darunter: Adolf-Grimme-Preis (1981, 1983, 1984, 1987, 1992 und 1993), Preis Teleconfronto für die beste europäische Spielserie (1983), Gold Medal des New York Film- und TV-Festivals (1983), Fernsehpreis der Deutschen Akademie der Darstellenden Künste (1990), Bayerischer Fernsehpreis (1991), Prix Europa (1993), DAG-Preis in Gold (1994 und 1997), Goldener Gong (1991 und 1997), Filmpreis Rheinland-Pfalz (1995), Recontres Euopéennes de Télévision, Reims (1995), Telestar (1995 und 1997).

Derzeit (1999) arbeitet er an einem Fernsehfilm zur Geschichte der Familie Mann mit dem Titel **Die Manns – ein Jahrhundertroman.**

Über die dieser Buchveröffentlichung zugrunde liegende zehnteilige Fernsehserie MEIN TAGEBUCH (WDR, 1979 bis 1982), für die Heinrich Breloer den Adolf-Grimme-Preis erhielt, urteilte *Die Zeit:* »MEIN TAGEBUCH ist – auch – Geheimschrift für die Öffentlichkeit. Die ›große‹, die offizielle Geschichtsschreibung wird hier aus dem Blickwinkel der privaten Lebensgeschichte anschaulich gemacht.« Und *Der Stern* schrieb: »Ein einzigartiges Dokument deutscher Geschichte, deutsche Geschichte von unten betrachtet.«

WEITERE FILME
VON HEINRICH BRELOER (Auswahl):

Tagesschau – Eine Woche wie jede andere (NDR/WDR 1976). Literaturgeschichten (5 Folgen, NDR/WDR 1976). Bi und Bidi in Augsburg. Erinnerungen an den jungen Brecht (NDR/WDR 1978). Rock'n'Roll-Abenteuer (mit Horst Königstein, WDR 1979). Das Beil von Wandsbeck. Eine literarische Gerichtsreportage (mit Horst Königstein, NDR/WDR 1981). Die Buchmaschine. Ein Film in 6 Kapiteln (WDR 1983). Treffpunkt im Unendlichen. Die Lebensreise des Klaus Mann (NDR/WDR 1983). Kampfname: Willy Brandt (ZDF 1984). Das verlorene Gesicht. Eine Reise mit Erich Kästner (WDR 1986). Geschichte des III. Fernsehprogramms (3 Folgen, NDR 1986). Eine geschlossene Gesellschaft – Teil 1: Die Rekordbeter; Teil 2: Die Freigeister (WDR 1987). Die Staatskanzlei (WDR/NDR 1989). Meine Bildergeschichte (42 Folgen, ZDF 1990). Kollege Otto – Die coop-Affäre (WDR/NDR 1991). Wehner – Die unerzählte Geschichte – Teil 1: Die Nacht von Münstereifel; Teil 2: Hotel Lux (WDR/NDR 1993). Einmal Macht und zurück – Engholms Fall (WDR 1995); Todesspiel – Teil 1: Volksgefängnis; Teil 2: Entführt die Landshut (WDR 1997).

BUCHVERÖFFENTLICHUNGEN (Auswahl):

Blutgeld. Materialien zu einer deutschen Geschichte. (Zusammen mit Horst Königstein.) Köln 1982. Mallorca, ein Jahr. Ein Inselroman. (Zusammen mit Frank Schauhoff.) Köln 1995. Todesspiel. Von der Schleyer-Entführung bis Mogadischu. Eine dokumentarische Erzählung. Köln 1997.

GEHEIME WELTEN, eine Edition privater DEUTSCHER TAGEBÜCHER AUS DEN JAHREN 1939 bis 1947, gesammelt von Heinrich Breloer, ist im Oktober 1999 als einhundertachtundsiebzigster Band der ANDEREN BIBLIOTHEK im Eichborn Verlag, Frankfurt am Main, erschienen. Das Lektorat lag in den Händen von Rainer Wieland.

Dieses Buch wurde in der Korpus Rotis serif und Petit ROTIS sans serif von Wilfried Schmidberger in Nördlingen gesetzt und bei der Fuldaer Verlagsanstalt auf mattgeglättetes holz- und säurefreies 100 g/m² Bücherpapier der Papierfabrik Schleipen gedruckt. Den Einband besorgte die Buchbinderei G. Lachenmaier in Reutlingen. Ausstattung und Typographie von Franz Greno, Nördlingen.

1. bis 7. Tausend, Oktober 1999.
Von diesem Band der ANDEREN BIBLIOTHEK gibt es eine handgebundene Lederausgabe mit den Nummern 1 bis 999; die folgenden Exemplare der limitierten Erstausgabe werden ab 1001 numeriert.

Dieses Buch trägt die Nummer: 6659